现代教育领导与管理译丛
张新平　程晋宽　主编

Linking Leadership to Student Learning

教育领导如何影响学生学习

［加］　肯尼思·利思伍德（Kenneth Leithwood）
［美］　卡伦·西肖尔·路易斯（Karen Seashore Louis）　著
陈学军　译

教育科学出版社
·北　京·

目　录

第二部分　学区在学校改进工作中广泛且独特的作用

图表目录

致　谢

本书以华莱士基金会（The Wallace Foundation）资助的一项大型研究 xiii
项目所搜集的证据为基础。没有华莱士基金项目负责人玛丽·马蒂斯（Mary Mattis）博士和爱德华·保利（Edward Pauly）博士的细心评阅以及为项目研究提供的长期支持，这本书不会像现在我们所认为的如此深入与全面。我们特别重视玛丽在研究进入分析阶段时提供的所有反馈，以及她兼从基金会立场和研究团队成员角度出发，就需要做什么促成共识的能力。

要不是加布里埃尔·德蒙特莫林（Gabrielle de Montmollin），这本书一定仍藏在我们电脑中的某个地方。自 2003 年项目启动以来，她的编辑能力以及在大型复杂项目中维持事情运转的能力，一直是我们的宝贵财富。还有许多不是本书作者的人，也以各种方式为项目研究做出了实质性贡献。我们要特别感谢明尼苏达大学的迈克尔·米西林（Michael Michlin）博士和朱迪·米斯（Judy Meath）博士，他们协助了研究样本的建立以及州与地方数据库的开发，协调了所有调查数据采集活动，为数据分析提供了支持，并带队进行实地考察。贝弗利·德雷茨克（Beverly Dretzke）博士在数据的路径分析方面，做了卓越且细致的工作。朱迪·霍恩巴赫（Judy Hornbacher）博士和戴安娜·瑟克斯纳（Diane Cirksena）博士也为 xiv
我们提供了帮助，她们搜集实地考察数据的专长非常宝贵。明尼苏达大学的助研研究生，也是数据搜集与分析活动中的重要伙伴。他们包括沙拉·伯曼-杨（Sarah Berman-Young）、查德·施密特（Chad Schimidt）、莫妮卡·雅各布（Monica Jacob）和沙拉·弗里德里克森（Sarah Frederickson）。

在整个项目中，安德里亚·彼得森（Andrea Peterson）为大量的文书和电脑处理任务提供了管理和技术上的卓越支持。多伦多大学的苏珊娜·斯蒂格鲍尔（Suzanne Stiegelbauer）博士在得克萨斯州和新墨西哥州实地考察数据的搜集与分析中，发挥了非常重要的作用。多丽丝·詹齐（Doris Jantzi）、罗宾·萨克斯（Robin Sacks）和孙静萍（Jingping Sun）为调查结果的分析做出了重要贡献。我们也非常感激斯蒂芬·雅各布森（Stephen Jacobson）教授（纽约州立大学）在纽约第一轮实地考察中给予我们的帮助。最后，如果没有多伦多大学几位研究助理的协助，实地考察根本不可能成功实施。他们包括琳恩·福斯特（Leanne Foster）、卡罗尔·布雷曼（Carol Brayman）、卡罗尔·斯莱特（Carol Slater）和乔尔·罗德韦·马克里（Joelle Rodway Macri）。最终，在理查德·韦斯顿（Richard Western）博士的精心编辑下，我们形成了一部篇幅较长的学术性文稿。

从始至终，本书所基于的项目研究都是一项团队工作。作为团队，当我们需要合作的时候，就会与每一个同行的人分享我们的智慧、能力与意见。我们自己的知识增长了，也推动了学科的发展。最后，我们深深地感谢华莱士基金会在这项工作中给予的支持，我们也希望这项工作对于他人是有价值的。

肯尼思·利思伍德

卡伦·S. 路易斯

作者简介*

肯尼思·利思伍德　多伦多大学安大略教育研究院荣誉教授。他的研究和成果聚焦于学校领导、教育政策和组织变革。他已经就这些主题发表了大量的论文和著作。他最近主要的专著与合著包括《领导学校转变》(2010)、《分布式领导：前沿证据》（2009）和《关注教师情绪的领导》(2008)。利思伍德教授是加拿大皇家学会会员。 xv

卡伦·S. 路易斯　明尼苏达大学组织领导、政策和发展系的杰出教授，教育与人类发展学院的罗伯特·H. 贝克（Robert H. Beck）讲席教授。她最近的著作包括《学生支持与成绩目标的一致性：中学校长指南》(与莫莉·戈登［Molly Gordon］合著，2006)、《专业学习共同体：分歧、深度和困境》(与路易斯·斯托尔［Louise Stoll］合著，2007)、《构建强大的学校文化：一种引领学校变革的指南》（与沙仑·克鲁斯［Sharon Kruse］合著，2009）和《教育政策：政治文化及其影响》(即出)。她是美国教育研究协会（American Educational Research Association，AERA）会员，并曾作为管理、组织与领导分会（Division A）的主席。她于2007年获得全国职员发展协会（National Staff Development Association）授予的职员发展终身贡献奖，于2009年获得美国教育管理大学委员会（University Council for Education Administration，UCEA）授予的坎贝尔终身成就奖。

---

*根据原著内容翻译，没有包括原著出版后的相关信息。——译者注

参著者简介*

斯蒂芬·E. 安德森（Stephen E. Anderson） 多伦多大学安大略教育 xvii
研究院教育理论和政策研究系副教授。他的研究和成果聚焦于学区与学校领导，以及北美、非洲、南亚和拉美地区教与学的改进策略。

凯拉·瓦尔斯特龙（Kyla Wahlstrom） 明尼苏达大学教育与人类发展学院应用研究与教育改进中心主任。她的研究领域有教育领导、教师专业发展、学校变革政治学以及学校改革中标准的作用。瓦尔斯特龙博士是一位资深的学校管理者和教师，因为对高中延迟到校时间之影响的开创性研究，获得明尼苏达督导与课程发展协会的国家研究奖。她的成果包括一本专著、多部文集中的数篇章节、若干学术期刊论文和一些报告。这些成果影响了美国许多教育领导者的政策决定。

布莱尔·马斯科尔（Blair Mascall） 多伦多大学安大略教育研究院
教育理论与政策研究系副教授、副主任。他的研究主要关注各种教育变革 xviii
实施过程的指导与监测，以及变革过程中领导者如何促进人与组织的发展，最近的研究聚焦安大略省学校分布式领导的效果。

莫莉·F. 戈登（Molly F. Gordon） 明尼苏达大学应用研究与教育改进中心研究助理。她最近的研究关注教育领导、教育中的家长和社区参与

---

* 根据原著内容翻译，没有包括原著出版后的相关信息。——译者注

以及教育政策的实践解释与执行。

阿曼达·托马斯（Emanda Thomas） 西部教育评价研究项目（WestED’s Evaluation Research Program）的研究助理。她的工作主要涉及州层面的教育研究、政策分析和项目评估。最近，托马斯博士与同事合作的成果有《州政府如何影响小学区的领导》（发表于《教育政策与领导》，2010）和《为了学习的州教育领导：三个州的分析》（发表于《教育管理季刊》，2008）。

多丽丝·詹齐（Doris Jantzi） 多伦多大学安大略教育研究院高级荣休研究员。她的研究兴趣包括学校领导、教育改革及问责政策对于中小学的影响。詹齐教授最近的研究活动主要是从事问责情境下各种项目的外部评价。如一项旨在提升处境不利学生教育潜能的干预项目，以及一项旨在帮助学生达到地方学业标准的校长专业发展项目。

序

领导和学习，是十年或更长一段时间以来，教育话语和全国有关教育 xix
改革的讨论中，两个非常亲近的术语。许多教育者和学者谈到这两个术语时，都把它们放在一起，认为它们是相联的。早在任何学者尝试证明此种关联之前，教育领域就长期存在一种直觉：“领导”和“学习”是联系在一起的。一所学校的领导方式会影响该校学生学到多少和学了什么吗？在去除非学校因素的情况下，“好”的领导（不管它意味着什么）会产生“好”的学校教育结果吗？

长期以来假定的答案是：当然，会的。但这样说，对于那些将观念和行动不只是建立在希望、直觉和梦想之上的学者和改革者而言，是存在挑战的。为了应对这种挑战，他们开展了许多示范性项目，从事了很多学术研究活动，以努力寻找如下问题的答案：领导如何以及在多大程度上有助于促进教学实践与学校教育，尤其是促进学生学习？在何种条件下，领导的这些作用会加强或减弱？我们谈论的是系统中哪些层次、何种形式的领导？

现在已进入二十一世纪的第二个十年*，借由华莱士基金会和其他组
织的大量投入，我们有了各种各样的成果，开始以这样或那样的方式回答 xx
这些问题。数十份研究报告，以及更多的期刊文章，探讨了这些问题。还有大量的著作旨在探索这个领域（尽管它们并非全部旨在经验地证明领导

* 原著出版于 2012 年。——译者注

者所为如何影响学习者所学)。不少著作的标题只能勉强区分开来，譬如，《领导学习》(*Leading Learning*)、《为了学习的领导》(*Leading for Learning*)、《学习者中心的领导》(*Learner-Centered Leadership*)、《为了学习的领导：如何帮助教师成功》(*Leadership for Learning：How to Help Teachers Succeed*)、《连接领导和学习：实践原则》(*Connecting Leadership and Learning：Principles for Practice*)和《连接领导与学习：反思、规划和行动的框架》(*Connecting Leadership with Learning：A Framework for Reflection, Planning, and Action*)。一个有着类似名称的非营利组织——领导和学习中心——定期发送信息并提供服务给学校与学区，希望改善领导对于学习的影响。同时，还有一大批国际成果——集中体现在即将出版的《国际学习领导手册》(*International Handbook of Leadership for Learning*)中。该手册用66章汇聚了当前世界各地学者对于此宽广领域的多方面理解。它让我们敏感地意识到，不同国家情境中的"领导""学习"以及两者相互作用关系的不同意义(Townsend and MacBeath，2011)。

我们在讨论时，很容易丢失讨论的意义。(这会使得一些人想："我们还需要更多诸如此类标题的书吗?")甚至更容易忽视在概念与研究证据之间搭建桥梁的困难。要使概念建立在研究证据之上，我们需要用令人信服的证据表明，学校组织层面的活动——这种活动对教与学的影响是间接的，要经由一个或多个环节——与教学结果有关。任何花过大量时间努力证明这些关联的人都知道，将两者联系起来的令人信服的"硬"证据——抑或"软"证据——是很难获得的。

然而，这本书比起至今已经出版的任何一本书，都更加接近这个难以达到的目标。就此而言，它在领导与学生学习关系问题的研究中，代表了一个重要的新里程碑，是一本当之无愧地对得起标题中两个术语的书。与研究领域中的其他任何一项学术成果相比，本书都更具综合性，也更加严谨。它探讨了由正式任命的管理者、教师领导者和其他人集体实施的领导，与课堂中教和学活动的"重要联结"。在此过程中，本书特别关注领导分布问题。最近的学术研究也切中要害地指出，在诸如学校之类的复杂组织中，领导分布应当居于领导实践的中心。同时，为了将领导与学习之间的联结置于改革活动与政策关注的更大情境中，本书的研究还探讨了学区和州层面努力激活领导与学习之联结，提升领导者效能感以及构建领导者工作支持系统的各种方式。

xxi

概览本书各章的主题，并深入钻研其内容，就会发现，本书的研究涉及了许多与教学改进和教育改革相关的当代问题。除了已经提及的领导分布问题和教育改革中学区与州可能的建设性作用之外，本研究的结果对于回答下列问题也是有帮助的：

- 校长如何发挥自身最大的影响力以提高学生成绩？
- 什么是“教学领导”以及如何支持它？
- 高中学校改革的领导如何不同于其他教育阶段的学校？
- 社区参与如何在教育改革的领导方程（leadership equation）中占据一席？
- 校长的快速更替与学生成绩有着什么样的关系？如何缓解校长快速更替的影响？
- 学校和学区领导如何增加学校中循证实践的可能性？

借由量化数据和比较性案例的恰切结合，本书探究了上述问题以及更多的相关主题，帮助读者了解领导动力机制及其影响。相关分析涉及的范围极其广泛。

为了在领导者努力影响学习环境及学习结果的大范围情境中，反映领导与学习的联结，本研究选择了结构良好、具有代表性的样本，并跨越一个足够长的时期，搜集了充足的量化与质性数据。没有多少学术团队有资源和时间尝试这样的努力。本书的作者们做到了。

当我们由此向前，持续探索这个丰富而有难度的领域，并努力将我们的理解转换为切实改进教与学的话语时，本书将占据一个显著的位置。它既提供了参考文献、分析框架以及建设更为有力的学校教育形式的新尝试，也会对教育者和学者的思维有所启示。虽然，这本书不能完全回答我们目前存在或将会出现的所有问题，但它回答了那些最根本性的问题，并将在未来若干年里激发教育者的新思考。

迈克尔·S. 纳普（Michael S. Knapp）
华盛顿大学教学与政策研究中心

中文版序

我们很高兴这本书现在有了中文版，也很高兴您对它所描述的研究感兴趣。这项研究由华莱士基金会慷慨资助，历时五年多（2005—2010年），是截至当时教育领导领域规模最大的研究。本书的前言概述了我们的研究目标、理论框架、研究方法和一些主要的研究发现。

我们认为，中文版读者需要考虑情境，特别是国家-文化情境对于成功领导者工作的影响。许多领导行为似乎在不同情境中都是有用的，但如何实施这些领导行为非常重要，它需要领导者恰当地反映自身所处的情境。

我们的研究所处的情境是美国。它有自己的——至少在一定程度上是独特的——教育政策、结构、传统及对学校的期待等。读者需要考虑美国教育系统的这些特征，可能会以何种方式、在多大程度上影响该系统中的人对于我们研究结果的解释和使用。虽然理解国家-文化情境如何影响成功领导的性质很重要，但证据也表明，我们基于美国情境所得出的研究结论，对于更好地理解中国以及许多其他情境中的成功领导行为，会有一定的价值。因此，中文版读者应该可以从本书中发现一些有价值的内容，只是也须保持警醒，要注意结合自己的环境考虑这些研究结果的适用性。

自从大约九年前开始写这本书以来，我们围绕本书所阐述的问题与主题，做了许多进一步的研究。譬如，我们就有效学校领导的性质①、学校领导如何影响学生学习②、什么样的学区领导对于学生学习最有影响③以及分布式领导的形式与影响效果④等问题，进行了大量的深化研究。我们也更为深入地研究了大规模地发展校长与学监领导力的问题⑤。本书读者可能也会发现这些后续研究是有价值的。

肯尼思·利思伍德

卡伦·S. 路易斯

2019 年 10 月 11 日

---

① Smylie, M., Murphy, J. F., & Louis, K. S. (2020). *Caring School Leadership*. Thousand Oaks, CA: Corwin Press; Murphy, J. F., & Louis K. S. (2018). *Positive School Leadership: Building Capacity and Strengthening Relationships*. New York: Teachers College Press; Sun, J., & Leithwood, K. (2015). Direction-setting school leadership practices: A meta-analytic review of evidence about their influence. *School Effectiveness and School Improvement*, *26* (4), 499-523.

② Leithwood, K., Sun, J., & Pollock, K. (2017). *How School Leaders Contribute to Student Success: The Four Paths Model*. Springer International Publishers; Leithwood, K., Sun, J., & Schumacker, R. (2019). How school leadership influences student learning: a test of "the four paths model". *Educational Administration Quarterly*, *56* (4), 570-599; Louis, K., Dretzke, B., & Wahlstrom, K. (2010). How does leadership affect student achievement? Results of a national US survey. *School Effectiveness and School Improvement*, *21* (3), 315-336.

③ Leithwood, K., Sun, J., & McCullough, C. (2019). How school districts influence student achievement. *Journal of Educational Administration*, *57* (5), 519-539; Handford, T., & Leithwood, K. (2019). School districts' contributions to students' math and language achievement. *International Journal of Education Policy and Leadership*, *14* (9), 1-21; Lee, M., & Louis, K. S. (2012). Local education authorities and student learning: the effects of policies and practices. *School Effectiveness and School Improvement*, *23* (2), 133-158.

④ Leithwood, K., Harris, A., & Hopkins, D. (2019). Revisiting the seven strong claims about school leadership. *School Leadership and Management*, *40* (4), 1-18.

⑤ Leithwood, K. (2018). *Leadership Development on a Large Scale: Lessons for Long-term Success*. Thousand Oaks, CA: Corwin Press.

译者的话

教育领导的核心使命是什么？《教育领导如何影响学生学习》一书没有明确提出这个问题，或者说，问题的答案显而易见：持续提升学生学习成绩。用书中的话说，这是教育领导工作的原始动力。可能是因为情境不同，在应试竞争似乎已到无以复加地步的情况下，我们很少大张旗鼓地说，教育领导的核心使命就是提高学生成绩。有时甚至要通过多说学习成绩之外的工作，才能证明自己在办真正的教育。然而，这种隐而不说、避而不谈或予以否定的态度，并不意味着很多教育领导者不会想尽各种办法琢磨考试和分数，也容易忽视很多学校不能保证基本教学质量以及不能很好地缩小不同学生群体成绩差距的现实，还会导致学习内涵的窄化与教学改进方法的简单低效。

20 世纪末以来，世界各国普遍认识到教育对于社会和国家发展的重要性，因而不断加强本国教育质量的测量和改进，以及国家之间教育质量的比较和竞争。其中，阅读与数学等学科的学习成绩是用来测量教育质量的基本指标。这些指标虽不能充分反映问题解决、创新思维、批判性思维、合作能力、社会情感等素养，但很多研究显示，它们是正向相关的。因此，我们国家的教育问题不能被简单地理解为重视学生成绩本身，问题的根源在成绩所反映的教育目标以及追求成绩的方式上。在此意义上，我们不是要回避，而是要认真面对与研究学习成绩。而大量的实践和研究表明，领导对于学生学习有着积极的影响，是解释不同学校和区域学生学习差异的重要因素。[①] 所以，在科学建立成绩与教育质量的关联，重视分数但不唯分数的前提下，我们需要明确教育领导在有效改进学生学习上的核心使命。事实上，《中共中央国务院关于深化教育教学改革全面提高义务教育质量的意见》已经强调，校长是学校提高教育质量的第一责任人，要努力提升教育教学领导力。

教育领导如何能够改进学生学习？这是本书所描述的研究要回答的问题。这项研究是华莱士基金会成立以后资助经费最多的研究项目，也是领导与学生学习关系方面有史以来最大型的研究。它用大量有说服力的证据，证明了领导与学生学习之间的关联，并着重阐述了教育领导实践如何对学生学习产生影响。书中的图 0.1 综合清晰地显示了教育领导影响学生学习的来源、性质与路径。基于本书对各种影响关系的探究和阐述，我们至少可以获得以下五个重要的认识：

- 成功的领导者采用一套相似的核心实践。它们可分为四类：设定方向、发展人员、重构组织和改进教学。几乎所有被认为对教学有益的领导行为，都是这些核心实践在具体情境下的实施。

- 领导对于学生学习的影响大多是间接的。它们主要通过影响学校条件（目标、文化和结构等）、课堂条件（教学内容、班级规模和教学方法等）和教师共同体的情况而发挥作用。因此，领导者要避免狭窄的教学领导概念，既要关注课堂教学，也要关注那些课堂之外对领导影响起中介作用的因素。

- 更大的影响力来自各种领导来源的有效整合。领导是广泛分布的，存在州、学区、学校等不同层面的领导，以及社区、家长、专业协会等多种利益相关者的影响。各种正式与非正式的领导来源交互作用，它们以整体而非附加方式承担领导角色的程度越高，发挥的影响力越大。

- 只有情境化的领导才是普遍的、最佳的领导。不存在在所有情境

① Leithwood, K. (2018). *Leadership development on a large scale: lessons for long-term success*. Thousand Oaks, CA: Corwin Press, XV.

中都有效的领导行为，也不存在最佳领导行为清单。有效的领导需要敏锐并积极地回应地方和学校的特定情况与需求，要结合领导者所处的工作结构和环境理解他们的领导行为，要关注如何使领导者成为自身工作情境中的专家。

- 领导中要关注领导行为的平衡。没有支持、只有压力，会带来无力感或抱怨；外部提供的支持也只有与压力共同作用时，才会有更好的效果。在学校中树立以学生学习为中心的愿景是重要的，但也要有介入教学实践与教师专业成长的明确措施。反之亦然。同样，学校成员在意愿和能力上缺乏任何一个方面，学校改进都恐难指望。

正如美国华盛顿大学的纳普教授在本书序言中所说，在领导与学生学习关系的研究中，本书代表了一个新的里程碑。与其他任何一项该研究领域的学术成果相比，本书都更具综合性，也更加严谨。这种综合性突出表现为范围最广、规模最大的数据基础，还体现在对既有研究的系统梳理与回应上，对多种领导来源与影响关系的全面考察上，以及运用社会学、政治学、心理学等多种理论视角分析问题上。严谨则主要表现在结合使用了质性和量化的研究方法，强化各种数据和研究发现的互补互验，基于证据形成研究结论和应用建议。同时，本书在呈现研究问题、理论框架、研究方法与研究结论的基础上，去掉了很多研究上的技术性信息，并强调研究结论在政策和实践上的应用价值，因此它不仅适合教育领导领域的研究者和学习者阅读，也很适合决策者和实践者使用。

我能够将这本代表了领导与学生学习关系研究方面最高水准的书翻译成中文，自觉是一件荣幸也有意义的事情。期待读者能发现，它对于自己的研究和工作是有价值的。此外，也希望通过本书，让更多国内同人了解与关注世界范围内教育领导领域顶尖学者的研究工作。美国范德堡大学的约瑟夫·墨菲教授（Joseph Murphy）评价利思伍德教授是“教育领导和学校改进领域最杰出的学者”[1]。菲利普·海林杰（Philip Hallinger）和亚斯娜·科瓦切维奇（Jasna Kovačević）最近发表于美国《教育研究评论》杂志的一项综述研究亦显示，利思伍德教授是教育管理研究领域过去近60年中（1960—2018年）研究成果被引用次数位列全球第一的学者[2]。在这项排名中，路易斯教授位列全球第七[3]。她也曾是美国教育研究协会管理、组织与领导分会的主席。两位教授都获得过美国教育管理大学委员会授予的坎贝尔终身成就奖。相信国内有很多研究者阅读与研究过他们的英文成果。但据个人掌握的信息，路易斯教授只有一本与沙仑·D. 克鲁斯（Sharon D. Kruse）合著的成果被翻译成中文[4]，利思伍德教授至今还没有一部成果被翻译成中文。所以，期望这本译著能够作为一个小小的窗口，为国内教育领导领域的同人了解与追踪世界领军学者的学术研究提供可能的帮助，以进一步加强知识、研究与实践上的交流和对话。

为方便阅读，译著将原来的尾注方式调整为正文夹注，把原文中的斜体文本改为楷体，并为每章一级标题添加了序号。除此之外，力求呈现原著本来的样子。凡译者为进一步说明所做的注释，都用“译者注”加以标示。对于一些关键的或翻译上不太确定的词语，都将相应的英文词语用括号标注在后面。特别要指出的是，国内通常把“leadership”翻译为“领导力”，为了避免将作为一种现象或领域的领导（leadership）窄化地理解为领导能力，本书中除个别地方因语境需要而翻译为“领导力”外，都将“leadership”翻译为“领导”。为避免另外一种混淆，所有的“leader”都翻译为“领导者”。

我要向美国阿拉巴马大学教育学院的孙静萍副教授致以最衷心、最深

① Leithwood, K.（2018）. *Leadership development on a large scale: lessons for long-term success.* Thousand Oaks, CA: Corwin Press.

② Hallinger, P. & Kovačević, J.（2019）. A bibliometric review of research on educational administration: science mapping the literature, 1960 to 2018. *Review of Educational Research*, DOI: 10.3102/0034654319830380.

③ 同②.

④ 克鲁斯，路易斯.（2013）. 建构强大的学校文化：一种引领学校变革的指南. 朱炜，刘琼，译. 北京：北京大学出版社.

的感谢。最初，正是孙老师向我推荐了这本书，并为我更好地理解这项研究提供了许多知识与资料上的帮助。翻译到一半时，她逐页阅读译稿，在个别词语、复杂语句、细微语韵、关键观点等方面给予具体指导。后来，她又帮助我联系利思伍德和路易斯两位教授为中文版作序，沟通书中的一些疑问，并就最终译稿中大大小小的若干问题为我做详细解答。因此，没有孙老师的鼓励与指点，就不会有眼前的这本译著。感谢她挤出自己的宝贵时间，给予了我无私帮助和巨大支持。翻译本书的过程，也是感受孙老师谦和人格、专业精神与深厚学术造诣的过程。

感谢利思伍德教授和路易斯教授拨冗为中文版作序，他们的和善与友好让人印象深刻。特别要感谢张新平教授将本书收录到“现代教育领导与管理译丛”中，最初购买原著版权时颇费周折，幸得张老师大力支持。因此也要感谢教育科学出版社对于这本译著的支持。最后要感谢编辑翁绮睿极其专业的编校工作。本译著的不断完善，在很多方面得益于她认真细致的把关与颇显功底的建议。

译者水平有限，理解和翻译上的错误与欠缺在所难免，敬请读者批评指正。

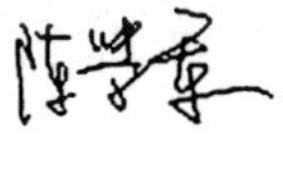

前　言

本书是一项研究的产物。该研究是当时英语世界有关教育领导及其对 xxiii
学生学习影响的研究中最具雄心的项目之一。受华莱士基金会的慷慨赞助，这项在美国很多州、学区和学校实施的研究，收集了多种不同类型的数据。利思伍德、路易斯、安德森和瓦尔斯特龙（Leithwood，Louis，Anderson，and Wahlstrom，2004）已经阐述了此项研究的起点。有关研究结果的原始报告，参见路易斯等人的报告（Louis，Leithwood，Wahlstrom，and Anderson，2010）；总结性报告则参见瓦尔斯特龙、路易斯、利思伍德和安德森的报告（Wahlstrom，Louis，Leithwood，and Anderson，2010）。截至目前，一些研究结果已经在学术期刊上发表，本书相关章节中引用了这些已发表的文章。

当然，在考察领导者和领导活动以何种方式影响学校方面，我们并非形单影只。我们提到过，研究中如何吸收前人的研究成果以及与我们同期（2004—2010 年）开展的其他研究的成果。同时，我们也相信，本研究不只是研究范围更大，还做出了一些重要的理论贡献。领导研究的传统，大致分为两大阵营：第一阵营关注领导者，虽也留意领导者的情境，但更强调研究领导者做什么以及他们是谁。第二阵营突出领导情境或组织环境， xxiv
强调由此出发探索领导与可观察事件和行为之过程或结果的相互作用方式。本研究非常清楚地同时关注这两个方面。这是第一个理论贡献。本研究的第二个贡献是重视整合非教育情境研究的视角。为了明确问题、解释结果，我们利用了营利组织、非营利组织和政府组织方面的研究成果，以及美国之外国家的研究成果。最后，我们的重要贡献在于，始终如一地考察了领导活动的多重结果——包括对学生学习和发展结果的影响，也包括对学校教师和工作人员以及所在社区成员等成人的影响。

对于我们的许多读者而言，以上所述已经说明，本书各章提出的主张、建议和指南都是有充分根据的。如果您是这样的读者，可以跳到第一章。如果您更好奇我们是怎样开展研究工作的，请继续阅读。

一、研究的显著特征

与以前的大多数教育领导研究相比，本研究特别显著的特征包括：数据库的规模、多样的研究方法、多样的理论视角以及广泛的领导来源。

数据库的规模

我们收集了 9 个州、43 个学区和 180 所中小学的大量调查对象的数据。州层面的分析虽不是本书的重点，但我们也在该层面访谈了相关政策制定者、利益相关者和教育部门人员。在学区层面，我们访谈了学区高层领导者、学校董事会成员、媒体代表和其他信息提供者。对于教师和管理者，我们使用了问卷和访谈，并对大部分接受访谈的教师进行了课堂观察。问卷数据分别于研究的第一年和第四年收集，学区和学校的访谈在五年的项目期中进行了三轮。到项目结束时，这些调查研究工作获得了 8391 名教师和 471 名学校管理者的问卷数据，581 名教师与管理者、304 名学
xxv 区受访者和 124 名州工作人员的访谈数据，以及 312 份课堂观察数据。最后，我们运用 2001 年《不让一个孩子掉队法》（No Child Left Behind Act）规定的，用来测量年度充足进步（Adequate Yearly Progress）情况的州测试成绩，作为中小学生读写和数学成绩的数据。

多样的研究方法

为了发挥研究方法多样化的优势，我们同时使用了质性与量化的方法。按照布鲁尔（John Brewer）和亨特（Albert Hunter）的观点，这样做通常可以为“研究程序、研究发现、相关理论……的交叉验证与相互支持

提供丰富机会”（Brewer and Hunter，1989，p. 13）。对于多样化研究方法的强调，也确实为我们提供了研究早期没有充分认识到的机会：我们在量化数据中发现了一些重要的模式与关系，因为有了质性数据，我们又可以对这些模式和关系进行深入研究。

例如，基于第一轮问卷调查的分析，我们发现，学区影响学校和学生最为有力的方式之一，是发展学校领导者的集体效能感或工作自信心。在从量化数据之中发现这种关联后，我们又进一步挖掘校长访谈数据，更细致地了解学区在发展校长效能感方面做了哪些实际工作。

多样的理论视角

在收集数据和理解结果时，我们利用了社会学、社会心理学、政治科学和组织理论的概念工具。社会学概念使我们更好地理解了共享领导、领导的情境性和社区参与。社会心理学视角为分析领导者效能、成功领导实践的性质（与组织理论一起）以及学区与学校的循证实践和领导者更替问题提供了帮助。借助政治科学理论，我们构建了州层面教育领导的研究框架。

我们使用了看起来别具一格的方式，目的是用最适合的理论视角研究问题。它对于我们这种涉及多个主要研究者的项目特别有用。因为，不同研究者此前所使用的理论不尽相同。我们的共识是：多样的方法和理论视角，能够为单一方法所造成的无意识自我欺骗或忽视，提供一种强有力的解毒剂。不过，这也要求我们基于数据构建一个有效的、具有一致性的逻辑框架。在此过程中，为了对研究结果提供更为丰富的说明，我们不可避免地在某种程度上牺牲了一致性。

广泛的领导来源 xxvi

许多教育领导研究关注单一的制度性角色。大多数研究聚焦于校长的作用（譬如，参见 Robinson，Lloyd and Rowe，2008），对学区层面领导的关注虽有所增长，但为数仍不多（Marzano，Waters，and McNulty，2005）。过去十多年中，也有研究者开始关注教师领导问题（York-Barr and Duke，2004）。

最近对于更广泛的领导谱系或领导分布的研究使我们注意到，学校和学区中的很多人实施着正式或非正式的领导。此类研究也表明，领导实践对于组织结果的影响，源自这些不同领导者的行为。他们或以“附加”（additive）的方式，或以“整体”（holistic）的方式，承担着领导角色（Gronn，2009）。不了解教育系统中的多种领导来源，以及这些不同领导来源的交互作用网络，我们就不会对教育领导的影响作用有更为深入的理解。我们的研究是当时为数不多的从整体学校系统的每一个组织层面（organizational level）——州、学区、学校、课堂和共同体——考察领导问题的研究。

对于所有领导者而言，这种领导来源的综合方式，认可了一个重要的现实：无论处于何种层级位置，每一位领导者都既受其他人——包括其他领导者——行动及其结果的限制，也被他们的行动及相应结果所支持。如果不能很好地理解这些前因（antecedent）与后果（consequence），必定会造成对领导者行为认识的贫乏。用社会理论的观点看，领导来源的综合视角，也有助于将教育领导研究领域占主导地位的“能动者”（agency）范式（将领导者行为看作个体能力、动机和特质的函数），转向一种更为平衡的理解，即在“能动者”之外，也考虑领导者所置身的结构（structure）对于他们的行为的影响。

二、指导研究的理论框架

基于文献评述，我们形成了指导研究的理论框架。它是在我们收集数据之前，由利思伍德等人（Leithwood，Louis，Anderson，and Wahlstrom，2004）完成的（见图 0.1）。如图所示，州与学区的政策、实践及其他方面的特征相互作用，并对学校领导者的领导实践产生影响。这些特征也影响学校、课堂和教师专业共同体的情况。（为简明起见，我们在图 0.1 中没有连接这些变量。）其他的利益相关者群体——包括媒体、工会、专业
xxvii 协会、社区与商业团体——也影响学校领导实践。当然，领导者也受其自身专业学习经历的影响，受学生及其家庭背景的影响。

正式和非正式来源的学校领导，有助于形成特定的学校条件（包括目标、文化和结构）和课堂条件（包括教学内容、班级规模和教师所运用的教学方法）。学校与课堂内外的许多因素，有助于形成教师的专业共同体意识。学校条件、课堂条件、教师专业共同体和学生/家庭背景状况，对学生学习产生直接影响。

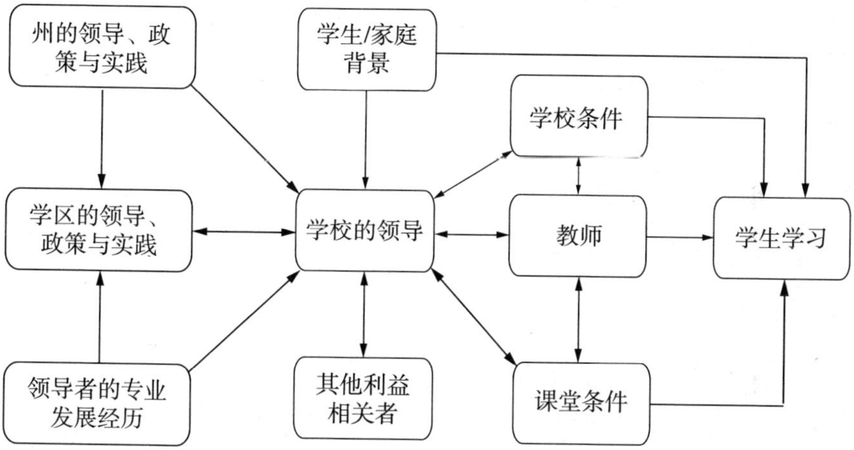

图 0.1　领导对于学生学习的影响

三、本书的三个重要特征

您可能会问，本书如何有别于项目研究的最终报告和已经发表的学术论文？首先，我们去掉了很多对于学术性研究而言必需的技术性信息，而只保留其基本结果。其次，本书只保留了那些对政策和实践有重要应用价值的结果，而将大部分理论和研究应用上的讨论留给其他出版物。最后，我们认为，我们的写作方式不仅适合个体读者，也适合继续教育课程和研究生课程使用。 xxviii

我们期盼，您能发现我们付出大量劳动的成果是有帮助的。

第1章　领导与学生学习：重要的关系

人们普遍认为，在新兴的全球化环境下，教育对于个体和国家的生存 1
与成功至关重要。美国形形色色的政治家，都将教育置于其政治纲领的中心。在欧洲与亚洲许多国家的政策议程中，教育也处于中心位置。领导几乎对所有旨在改进学生学习和提高学校质量的举措都有积极作用，这个共识是比较明显的。因此，我们很难想到一个比研究成功的教育领导具有更大社会理由（social justification）的研究。它也是本书所基于的五年研究项目的关注重点。该项目由华莱士基金会慷慨资助。我们的目的在于，明确成功的教育领导的本质，并更好地理解其如何能够改进教育实践和学生学习。

更具体地说，我们试图做到以下几点：

- 明确州、学区和学校的哪些领导实践能直接或间接地促进教育实践和学生学习。
- 说明成功的领导实践如何直接和间接地影响教与学的质量。
- 确定州、学区、学校与课堂层面的个体和群体具有的改进学 2
生学习所需意愿与能力的程度，以及他们的工作情境允许与鼓励其发挥这些能力与动机的程度。
- 阐述州、学区、学校与课堂层面的个体和群体帮助他人获得改进学生学习所需意愿与能力的方式及其成功之处。
- 明确学区和学校层面的哪些领导行为与工作场所特征，鼓励那些有助于改进学生学习的价值观、能力与实践探索。

一、教育领导的影响效果

尽管教育领导被广泛认为是提高学校效能的强大力量，但这一普遍观念需要得到经验证据的支持。既有的经验证据有五种类型，它们都对领导影响效果的大小给出了估计。

第一类证据来自质性的案例研究。提供此类证据的研究，通常是在特殊的学校情境中进行的，这些学校都是效能方面的典范（譬如，参见 Gezi，1990；Reitzug and Patterson，1998）。一些研究显示，教育领导对于学生学习以及各种学校条件，有着很大的影响。其他的质性研究聚焦于“通常的”（typical）学校而不是特例学校。这些研究往往呈现出教育领导在不同情境中如何运作的复杂图景（Spillane，Diamond，Burch，Hallett，Jita，and Zolmmers，2002）。许多教育者和学者发现，案例研究提供的描述既有意思，又很翔实。不过，对于一小部分案例的描述，并不能解释教育领导在更广泛学校中的影响（譬如，参见 Mortimore，1993；Scheurich，1998）。

第二类证据来自关于领导对学校和学生影响的大规模量化研究。根据 1980 年以来的报告和评述（譬如，参见 Hallinger and Heck，1996b；Leithwood and Jantzi，2005；Marzano，Waters，and McNulty，2005；Robinson，Lloyd，and Rowe，2008），这类证据显示，学校领导对于学生学习的直接和间接影响，虽然小但很显著。教育领导解释了 5%—7%的校际（across schools）学生成绩差异（不要与可能很大的校内影响相混淆）。看起来只是 5%—7%，但除去学生自身或背景的影响外，它代表了全部学校层面变量所解释的学生成绩校际总差异（12%—20%）的三分之一左右（Creemers and Reetzig，1996；Townsend，1994）。课堂因素解释了超过三分之一的差异。不过，这方面的研究至今都很少阐明领导者是如何产生上述效应的。因此，它们对于领导实践的启示是有限的。

第三类证据来自各种关注具体领导实践影响的研究（也是大规模的、定量的研究）。此类证据的一部分，可以在上文所述的研究中发现。不过，沃特斯（Tim Waters）、马扎诺（Robert J. Marzano）和麦克纳尔蒂（Brian McNulty）进行的元分析（Waters，Marzano，and McNulty，2003），加深了我们对于此类研究解释潜力的理解。马扎诺等人发现了 21 种领导"职责"（行为），然后计算了每一种职责与原始研究中所测量学生成绩的平均相关度。基于这些数据，他们计算了各种职责对于学生测试成绩的预估影响。譬如，如果校长将"全部 21 种职责所要求的能力提高一个标准差"，学生测试成绩将会提高 10%（Waters，Marzano，and McNulty，2003，p. 3）。进一步扩展这项研究，马扎诺和沃特斯（Marzano and Waters，2007）提供了学区领导研究的比较分析，明确了学监领导的五大类职能。罗宾逊（Viviane M. J. Robinson）、劳埃德（Claire A. Lloyd）和罗（Kenneth J. Rowe）提供了一项更为新近的元分析，确定了学校层面具体的领导实践对于学生学习的独立影响（Robinson，Lloyd，and Rowe，2008）。罗宾逊等人的元分析与马扎诺及其同事的元分析相比，可能有两点区别：第一，对纳入元分析的原始研究筛选更为严格；第二，目的是通过对多项研究的分析，确定数量更少的（5 个）有最强证据支持的学生成绩影响因素。

第四类证据来自领导影响学生参与的研究。这类研究区别于领导影响学生学习的研究。一些证据表明，学生参与是学生学习强有力的预测指标。（研究综述可参见 Fredricks，Blumenfeld，and Paris，2004，特别是第 70 页。）最近，至少有 10 项设计上相似的大规模量化研究，评估了领导行为对于学生参与的影响。所有这些研究都报告了显著的积极影响（Leithwood and Jantzi，1999a，1999b；Leithwood，Louis，Anderson，and Wahlstrom，2004；Silins and Mulford，2002b；Silins，Mulford，and Zarins，2002）。

最后一类证据来自领导更替研究。这类研究与上述研究不同，却很引人关注。譬如，如果校长更替未经筹划，无论教师可能做什么，学校效能都会受到不利影响。麦克米兰（Robert B. Macmillan）与芬克（Dean Fink）和布雷曼的研究表明，快速的校长更替会带来破坏性影响，尤其是对那些旨在改进学生学习举措的影响。同时，快速的校长更替又很普遍（Macmillan，2000；Fink and Brayman，2006）。所以，显而易见，领导是重要的。

在为这项为期五年的研究确定一个起点时，我们基于初步的研究综述（Leithwood, Louis, Anderson, and Wahlstrom, 2004）提出，领导是仅次于课堂教学，对学生学习产生影响的第二因素。经过五年多的研究，我们对这一主张更有信心。截至目前，我们还没有发现这样的学校案例：在缺乏有力领导的情况下，提升了学生的学习。为什么领导是重要的？一种解释是，领导者有释放组织潜在能量的潜力。易言之，大多数被独立考虑的学校变量，对学生学习只有很小的影响（Creemers and Reetzig, 1996）。为获得大的影响，教育者需要发挥相关变量之间的协同效应。在所有努力改善教育的家长、教师和政策制定者中，处于领导地位的教育者有着得天独厚的优势，能够确保必要的协同。

二、领导的含义

可以参考两个核心职能来理解领导：*提供方向与施加影响*。不管领导者除此之外还做些其他什么事，他们都要提供方向与施加影响。这并不意味着将领导简单化。事实上，这两种领导职能，都可以用不同的方式实现。与两种职能相连的不同实践方式，区分出许多领导模式。

实施这两项职能时，领导者所处的环境，或是倾向于稳定，或是强调变革。这些环境条件在互补关系中相互作用：与稳定相联系的，通常是抵制变革与维持现状；而要想在不稳定的基础上实现快速发展，对于领导者和其他教育者而言又并非易事。更确切地说，稳定与改进存在共生关系。在摇摇欲坠的基础上跃步向前，可能产生变化，但不会是大多数人想要的变化：我们脑海中浮现的画面是，摔个脸朝地。不稳定的基础和不明智的跃进，或许能够解释，为何过去半个世纪中学校所采取的暴风雨式的变革，对于学生的成功几乎没有什么影响。学校改革的努力，在那些最不需要改革的学校中最为成功（Elmore, 1995）。与那些缺乏必要的基础，也是改革者最常关注的学校相比，这些学校有良好的学校制度、运行程序和较强的教学能力。它们为改革打下了坚实的基础。

如何把这些概念结合起来说明领导的含义？领导是有关组织改进的。

更具体地说，领导确定一致性的、有价值的组织发展方向，以及做出一切努力激发与支持组织成员向此方向前进。我们对于领导的一般性定义，强调这些要点：领导关乎方向和影响；稳定通常是管理的目标，改进则是领导的目标，但两者都很重要。学区中对于稳定最严重的一个威胁是，学监、校长和副校长职位人员的频繁流动。学校层面的不稳定，通常反映了学区层面管理的失败。

三、文献中反映的各种领导模式

在领导方面的众多文献中，包含了各种各样的领导模式（model）和方式（approach）。其中，许多是重叠的。不过，所有这些模式和方式，在教育领导文献中只得到了部分反映。与此同时，教育领导领域也基于学校情境，构建了自己的领导模式和方式。

非学校情境中的领导

非学校情境领导的研究，通常是由我们的一个同事所描述的“形容词式领导模式”中的各种理论所驱动的。最近的一项述评区分出21种领导方式。相当数量的理论和实证研究以这些领导方式为主题（Yammarino, Dionne, Chun, and Dansereau, 2005）。其中的17种方式很有吸引力，有些已经指引了学校情境中的领导研究（Leithwood and Duke, 1999）。这里有一些例子：

- **权变领导**。这一模式整合了领导风格、领导者问题解决和反思性领导的研究。它用风格——任务风格或关系风格——与情境的二维概念，解释了领导者效能的差异。据此领导模式，有效的领导必须实现领导风格与情境的匹配。
- **参与型领导**。这一模式关注团体领导、共享领导（譬如，Pearce and Conger, 2003）和教师领导（譬如，York-Barr and Duke, 2004）。它关心领导者如何让其他人参与到组织决策中。在此模式的指引下，产生了有关独裁式、协商式与合作共享式领导风格的研究。

- **变革型和魅力型领导**。这一模式关注领导者如何对同事施加影响，关注领导者–追随者关系的本质。这两种领导形式都强调：发展令人信服的愿景，传达高表现期待，表现出自信，垂范合宜的角色行为，表达对追随者实现目标能力的信心，以及重视集体目的（譬如，Leithwood and Jantzi，2006）。

教育领导

学校和学区情境中的研究所形成的领导模式，也丰富了领导研究。其中，"教学领导"的相关模式或许最为众所周知。它们与任务取向的一般领导理论具有相似性（Dorfman and House，2004）。教学领导的概念，隐含着对于课堂实践的关注。然而，建立与维持这种关注的具体领导实践，却没有得到很好的界定。主要的潜在假设是：如果领导者为教师提供详细反馈与变革的建议，教学就会得到改进。为此，领导者需要拥有为所有年级和学科的教师，提供有效、实用教学实践建议的时间、知识、协商技巧。虽然这些假设看起来很有吸引力，但往最好处看，它们所依赖的基础也是不稳定的。迄今为止的证据表明，很少的校长有能力、有时间为教师提供高质量的教学反馈（譬如，Nelson and Sassi，2005）。更为重要的是，很少有成熟的教学领导模式，能够超越课堂教学观察与干预，讨论校长在愿景、组织文化等方面的职责（Andrews and Soder，1987；Duke，1987；Hallinger，2003）。

此外，学校领导研究还充满了其他的形容词。这些研究声称，要突出研究对象身上的独特性。譬如，学习领导（Reeves，2006）、建构性领导（Lambert et al.，1995）和变革领导（譬如，Wagner et al.，2006）。然而，这些概念很少是持续研究所得证据加以支撑的产物。对于这种研究现象的考察，影响着我们开始时的方法选择。我们回避了任何特定的领导模式，而是跨越不同的领导模式，研究了那些有着理想的效果并得到重要证据支撑的领导实践。

四、本书概览

本书聚焦于学校和学区两个层面的领导，分两个部分报告了五年研究的结果。有关州层面领导的证据，可以在我们最终的研究报告中找到。第一部分的五章关注学校层面的领导。第 2 章、第 3 章和第 4 章概括了共享式学校领导的几种形式与方法，及其影响教与学的证据。还有两章（第 5 章和第 6 章）非常详细地描述了那些对学校和学生最有影响的个体领导实践。

本书的第二部分关注学区领导，及其与学校和州领导的关系。第 7 章描述了学区促进家长和社区参与学校改进的方式，考察了家长和社区参与对于学生的影响。第 8 章和第 9 章讨论了领导效能感或领导信心对于学校改进的影响，以及学区如何发展领导效能感或信心。第 10 章的证据说明了校长快速更替的负面影响，并提出了学区层面缓解此类负面影响的一些建议。第 11 章讨论了学校中的数据使用，以及学区在促进教学改进中使用数据的作用。第 12 章描绘了一幅宽广且具有整合性的学区改进领导、教学与学习之方式的图景。第 13 章解析了学区领导与州层面领导的关系。 7

在本书的结论部分，我们总结了此项研究的重要发现，并特别关注了成功学校领导的关键特征。

第一部分

对学生重要的学校领导

第2章　集体领导：学校共同体内领导分布的现实

肯尼思·利思伍德　多丽丝·詹齐

本章有证据支撑的主张 11

- 较之个体领导，集体领导对于学生成绩有更强的影响力。
- 好学校的相关者对于学校决策的影响，几乎都比差学校的相关者对于学校决策的影响要大。
- 与成绩差的学校相比，成绩好的学校对于教师团队、家长，特别是学生的影响更大。
- 在所有学校中，校长和学区领导者对于决策有最大的影响；而且，当其他人分担领导责任时，他们不会失去领导影响力。
- 学校领导者对于学生成绩的影响，主要是通过影响教师动机和工作条件实现的。他们通过影响教师的知识和技能而对学生成绩产生的影响，要小得多。

本章使用的“集体领导”这一术语，指组织成员和利益相关者对学
校决策发挥影响的程度。这一相对窄化却具根本性的领导观点，关注所 12
有领导来源的聚合效应，以及每个领导来源（如管理者、教师、学生、家长）影响力的可能差异。在此领导概念指引下，本章的分析强调下列因素：

- 构成集体领导之一部分的个体或群体，对于学校决策的相对影响。
- 集体领导对于教师知识与技能、动机及工作条件的影响。
- 学校决策参与程度的差异，是否与不同学校学生成绩的差异有关。
- 各个参与者（respective participants）所施加影响的程度差异，是否与学生成绩差异有关。

一、我们的起点

本章的研究有三个起点：一是“领导即施加影响”的概念；二是将领导解释为集体行为；三是对领导者影响教师表现的重要性的解释。

领导即施加影响

本研究中使用的集体领导概念，与罗恩（Brain Rowan，1990）的“有机”管理概念部分一致。“有机”管理概念的定义是：

> 从传统的、等级化的科层控制模式，转向那种被称为网络模式的控制。在后一种模式下，一线员工积极参与到组织决策中，员工合作与权力共掌取代科层制度，成为协调工作流程与解决技术难题的方式。
>
> （Miller and Rowan，2006，pp. 219-220）

将集体领导界定为影响和控制的网络化，也使我们的研究与关于组织控制结构的其他研究联系起来。譬如，坦南鲍姆（Arnold S. Tannenbaum，
13 1961）的一篇开创性论文，用“控制图”方法呈现了正式组织中的多种控制模式。控制图的横轴代表组织中的不同层级，纵轴代表感知到的不同层级施加影响或控制的程度。坦南鲍姆用组织控制图阐明了四种典型的控

制模式或领导方式：

- 独裁的（领导角色层级越高，影响越大）；
- 民主的（更高的影响水平来自科层结构中更低的层级或角色）；
- 无政府主义的（任何层级或角色的影响都相对较小）；
- 多头政治的（所有层级或角色的影响水平都较高）。

映射罗恩对不确定条件下有机管理的期待，坦南鲍姆也假设，组织效能与（1）更为民主和（2）更加多头化的控制形式有关。

第一个假设缘自两个期待：其一，更为民主的控制形式，与民主社会中员工的信念和价值更具一致性，会产生更高水平的工作满意度与士气；而独裁的控制形式会“降低主动性，抑制组织认同，制造成员间的冲突和敌意”（Tannenbaum，1961，p. 35）。其二，科层结构中层级较低者拥有更多控制权，会使共同决策更容易被接受，也能提高实现组织目标的责任感，增强实现组织目标的动机。这种参与也可能通过交互影响机制，促进更加有效的协调。

坦南鲍姆的第二个假设——有时被称作“权力平衡”（power equalization）假设，也言之有理：当科层结构中的层级较低者有更多控制权时，组织效能会提升，那些被赋权者的动机和认同度也会提高。当前文献中强调分布式领导的理由，与坦南鲍姆为这两个假设所提供的辩护十分相似。

集体领导的影响效果

有何证据可以证明民主领导、支持性领导和共享领导的有效性？在教师共同参与规划和决策（Talbert and McLaughlin，1993）以及变革型领导（Leithwood and Jantzi，2005）的实证研究中，可以找到一些证据。几种相关的理论，也引发了对领导分布与组织效能正向关联的期待。它们包括与 14
组织学习（Hutchins，1996）、分布式认知（Perkins，1993；Tsoukas，2005）和实践共同体（Wenger，McDermott，and Snyder，2002）等相关联

的理论。

然而，也有大量证据得出了相反的结论。特别是那些把组织效能定为组织基本目标（bottom line）（衡量生产力的某种方式），并用客观指标——如学生考试成绩——加以衡量的研究，获得的证据往往是相反的。坦南鲍姆（Tannenbaum，1961）只能为组织控制结构假设提供有限的支撑。在有机管理研究不断推进十五年后，米勒（Robert J. Miller）和罗恩指出："总体上，影响效果是微弱的，积极效应的出现看起来具有偶然性，取决于许多其他条件。"（Miller and Rowan，2006，p. 220）最近，一项有关教师领导的综述研究发现，只有少数研究探究了教师领导对于学生的影响效应，研究结果总体上不支持教师领导与学生成绩之间的正向关联（York-Barr and Duke，2004）。

如今，大部分学校领导领域的研究，都会聚焦教师和学校管理者的工作。然而，可以想象的是，包括家长、学生和感兴趣的社区成员在内的其他人，也在学校内产生着影响。庞德尔（Diana G. Pounder）、小川（Rodney T. Ogawa）和亚当斯（E. Ann Adams）提供了一个研究示例（这样的研究并不多），考察了由广泛参与者共同实施的领导（Pounder，Ogawa，and Adams，1995）。庞德尔等人检验了校长、教师、家长和行政人员对于许多中介变量以及学校结果产生影响的模型。它为十年后我们的研究，提供了有用的模型。

本章报告的证据，看起来超越了学校情境。它从多重合作者——学监、学区办公室的其他管理者、校长、学校中的其他管理人员、教师领导者、教师团队、个体教师、家长和学生等——的角度，审视教育领导。我们特别感兴趣的是，重新考察坦南鲍姆的概念，分析"多头政治"——来自不同个体和群体的更多影响——对于教师工作和学生学习的影响。然而，我们也对学校外部群体和个体如何影响教师和教学感兴趣。譬如，尽管大部分集体领导、共享领导与分布式领导的研究，没有考察学区工作人员的影响，但他们也有义务发挥对学校工作的积极影响（但有两项研究关注了这一问题，参见：Firestone，1989；Firestone and Martinez，2007）。

本章对以上所有潜在的影响来源都有所涉及。

领导对教师表现的影响

领导对于学生学习的影响大部分是间接的（Hallinger and Heck，1996a；Pitner，1988）。那些旨在探索领导直接影响的研究，很少发现显著的影响；而许多探索间接影响的研究，却发现了显著的影响。原因显而易见：处于正式领导职位的人，很少就学习问题与学生进行大量的互动。相反，正如第 1 章中提到的，我们感觉到正式领导者的影响，是因为他们为教师在课堂上有良好的表现提供了条件。1996 年以来的大部分研究都以复杂的因果模式为指导，其包括了大量的潜在中介因素——从对个体教师自我效能感的影响到学校成员之间信任水平的变化。

本章的分析以领导的间接影响效应为假设，并将影响教师表现的前因或起因概念化为一套中介因素：（1）教师的动机，（2）教师的知识与技能，（3）教师的工作条件。我们假定，这些前因的某种组合，解释了教师的实际工作。

二、本章的新证据

本章的证据，来自我们的更大项目研究中首轮调查获得的数据，包括 90 所学校 2570 名教师的回应（77%的回应率）。每所学校中，有 7 名及以上的教师有效填写了问卷，也有学生成绩方面的数据。[①] 学生成绩数据，由全校几个年级三年的州语言和数学测试成绩构成。

教师对一份包含 104 个题项的问卷中 49 个题项的回答，提供了本章的其余数据。这些题项测量了上文提及的教师表现的前因，以及学校中所有的人和与学校有关之人的影响程度。这些测量的信度很高。本章下面的内容，报告了本研究中三个问题的相关证据：集体领导对关键的教师变量和学生学习的影响；学校集体领导中不同人和不同群体的相对影响；学生

① 我们只有 76 所学校的学生社会经济构成数据。因此，那些涉及社会经济地位因素的计算，都使用了这个更小的样本。

成绩与不同人和不同群体的影响水平的关系。

集体领导对于教师和学生的影响

我们的分析显示，集体领导与所有三个教师变量均显著相关。与集体领导关联最紧的是教师工作环境，其次是教师动机。除了教师的知识与技能外，所有变量都与学生成绩显著相关。教师工作环境与学生成绩的关联性最强，其次是教师动机和集体领导。数据也显示了几种教师变量之间的重要关系。

16

图 2.1 较为精确地显示了我们的研究结果。① 该图概括了相对复杂的统计分析（结构方程模型）的结果。就本章的目的而言，我们不需要对这些复杂结果做出完整的说明。了解下列事实就足够了。

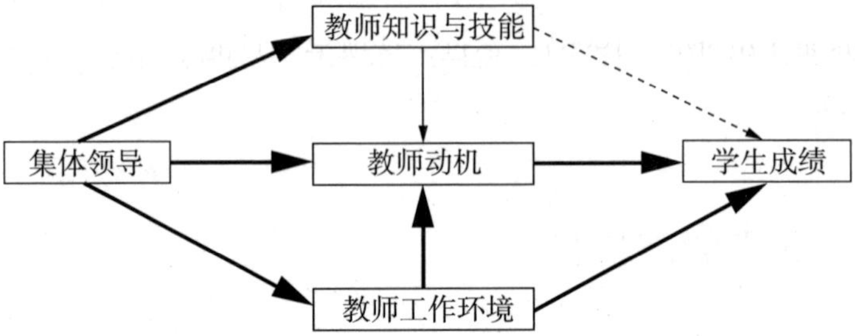

图 2.1　集体领导对学生成绩的间接影响

- 该图显示的模型解释了 20%的校际差异。
- 集体领导对所有教师变量均有显著的直接影响。其中，对于教师工作环境的影响最大，其次是教师动机，对教师知识与技能的影响最小。
- 集体领导只解释了 13%的教师知识与技能方面的差异。
- 将三个教师变量与学生成绩关联起来的路径表明：

① 请注意，本图以 SLISREL 程序构建的结构方程模型为基础。具体的统计数据可从第一作者处获得。

◎ 集体领导通过教师动机和教师工作环境，影响学生成绩。

◎ 教师工作环境对学生成绩有显著影响，而教师知识与技能对学生成绩没有显著影响。

◎ 教师工作环境对学生成绩的总体影响最大，其次是教师动 17
机和集体领导的间接影响。教师工作环境之所以有更大的影响，是因为它通过教师动机产生间接影响。

我们也考察了学生社会经济地位（用学校中可以享受免费或低价午餐学生的比例计算）对图 2.1 中三个教师变量与学生成绩关系的影响。社会经济地位几乎总是校际学生成绩差异的重要预报器，在我们的分析中也是如此。

我们对教师能力、动机和工作环境的测量，借鉴了此前的一项研究（Creemers and Reetzig，1996）。不过，这项早一点的研究考察的不是集体领导，而是个体领导者的变革实践。与我们的研究一样，该研究发现，领导与教师工作环境有更强的相关，且对教师能力的影响比对教师动机的影响要弱。然而，个体领导者的变革实践对于学生成绩的影响，较之我们所测量的集体领导的影响要弱。这也支持了学校中广泛的领导分布具有其益处的主张。

另一项相关的早期研究，在很多重要方面与我们的研究不尽相同，但关注了几个同样的问题（Leithwood and Riehl，2005）。学生参与而不是学生成绩被作为因变量（结果变量），领导影响学生的中介变量与我们的研究也不一样。然而，该研究对于集体领导的测量方法，与本章使用的方法几乎完全一样。与本章报告的主要结果相反，这项早期研究发现，集体领导对学生有不显著的负向影响。这种研究发现上的差异，很大程度上支持了这一主张：在研究领导如何影响学生时，对中介变量的选择至关重要。（Hallinger and Heck，2002）。

我们在三项研究之间发现的差异，很可能与它们的研究设计有关。就 18
集体领导对教师内在状态的影响而言，它们的一致性最高。三项研究都未表明，集体领导对教师能力有明显的影响。（我们将在第 3 章表明，学校内部的领导其实有这方面的影响效果。）再者，对于集体领导对学生有显著影响的说法，研究证据有支持的，也有不支持的。希勒（Nathan J. Hiller）、戴（David V. Day）和万斯（Robert J. Vance）基于非教育情境的研究指出，“当团队从事复杂的、要求高度相互依赖的任务时”，集体领导可能是有效的，“但在常规情况下……集体领导的益处还没有被证明”（Hiller，Day and Vance，2006，p. 388）。

不同集体领导来源的相对影响

为阐述这个问题，我们测量了集体领导的 9 个来源，并据此分析了教师对不同领导来源影响学校决策程度的评分。表 2. 1 显示了教师给出的每个集体领导来源（不含学生来源）影响学校决策的平均值（使用六点量表）。可见，校长和学区管理者得分最高，几乎是同样的分值（分别是 5. 30 和 5. 28）。虽然表中没有显示，但较小的得分标准差（或值域）表明，被调查者对这两类人所施加影响的感知，有着很强的共识。接下来最具影响力的角色——学校其他管理者，通常是副校长——的得分，明显低于前两个来源（4. 75）。

表 2. 1　学校决策影响来源评分从最弱到最强的排名

领导来源	评分均值
家长咨询小组	3. 84
个体家长	3. 96
个体教师	4. 28
教职工团队（如部门、年级）	4. 36
有正式领导职位的教师	4. 43
学校其他管理者（不是校长）	4. 75
学区管理者	5. 28
校长	5. 30
集体领导合计	4. 42

（*N*=90 所学校）

评分等级：1=没有，2=微乎其微，3=很少，4=一些，5=很大，6=非常大。

在教师影响来源中，具有正式领导职位的教师，被认为有最强的影响（4.43），接下来是教职工团队（4.36），然后是一些个体教师（4.28）。我们对这些评分差异的显著性进行了分析，结果显示：具有正式领导职位的教师，被认为明显比教职工团队或一些个体教师更有影响力，而教职工团队的得分又明显高于个体教师。

家长（家长咨询小组和一些个体家长）的均分从 3.84 到 3.96，比教师低很多，具有统计上的显著差异。被调查者认为，学生直接影响学校决策的程度最低。所有影响来源得分的标准差都很低（表 2.1 未显示），尤其是校长得分的标准差，这降低了其与我们研究中其他变量之间潜在关系的强度。

表 2.2 报告了每一个集体领导的来源、教师相关变量（能力、动机和环境）与学生成绩（取三年的年平均值）的关系。在教师相关变量中，工作环境与 9 个领导来源中的 7 个（除了校长和个体教师）显著相关。令人惊讶的是，工作环境与校长领导不相关，这可能与校长得分的差异不大有关。相关度最高的是教师动机与教职工团队的关系（$r = 0.71$）。教师能力是唯一与校长影响显著相关的变量（$r = 0.22$），教师工作环境是唯一与学校其他管理者（$r = 0.32$）和学区管理者（$r = 0.41$）相关的变量。

表 2.2　领导来源、中介变量与学生成绩的相关性①

领导来源	能力	动机	环境	成绩
集体领导	0.36**	0.55**	0.58**	0.34**
学区管理者	0.04	0.13	0.41**	0.09
校长	0.22*	0.20	0.12	-0.06
学校其他管理者	-0.01	-0.02	0.32**	-0.11
有正式领导职位的教师	0.35**	0.54**	0.34**	0.09
教职工团队	0.44**	0.71**	0.44**	0.28**
个体教师	0.23*	0.24**	0.17	-0.08

① 皮尔森积差相关系数。

续表

领导来源	能力	动机	环境	成绩
个体家长	0.16	0.10	0.34**	0.43**
家长咨询小组	0.32**	0.44**	0.40**	0.56**
学生	0.17	0.55**	0.52**	0.30**

* 显著性水平为 0.05

** 显著性水平为 0.01

具有正式领导职位教师的影响，与所有三个教师变量均显著相关，但与学生成绩没有显著关系。教职工团队、个体家长、家长咨询小组和学生的影响，与学生成绩显著相关。与学生领导相关性最强的是教师动机（$r=0.55$）。与家长咨询小组的影响相关性最强的是学生成绩（$r=0.56$）和教师动机（$r=0.44$）。个体家长的影响与学生成绩强相关（$r=0.43$），与工作环境弱相关（$r=0.34$）。身为学校职员的领导者，与那些非学校职员领导者的影响，似乎存在差异。与学校内部的任何一个集体领导来源相比，教职工团队的影响都与所有三个教师变量有更强的关系。而且，教职工团队是唯一与学生成绩相关（$r=0.28$）的校内集体领导来源。

引起我们关注的是，与所有三个教师变量和学生成绩均显著相关的两个领导来源都是群体。教职工团队和家长咨询小组的影响，与所有中介变量和学生成绩显著相关。在那些学生成绩好，教师能力、动机与工作环境评分高的学校，我们更可能看到来自教职工团队与家长咨询小组的高水平影响。这表明，或许是这些角色的集体性质，增加了它们在学校中的影响力。

总之，我们的结果显示：

- 学校决策被广泛的群体和人所影响，反映了领导分布的概念。
- 这些人和群体施加影响的程度，反映了传统科层化的组织领导概念。教师对于传统领导来源影响的评分，要高于非传统的来源。

- 领导角色越正式的教师，被感知到的影响程度越高。
- 尽管如此，家长和学生的影响仍与学生成绩显著相关。这可能反映了学生社会经济地位对于学生成绩的众所周知的影响。

当前的学术研究中，人们对各种形式的领导分布倾心有加，但教师调查的结果显示，他们很少觉察到学校在这方面实际发生的变化。对领导分布概念不断增多的支持，很可能只是一种没有什么现实依据的元修辞（meta-rhetoric）。这种可能性与一种人们非常熟悉的对学校的批判相吻合： 21
作为合法化自身工作的手段，学校更关注变革的外在形式，而非其实质。

尽管重建学校的努力历经数十年，某种程度上也给予家长在学校决策方面更多的发言权，但很少有证据表明，教师感知到了家长和学生的影响（Beck and Murphy，1998）。这一结果可能表明，教师和管理人员在学校改进过程中与家长构建真诚关系时，面临着众所周知、持续存在的挑战。

我们的研究结果也支持了另外两种主张。其一，学校中的重大变革需要的不仅仅是鼓励与理性的辩论（Desimone，2006），更需要那些用以提升家长影响力的实际策略。其二，正如雅克（Elliott Jaques，2003）一直以来所强调的，即使参与者通过增加结构与程序的方式在科层结构中鼓励横向影响，科层结构也仍然是任何大型组织必需的、不可避免的特征。如果雅克的观点是正确的，那么当前有关学校领导分布可能性或可取性的期待，需要大幅调整。

集体领导的模式与学生成绩

正如我们在前面所提到的，教师通常认为，学校中的影响力虽然有一定的分布性，但仍然以科层化的方式实施。尽管如此，因为许多组织理论家都强调，更加分布的领导形式是有益的，所以我们也想知道，教师所感知的不同领导来源影响力的差异，是否与学生学习成绩相关。为了解决这个问题，我们回到坦南鲍姆（Tannenbaum，1961）早期有关控制图的成果（上文评述过）。

为了用三年成绩的平均水平对学校加以区分，我们构建了自己的控制图。如图 2.2 所示，我们首先根据学生平均的年度成绩，将样本学校分为五个等第。然后，再比较教师对每一个集体领导来源影响的评分。

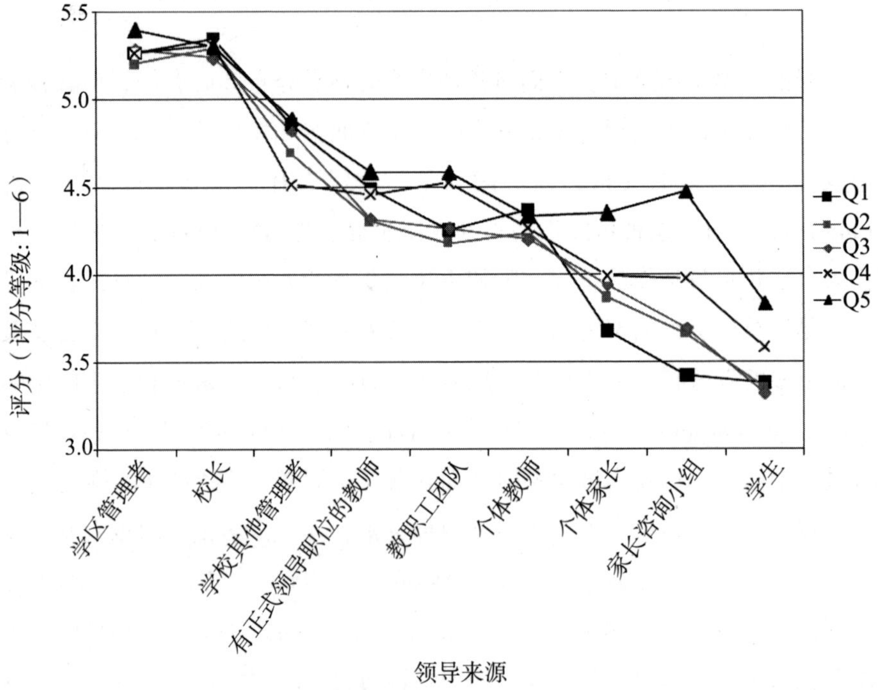

Q1=三年平均成绩最低的学校

图 2.2　集体领导影响来源与学生成绩的关系

图 2.2 呈现的结果表明，比起低分学校，高分学校（Q5[①]）中的教师普遍将更高水平的领导影响归结为学校内所有人和所有群体的作用。不过，即使高分学校的教师将更大的领导影响归为非传统领导角色，他们也认为，那些居于传统领导角色的人，有着相对一样大小的影响力。譬如，教职工团队或家长影响的增大，并不意味着校长和学区管理者的影响减小。此外，那些学生成绩处于 Q5 和 Q4 等级的学校的教师，显著地将更多的相对影响归于教职工团队。学生成绩最好学校的教师，也显著地将更

22

① Q 为 Quintile（五分位数）的缩写。——译者注

多的相对影响归于个体家长和家长群体。

虽然我们没有形成一个总表来报告所有相关性的情况，但我们发现，学生的社会经济地位不出所料地与学生成绩显著相关。这可能也解释了，为什么那些高分学校——通常是为社会经济地位更高学生服务的学校——中，家长和学生有着更为明显的影响力。有三种相关性看起来特别有意思：社会经济地位与（1）个体家长（$r=0.35$）、（2）家长咨询小组（$r=0.53$）和（3）学生（$r=0.36$）影响力的相关性。教职工团队的影响和学生社会经济地位的相关，与学生影响和其社会经济地位相关的强度一样（$r=0.34$）。[①] 其他人的研究也报告了社会经济地位与家长参与存在相关性的证据，以及更有趣的，社会经济地位与学校共同管理程度相关性的证据（Bidwell，Frank，and Quiroz，1997）。社会经济地位高的学校，往往更多地在教师之间构建权力共享的专业实践，且对学生学习有特别强烈的关注。

总之，证据显示，以传统领导角色行事的参与者，在高分学校依然很有影响力——这是在表 2.2 的相关性分析中没有展示出来的一个结果。在成绩最好的学校中，似乎每个人都比成绩不好的学校的人有更多的影响力。成绩不好的学校的领导可能是“放任主义”的，这是一种几乎总是无效的领导方式（Avolio，1994）。

三、我们可以得出什么结论？

本章阐述的证据突出三个主张。第一，与个体领导相比，集体领导对学生成绩的影响更大。这表明，当前对于分布式领导、共享领导的强调，可能是有现实回报的。至少它确认了这个假设：学校系统中更多行动者影响力的提高，不会破坏教育效能与问责制，而是有可能促进它们。

第二，在高分学校中，校长和学区领导者的影响力最高，但几乎所有人都比低分学校的人拥有更大的影响力。高分学校中，影响力“彩票”的

① 这些相关的显著性水平全都是 0.01（双侧）。

大“赢家”是家长和教师团队。我们将在第7章中更充分地探讨这个主题。但除了家长和教师团队的影响之外，学校总体的科层控制结构没有什么变化。我们认为，这是一种与雅克（Jaques，2003）的主张相一致的结构：大型社会组织为了协调成员行动，必须建立必要的科层结构。

第三，集体领导通过影响教师动机和教师工作环境，间接地影响学生成绩。在之前的几项研究中（Leithwood and Jantzi，2006；Leithwood，Louis，Anderson，and Wahlstrom，2004），我们发现领导与教师能力显著但微弱地相关。这样的研究发现，可能与我们测量教师能力的方式有关。我们主要测量的是专业发展机会——以各种方式向同事学习的机会，而不是直接测量教师提高学生成绩所需的知识与技能。实际上，虽然校长及其合作领导者（coleaders）对教师专业学习的机会有着重要影响，但他们对教师获取知识和技能的专业学习活动质量与效果的影响可能很有限。不过，这种情况没有弱化我们的发现：受领导影响的教师动机和工作环境，对学生成绩有显著影响。因此，狭隘地关注教师能力培养的领导，可能是一种误导。

四、对政策与实践的启示

本章的证据对政策和实践有三点启示：

1. 致力于学生学习成绩提升的学校和学区领导者，应该向学校共同体的其他成员分享重要决策的影响力，将此作为一项政策和实践。这一实践启示也被第3章的证据所证明。在许多其他研究中，也可以找到分布式影响的其他理由。譬如，有关合作文化与专业学习共同体的研究中，就有对分布式影响的支持。

2. 学区领导者和校长努力扩展其他成员的影响力时，不应过分担心自身影响力的丧失。我们的数据显示，影响力的层级结构通常与学校和学区中的角色和责任相关联。我们认为，这种结构与雅克（Jaques，2003）的主张相一致：为了协调组织成员的行动，大型社会组织需要保持必要的科层结构。

3. 在提升教师教学能力时，学校和学区领导者不要忽略这样两条路径的影响：一是通过激发教师动机影响课堂教学实践；二是通过将教师工作环境与有效教学实践的要求相匹配来影响课堂教学实践。

五、反思

1. 在你所处的情境中，哪些人发挥着影响力？图 2. 2 所示的五种影响模式中，哪一种最符合你所在学校或学区的情况？

2. 你所在学校的工作条件是如何促进教师教学实践的？哪些条件似乎有助于教师达到最佳工作状态，哪些条件似乎妨碍了教师的工作？

3. 在显著影响教师动机方面，学校领导者可以做什么？

第3章　共享领导与教学领导：校长和教师成功地共同领导

卡伦·S. 路易斯　凯拉·瓦尔斯特龙

25 **本章有证据支撑的主张**

- 旨在直接改进教学的领导实践，对教师工作关系有显著影响，并间接地影响学生成绩。
- 当校长与教师共享领导时，教师的工作关系更牢固，学生的成绩也更好。
- 领导对学生成绩产生影响，很大程度上是因为有效的领导强化了专业共同体的形成。专业共同体是一种特殊的环境，在这种环境中，教师们共同致力于教学实践的改进，以提升学生学习。反过来说，专业共同体的形成是教学实践与学生成绩密切相关的显著指征。
- 专业共同体与学生成绩的关联，或许能用学校氛围来解释。学校氛围鼓励学生提高努力水平的效果要超过单个课堂。
- 领导与教学的提升，可以缓解但不能消除集中贫困的影响。

26 上一章阐述了学校决策中的领导如何影响教师和学生学习。本章更为集中地关注学校中校长与教师的工作关系。我们之所以关注这种关系，有两个主要理由：其一，学校中的专业人员在影响学生课堂内外经历方面有着独特的优势。与学区管理者或咨询小组不同，他们每天直接与学生打交道。其二，聚焦校长和教师的关系，可以使我们超越“领导即施加影响”的简单定义，转而关注更为明确的、可以解释这种影响的行为。我们从三个具体的问题开始：

- 具体的校长领导行为——与教师共享领导、在专业人员之中发展信任关系以及为教学改进提供支持——会影响教师合作和他们的课堂教学实践吗？
- 这些领导行为与特性，会直接或间接地有助于提高学生成绩吗？
- 这些领导行为有助于缩小不同社会经济地位、不同种族学生的成绩差异吗？

本章的证据基于教师问卷调查数据和学生成绩数据。我们将在第4章、第5章和第6章对本章的研究发现做更为细致的解释。在我们的分析中，我们假定，校长-教师的关系（用“信任、教学领导以及对共享领导的认识”来表示）影响教师合作（用“专业共同体”来表示），教师合作又进而影响课堂教学实践。课堂教学实践，特别是整合了教师控制（teacher-directed）与建构主义方法的教学，是学生学习的首要决定因素。我们之所以强调课堂教学的重要性，将其作为提高学生学习的直接原因，是因为问卷调查和质性研究都显示，除了改变教师实践之外，有关校长发挥直接影响的证据极少。我们测量分析中的每一个构念（construct）的方法，在我们已经发表的其他成果中有所涉及，可见于本书的附录A（Louis，Dretzke，and Wahlstrom，2010；Wahlstrom and Louis，2008）。本章余下的部分，我们将就上述三个问题，解释我们发现了什么。我们也会讨论研究发现的启示，包括如何在后面各章中深入探讨相关研究发现。

27 一、我们的起点

作为研究前文所述三个问题的起点，我们首先关注探讨领导者在塑造学校文化和学校氛围方面重要作用的新近研究。它们考察的变量包括：(1）校长能够对其产生一些直接影响的变量，如校长-教师关系、信任和共享领导；(2）校长对其可能产生较少影响的变量，如专业共同体中教师之间的关系和集体责任；(3）校长可以间接控制的变量，如教师的个体效能感和教学质量。

从教学开始

在前面的章节中，我们假定，校长领导对于学生的影响几乎完全是间接的。一系列有关学校效能的研究表明，课堂环境和教学质量是与学生学习关联最紧密的变量（尽管一些具体教学模式的相对效能仍然存疑）（Cohen, Raudenbush, and Ball，2003）。教师特征（如学位或证书的类型）的影响是有限的（Wayne and Youngs，2003），主要通过对教学的影响间接起作用（Smith, Desimone, and Ueno，2005）。换句话说：为了了解领导如何促进学生学习，我们必须先问领导如何影响教学（Wahlstrom and Louis，2008）。

过去几十年中，有效教学的各种模型不断发展，但它们之间的争议和差异仍然没有解决。一份早期的研究述评表明，学生成绩与特定的教学实践密切相关（Brophy，1986），包括：通过明确学习目标形成学习期待；运用特定的课堂管理策略；根据教学内容和学生特点，合理推进教学进度。这些方法的变体，经常被归类在“直接教学法”的标签下。其中，教师对于学习环境的控制，是他们为大多数学生创设学习环境的能力的核心。罗伯特·斯莱文（Robert Slavin）是过去几十年中直接教学法的最强烈支持者。他指出，对于学习困难的学生而言，教师控制与学习进度非常重要（Slavin，1987；Slavin and Lake，2008）。与此相对，在20世纪80年代后期，许多学者回到杜威所钟爱的方法，强调探究式教学模式，这是一种经常被贴上“建构主义教学法”标签的方法（Wiske，1998）。在这种教学模式中，教师最重要的角色是设计教学或学习经验，引导学生通过探索与归纳形成新的理解。尽管一些建构主义方法强调教师的指导要适度 28
（作为“在旁引导者”），但也有一些人认为，教师既要组织学习环境以培养学生对自己的学习的责任感，也要承担与传统角色相符的明确职责（Fenstermacher and Richardson，2005）。

如今，教师们经常把直接教学法和建构主义教学法融合起来，且只有少数学者在两者的争论中坚持极端立场。越来越多的证据表明，当教师合适地控制课堂教学节奏，至少在课堂上所讨论的活动基于丰富的材料和刺激时，学生的学习会提升（Allington，2001；Knapp，1995；Taylor，Pearson，Clark，and Walpole，2000）。最近的述评已经重新开始强调教师在指导学生学习方面的作用，但是在探究性课程中，学生对自己的学习负有一定的个人责任（Kirschner，Sweller，and Clark，2006；Newmann and Associates，1996）。

“什么构成好的教学”这一问题远未解决，然而我们在研究中认为，好的教学需要一种混合的方法——支持学生对自己的学习负责、自主构建知识的同时，关注课堂教学进度与内容的直接影响。我们将这种教学形式称为“聚焦教学”（focused instruction）（Wahlstrom and Louis，2008）。在我们看来，忽略理论上的争论（Wilson and Peterson，2006），我们会发现，最有效的“真正的教师”（real teacher）都整合运用了传统的教师中心模式与建构主义模式。其他有关教学方法与学生成绩关系的研究，与我们的发现也是一致的。我们的假设与弗雷德·纽曼（Fred Newmann）及其同事的研究具有一致性。他们的研究关注那些既强调参与又重视重要学科内容的教学实践（Newmann and Associates，1996）。

本章中，我们用受访者对以下五个方面内容的回答来测量聚焦教学：

- 教师让学生建构自己的知识。
- 尽量减少课堂教学时间的中断。
- 教师认为，课堂中的大多数学生能够（以适合其年龄的方式）为自己的学习负责。
- 教师重视自己所教核心科目深层知识的学习。

- 保持快速的课堂教学节奏。[①]

我们对教学的初步调查表明，聚焦教学得分高的教师，更可能在学生成绩好的学校工作。此外，这种教学方法在那些有较多的学生不太可能成功的学校中有着积极作用。这些学生之所以成功的可能性小，是因为他们
29 来自更贫困的家庭，或者来自移民与少数族群家庭。图 3.1 表明，聚焦教学是重要的，尽管它没有消除学校人口学特征对学校成绩的影响。该图中，虚线表示负相关，实线表示正相关。该图显示，研究中少数群体和贫困学生比例更高的学校，不仅州数学测试的成绩较差，而且课堂中很少有高水平的聚焦教学。然而，当学生接受聚焦教学后，这些贫困的和来自少数群体的学生占多数的学校，在标准化测试中的表现会变好。

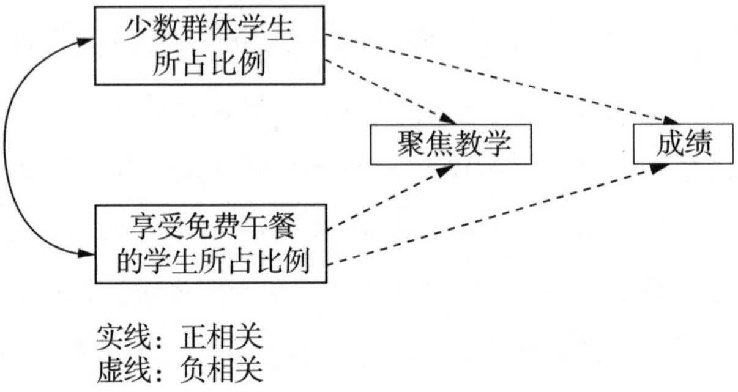

图 3.1　138 所学校的人种/种族、贫困、聚焦教学与成绩的关系[②]

教学领导

正如海林杰（Philip Hallinger）在最近的一份学术述评中提到的，教学领导是一个不会消失的观念，尽管它自 20 世纪 70 年代提出以来一直没

---

① 这些条目是从 2005 年和 2008 年两次包含更多题项的调查中通过因素分析产生的。它们的信度是 0.74。

② 请注意，该图系基于用 SPSS 改为 AMOS 程序实施的结构方程模型分析。具体的统计数据可从第一作者处获得。本章中提到的所有模型，都具备很强的统计拟合度，包括 RMSEA（近似误差均方根）、NFI（规范拟合指数）和 CFI（比较拟合指数）。

有被很好地定义（Hallinger，2005）。迄今为止的研究，为了解学校领导者的领导实践与高质量教学的关系，提供了一些见解。无论这种高质量教学是教师控制型的，还是教师引导式的（teacher-guided）。在学校层面，校长须了解优质教学的原则，并对课程有足够的了解，以确保向所有学生 30
提供合适的内容（Marzano，Waters，and McNulty，2005）。这意味着，校长要么能够为改进教学提供建设性的反馈意见，要么能设计一个可以提供此种支持的系统。研究表明，来自校长一贯的、见多识广的支持非常重要（Hallinger，2005；Mosenthal，Lipson，Torncello，Russ，and Mekkelsen，2004）。因此，校长面临着越来越大的压力，他们要为教学提供（至少是促进）更好的支持。

在努力担任教学领导者的过程中，校长可以从那些为他们提供的专业发展项目等支持中受益。那些得到支持的校长，较之其他人，更可能始终如一地担任教学领导的角色（Camburn，Rowan，and Taylor，2003）。我们将在第 9 章更详细地探讨这个问题。不过，关于教学领导可能包含哪些内容，仍然存在争议。一些学者强调校长指导与示范的重要性。这种指导与示范，显示出校长对于课程内容和教学资料的深入理解（Stein and Nelson，2003）。另一些学者则更关注校长激发教师创新行为的能力，强调校长要通过学习与创新环境的优化，为教师的教学改进提供支持（Halverson，Grigg，Prichett，and Thomas，2007；Leithwood，2001；O'Donnell and White，2005；Silins and Mulford，2004）。那些强调深层内容知识（deep content knowledge）重要性的研究者，通常研究的是小学。然而，中学校长却不能指导与示范多个学科。因为我们的研究包括了中学，所以在本章及其他章中，我们不仅强调直接的教学指导与示范，也强调支持性行为。

共享领导

正如第 2 章所指出的，改革提案中建议教师承担共享领导角色已经有几十年了。在 20 世纪 80 年代末和 90 年代初推进校本管理的各项努力中，通常包括将教师列为决策参与的正式代表。许多调查研究显示，这些努力的执行情况并不好（Anderson，1998；Malen，1994）。就教师影响力的提高是否影响教学改进和成绩，研究结果也各有不同。一些研究发现，不断增长的教师影响力，可能显著地改进学校（Leithwood et al.，2007；Mayrowetz and Smylie，2004；Spillane，Halverson，and Diamond，2004）。其他的研究则表明，教师参与到正式决策或领导角色中，对于学生成绩的影响有限（Marks and Louis，1997；Smylie，Conley，and Marks，2002）。共享领导可能通过减弱教师之间的孤立、增加对公共利益的承诺，产生最大的影响（Pounder，1999）。专业交流过程中的非正式影响与反馈，会鼓励对共享实践和共享目标的关注（Chrispeels，Castillo，and Brown，2000；Marks and Printy，2003），进而可能促进组织革新（Harris，2009）。

尽管研究发现的证据不尽相同，有的结果支持教师参与决策，有的结果认为教师参与决策的作用有限，但近来的政策讨论（如州教育委员会、州首席教育官员理事会以及各种教师专业协会）都对教师参与领导和决策
31 表示支持。不过，关于学校领导分布或共享的构成要素及其促进因素，仍不太清楚。本章中，我们将共享领导宽泛地定义为：教师与校长一起，影响学校决策，参与学校决策。这种共享领导观，反映了学者们就如何理解那些正式与非正式地履行领导角色的人所形成的新共识，也将我们的方法与那些把共享领导与教学领导概念混合在一起的方法（Marks and Printy，2003）区分开来。

信任

很长一段时间以来，组织信任都是组织研究的重要问题。组织参与者是否信任组织领导者的决策能力是很重要的。德里斯科尔（James W. Driscoll，1978）发现，信任对于组织总体满意度的预测力，要好于员工参与决策。一项最近的研究考察了工作团队内部信任水平的变化，该研究发现，同事间的能力感知是信任的强预测因子，而信任又是承担风险行为的重要预测因子（Serva，Fuller，and Mayer，2005）。过去 20 年中，把信任作为学校改进的一个要素的研究揭示了领导者可以采取哪些行动，以积极地改变学校文化（譬如，参见 Bryk and Schneider，2003；Hoy and Sweetland，2001；Louis，2007；Tarter，Bliss，and Hoy，1989；Tschannen-Moran，2004）。

中小学校长的支持性行为与教师信任显著相关（Tarter，et al.，1989；Bryk and Schneider，2003）。同时，在教师参与度高的学校，教师之间的信任水平更高，集体决策的情况更多，改革举措被充分实施且影响学生成绩的可能性更大。一些重要的领导行为和具体的行动有助于促进信任。如，相关“能力”可表现为“参与问题解决、制定标准、保护教师不受外部干扰、追求工作成果”等行为（Tschhannen-Moran，2004，p. 34）。最近的研究表明，信任可以预测教育者如何解释其上级在履行更多技术性和变革性领导职能方面的能力（Daly and Chrispeels，2008）。

信任这一概念涉及受托人与信托人的关键区别，即在特定情境下，人们拥有更多或更少的权力（依赖性）（Driscoll，1978）。教师所信任的校长，往往是具有前文所述领导特征的校长。然而，相较于教师为什么信任或不信任校长，我们对于校长为什么信任或不信任教师所知甚少。

就教师所感知到的学校领导三个方面的关系，以及它们与聚焦教学的
关系，我们的研究发现如图 3.2 所示。该图只呈现了显著关系，更强的关 32
系用粗线表示。如图所示，所有领导行为都与聚焦教学有关。这种关联是十分紧密的：它们共同预测了聚焦教学发生率的校际差异的三分之一。不过，信任是那些对教学产生影响的领导行为的先决条件，而不是直接原因。在信任水平较高的学校，校长更有可能参与教学行为，更有可能积极投入到教学改进的讨论中。然而，信任对于聚焦教学的直接影响并不显著。

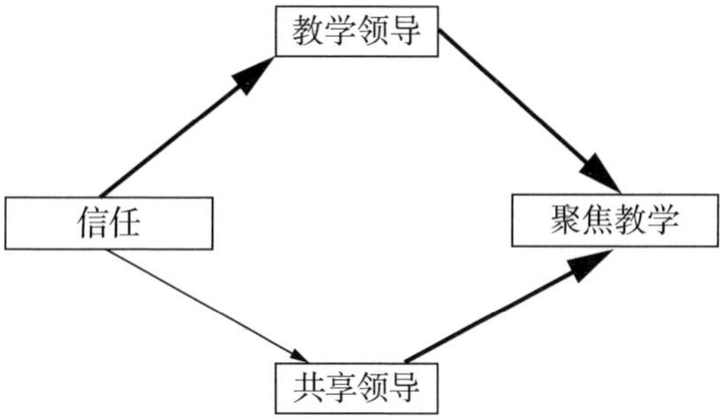

粗线：强正相关
实线：正相关

图 3.2　138 所学校的学校领导与聚焦教学的关系

教师领导与专业共同体

到目前为止，我们一直关注的是校长-教师关系。基于以往的研究，
33 我们认为，作为教师教学改进的基础，教师-教师关系甚至更为重要（Louis，2006）。校长若要通过构建积极的学校文化影响教学，必须在教师之间形成合作、有效的工作关系（Wiley，2001）。在此，我们强调专业共同体的重要性，主要是因为有越来越多的证据表明，它与教学改进、学生成绩（King and Newmann，2001；Louis and Marks，1998；Smylie and Wenzel，2003）和共享领导——我们的领导变量之一——相关（Scribner，Sawyer，Watson，and Myers，2007；York-Barr and Duke，2004）。

约克-巴尔（Jennifer York-Barr）和杜克（Karen Duke）将专业共同体看作教师发挥领导力的载体（York-Barr and Duke，2004）。本章中，我们也采用了这个观点。学校范围内的专业共同体中，教师之间的支持性互动使他们能够彼此承担各种角色——作为导师、学员、教练、专家、顾问、辅导者等等。然而，专业共同体不仅仅意味着支持。它也包括共享的价值、对于学生学习的共同关注和集体责任、关于改进的反思性对话和有目的的实践分享——所有这些都可以被认为是分布式领导（Hord and Sommers，2008；McLaughlin and Talbert，2002）。

前面引用的几项研究结果表明，当专业共同体关注学生学习质量时，教师会采取相关教学实践来提高学生的学习。尽管影响学校是否存在专业共同体的因素很多，但其中一个极为重要的因素是校长强有力的领导（譬如，参见 Bryk，Camburn，and Louis，1999；Louis and Marks，1998）。专业共同体与组织学习紧密关联，“专业学习共同体”一词也已经成为实践者常用的表达。因此，专业共同体的出现，似乎促进了对新实践的集体学习——前提是有校长领导的支持（Marks，Louis，and Printy，2002）。

图 3.3 显示了教师调查的结果。与前面的图一样，粗线代表正向的强关系，细线代表正向的弱关系。正如之前的研究提到的，我们发现，教师-教师关系与教学类型有关，教学类型又与学生学习有关。专业共同体对于学生学习的直接影响是有限的。教师在教学和学校改进上努力合作而

对学生产生的积极影响，是由于课堂教学实践整合了建构主义方法与教师控制方法，真正朝向更多的聚焦教学转变。换句话说，共同承担改进责任的教师团队的形成，可以为学生有效学习环境的创设提供支持。不过，专业共同体与学生成绩仍有一定的直接关系。我们认为，这表明，那些鼓励教师在教与学上紧密合作的学校，也营造了一种支持学生在课堂之外学习的学校氛围。

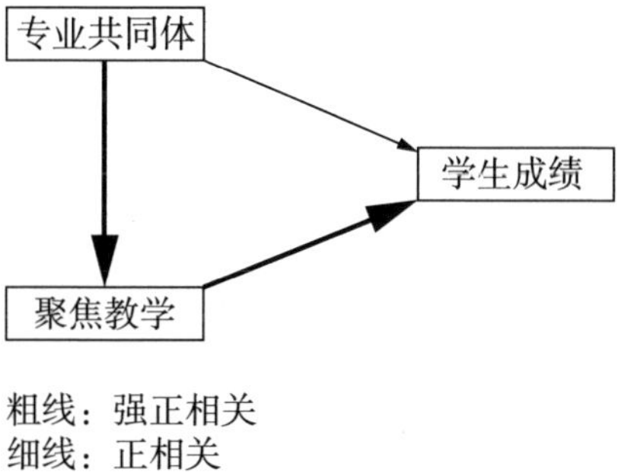

图 3.3　138 所学校的专业共同体、聚焦教学和学生成绩的关系

二、更多的证据：校长行为和特质影响学生成绩吗？ 34

有如前述，我们的数据表明，校长的行为和特质——按照教师所评价的——与教师如何合作共事有非常强的关联。然而，目前的证据没有完全解答领导对于学生成绩的影响是否显著的问题；或者，它们是否为明显处于落后地位的学生提供了提升成绩的手段。为了理解这些问题，我们需要挖掘前文中已经呈现过的文献与研究结果背后更深层的东西。

我们最初假设，领导对于学生成绩的影响在很大程度上是间接的，通过其他变量起作用。我们首先通过考察表 3.1 中的简单相关性来检验这个假设。结果表明，数学成绩与聚焦教学、专业共同体和教师对于校长的信任显著相关。它们与校长行为（教学领导和共享领导）没有显著的相关性，这为我们的假设提供了一些支持。

35 **表 3.1　各变量与学生成绩的关系：相关系数**

	2004—2005 年数学平均达标率	聚焦教学均值	教学领导均值	信任均值	共享领导均值	专业共同体均值
2004—2005 年数学平均达标率	1.000					
聚焦教学均值	0.269** (0.006)	1.000				
教学领导均值	-0.071 (0.475)	0.310** (0.001)	1.000			
信任均值	0.249* (0.011)	0.436** (0.000)	0.490** (0.000)	1.000		
共享领导均值	0.170 (0.052)	0.330** (0.000)	0.106 (0.276)	0.256* (0.007)	1.000	
专业共同体均值	0.198* (0.023)	0.510** (0.000)	0.420** (0.000)	0.451** (0.000)	0.597** (0.000)	1.000
享受免费午餐的学生所占比例	-0.399** (0.000)	-0.124 (0.199)	0.156 (10.068)	-0.053 (0.586)	-0.133 (0.124)	0.004 (0.960)
少数群体学生所占比例	-0.398** (0.000)	-0.123 (0.206)	0.133 (10.121)	-0.209* 0.030	-0.041 (0.633)	0.060 (0.488)

（*N*=138 所学校）

* 显著性水平为 0.05

** 显著性水平为 0.001

译者注：圆括号中的数据为相应相关系数的显著性水平。

表 3.1 还有另外两个显著特征：其一，我们用一些方法考察了成人关
36 系影响学生课堂学习的可能的机制，结果很明显，两者是紧密相关的。其二，如果教师在我们关注的某一维度上与其他成人的交往体验是积极的，那么他们在其他维度上也会有相似的积极反应。总之，尽管结果是确定的，但仍需要对它们做深入分析，以进一步弄清各种变量之间的关系如何

结合起来影响教师的课堂教学与学生学习。

图 3.4 所示的模型，最为简洁地呈现了我们寻找研究问题之答案的方法。请注意，该图没有包括信任这个变量。我们的分析结果证实了我们此前提到的问题，即在解释领导对于专业共同体、聚焦教学和学生成绩的影响方面，较之校长行为，信任的解释力较小。图中实线表示显著强正相关，虚线表示负相关。我们去掉了所有无关紧要的线。

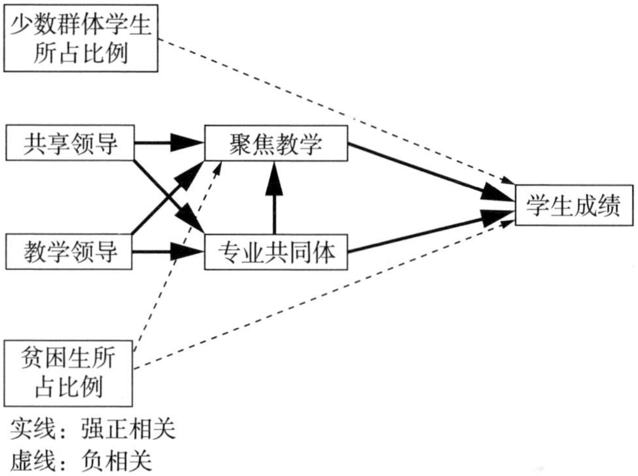

图 3.4　校长领导行为对教师和学生成绩的影响

该模型提出了一个简化的假设，即我们没有足够的信息来检验不同领导行为和领导特征之间的因果关系。因此，它们都被放在图的左边，与反 37
映享受免费与低价午餐学生所占比例和少数群体学生所占比例的变量放在一起。根据以前的研究，我们假设，领导行为和领导特征是最有可能为专业共同体的形成提供必要条件的因素，也是最有可能激发更多聚焦教学的因素。[①] 以下是我们对结构方程模型分析结果的总结：

① 我们使用极大似然法进行路径分析。我们用三个拟合指数评估模型和数据间的拟合优度：近似误差均方根（RMSEA = 0.000）、规范拟合指数（NFI = 0.99）和比较拟合指数（CFI = 1.0）。总之，这些结果显示，模型和数据之间的拟合是充分的。

- **校长教学领导**和**共享领导**对于教师的工作关系（专业共同体）和聚焦教学都有显著影响。它们与学生成绩都没有显著的直接关系。
- **学生贫困**(用符合享受免费与低价午餐的情况测量）与聚焦教学呈负相关。
- **学生贫困**水平和**少数群体学生所占的比例**，都与学生成绩显著负相关。它们对专业共同体的水平都没有影响。
- **聚焦教学**和**专业共同体**都与学生成绩显著正相关。
- 总而言之，分析表明，来自校长或专业共同体中教师的领导，对学生成绩是重要的。此外，校长领导为教师领导和高质量教学提供了坚实的基础。

三、我们可以得出什么结论?

研究者们确定校长领导如何影响学生成绩的努力，有一段不长却很丰富的历史。就教学领导、共享领导及对校长的信任是否能联合提升学生学习这个问题，我们的分析提供了迄今为止最具扩展性的实证检验。答案无疑是肯定的，但研究结果很复杂，需要进一步分析。

首先，校长行为的情感维度——我们用教师对校长伦理、关爱与能力情况的信任来评估——已经被证明与学生成绩强相关。但在我们的研究中，因为用教学领导和共享领导这两个构念来测量校长领导行为，所以相对降低了校长行为情感维度的重要性。我们也不准备用单一的研究和一个简单的结构方程模型低估领导情感维度的重要性。教育和工业领域的很多研究表明，领导的情感维度对于人们投入工作的方式有着重要影响。

由于信任与本研究中的其他关键变量高度相关，我们倾向于认为，任何觉得信任在创设教学改进氛围方面作用有限的假设，都是毫无根据的。要确定领导的情感维度如何与其他领导行为相互作用、如何与教师之间的关系相互作用，还需要进一步做调查研究。后续的研究可能建立在既有工作基础上，也应该更直接地关注信任如何影响有益的领导行动（Hargreaves，2001；Leithwood and Beatty，2007；Little，1996；Zembylas，2003）。

共享领导与教学领导是重要的变量，但与学生成绩只是间接相关。这两个变量的影响力似乎都来自它们与其他变量——教师将自己组织为专业共同体的方式、有关教学的反思性讨论以及对于学生学习的集体责任感——的密切关联。如果我们考虑到共享领导的主张，对于这一发现就不会感到惊讶：共享领导通常为满足学校的迫切需求，而强调责任和创造力范围的延展。主要发挥间接影响的教学领导同样是重要的。虽然校长可能听课，可能通过与个体教师一起工作示范好的教学，但个别干预（可能对良好的课堂教学实践产生直接影响）似乎没那么重要，并不像一些以小学为对象的研究显示的那样（Spillane，2005；Stein and Nelson，2003）。

这一发现很重要，因为共享领导和教学领导通常被认为是为达到学生学习预定目标而采取的互不相通的两种策略。那些倡导教学领导的人，强调对课堂实践保持单一关注，认为这是提高学生成绩的关键，并指出校长榜样角色的重要性。关注共享领导的人，则强调创建学习型组织的重要性。在这种组织中，所有人的目光都集中在学习领导（leadership for learning）上。我们的数据表明，共享领导和教学领导是互补的，两者可能都是必要的。因此，我们使用一个更大、更多样化的样本，验证了马克斯（Helen M. Marks）和普林提（Susan M. Printy）的研究。她们的研究强调整合不同领导方式（她们研究的是变革型领导与教学领导）的重要性（Marks and Printy，2003）。

有效学校领导应该能促进所有学生取得更为公平的学习成果。在我们着手构建这样的领导理论时，有关学校学生群体特征影响的研究结果尤其重要。在我们的样本中，贫困和少数群体身份高度相关，但我们的分析也得出了一些重要的发现：

- 虽然贫困和少数群体身份都与学生成绩有很强的、独立的负相关关系，但当我们考虑学校内部的领导和教学实践时，它们的影响就会减弱。

- 这一发现在集中贫困的情况下更为明显。**换言之，强有力的共享领导和教学领导、强有力的专业共同体和强有力的教学，可以弱化集中贫困的影响。**学校内部条件能在多大程度上减少集中贫困与种族/少数群体的综合影响，还不太明确。
- 集中贫困又与低水平的有效教学实践有关，尽管它与专业共同体没有关系。换句话说，即使有强有力的校长领导，低收入社区中的学校的专业共同体也不太可能提供对学习起支持作用的教学。

与上述发现相关的是这样一种持续存在的困境：如何在最需要有效教学的学校中形成更多的有效教学实践。

四、对政策与实践的启示

本章可以对政策与实践提供四点启示：

1. 肩负正式管理责任的教师和教育者，需要了解集体的、共享的努力对于教学改进的重要作用，并在此指导下行事。

专业学习共同体在许多教师看来是带有行政意味的概念，是一种管理上的要求，旨在鼓励教师分析学生成绩数据，并据此提高考试分数。我们的分析表明，现实更为复杂。教师确实需要合作努力以改进教学和学生学习，但管理者也需要参与到该过程中。这个过程可以简单到让校长参加教师的专业发展活动，也可以复杂到重构学校的正式权力结构。无论如何，都需要反思那条通常将管理与教学分开的“界线”。

2. 为了更好地挖掘中学校长承担教学领导者角色的潜力，需要给予初中和高中校长特殊的支持。中学校长的工作情境面广且复杂，使他们面临不一样的挑战，也需要与此挑战相称的支持。

简单地增加中学校长的压力，不可能真正改进校长-教师合作和提高学生成绩水平。但许多学区没有能力做得更多。为此，我们建议州或地区/国家层面的相关实体参与进来。我们从国际研究（譬如，PISA［国际学生评估项目］和 TIMSS［国际数学与科学趋势研究］）中了解到，中学是美国教育系统中最薄弱的一环。我们也看到，中学在当前的问责政策下改进能力有限。因此，我们认为，设计并提供支持中学校长的新项目，必须成为一个政策重点。

3. 校长准备和专业发展项目应该持续强调领导的“刚（行为的）柔（情感的）并济”。

尽管我们的发现表明，校长行为比校长唤起的信任水平更加重要，但从经验上看，行为和信任水平是捆绑在一起的，难以分开。如果没有教学领导和共享领导的支持，单纯的信任很难对学生产生影响。同时，我们的证据也显示，教师之间的关系与他们对校长的信任是无法轻易分开的。

4. 公共政策和社会舆论对校长施加了越来越大的压力，要求他们提高学生成绩，但同样重要的是，人们应期待校长采取行动支持教学领导与共享领导，借此改进学生学习。加强困难决策中教师的参与与引介好的教学实践，应同时处于学校领导的核心。没有简单的捷径。

五、反思

1. 考虑你所任职学校的情况（如果你在学区或其他组织工作，就考虑一个你曾合作过的学校），你如何描述学校的教学领导？共享领导的情况又怎么样？（你可以查看附录 A 中教学领导和共享领导的指标。）

2. 还是上一题中同样的学校，行政领导（administrative leadership）以什么方式支持教师领导？既要考虑正式教师领导就任者的发展，也要考虑非正式领导者的发展。

3. 你能否指出学校改进计划中有哪些具体的变革可以归功于教师领导？这些变革又是怎样发生的？

4. 为了理解并支持低收入和少数群体学生的学习，管理者和教师领导者要如何做？管理者和教师是否都关注学生的体验，而不是仅仅关注考试和课程？你有什么证据支撑你的评判，或者你需要哪些其他证据？

第4章　实践中的分布式领导：一种关于人、任务和目标的复杂模式

斯蒂芬·E. 安德森

42 **本章有证据支撑的主张**

- 虽然学校中有多种领导来源，但校长依然是中心来源。
- 校长围绕多重目标与学校改进措施，承担着大量的领导与管理活动。学校中其他领导者的责任和影响力都比较小。
- 校长通常根据他们对学校目标和员工专长的理解，决定领导责任和影响力的分配。领导安排根据学校改进工作的重点而变换。
- 与其他领导任务（如设定方向或做出工作安排上的决策）相比，发展人员与管理教学的领导责任，涉及更多角色各异的人员。
- 在学校内部（取决于任务）和学校之间，学校领导角色和任务的分布各不相同，因特定的目标、专长的来源和校长的偏好而权变。

43 前两章中使用的量化证据，不能帮助我们细述与学校表现相关的共享领导实践的情况。本章利用来自小学和初中的校长与教师样本的访谈数据，来解决四个问题：

- 谁参与领导学校改进？

- 领导角色和行动的分布，采取何种模式或“安排”(arrangement)?
- “核心”领导职能的责任如何在人们之间散布（spread)?
- 领导分布如何与学校改进目标相关联?

鉴于这些数据来自很小的学校样本，本章的研究结果旨在就“领导分布与学校改进相关时，其可能的性质”的问题，提供更具深度的认识。与大多数质性证据一样，读者需要对数据是否适合自己的情况做出自己的判断。

一、我们的起点

近年来，学者们对学校和学区领导分布的性质与复杂性进行了大量的研究（MacBeath，2005；Spillane，2006)。领导分布可能呈现不同的模式，但在分类与术语上仍难形成共识。奇怪的是，有关校长在不同领导分布模式中的角色，并不是研究与讨论的重点。关于不同形式（或模式）的领导任务分布与组织目标实现之间的关系，我们也所知甚少。前面两章考察了校长和其他领导来源对于学校决策的影响。在这两章的基础上，本章更具体地探讨学校中领导责任和任务的分布。

二、领导分布模式

戈隆（Peter Gronn，2002）区分了领导分布的整体模式（holistic pattern）与附加模式（additive pattern)。他的附加模式涵盖了一种领导的分散模式（dispersed pattern)，在此模式下，为了完成各种不同的目标和/或任务，组织的多个成员一起提供领导。不同成员的领导可能出于不同目的，缺乏协调或共同的重点。戈隆整体模式的特征是，不同领导来源关注 44
共同的目标和任务，彼此有更大的相互依赖和协调性。换个方式说，戈隆以及戈德斯坦（Jennifer Goldstein，2003）区分了两种情境：一是具体任务的领导被多个领导者一起承担，二是具体任务的领导被多个领导者分别承担。

斯皮兰（James P. Spillane，2006）做出了相似的区分，但提出了三种分布领导责任的安排：分工（不同领导者承担不同任务）、协同工作（co-performance）（多个领导者共同承担一项任务）和并行工作（parallel performance）（多个领导者在不同情境中执行相同的任务）。在此框架下，他进一步定义了协同工作的三种类型：

- 合作分布（collaborated distribution）（多个领导者在同一情境中，共同实施同样的领导实践）。
- 集体分布（collective distribution）（多个领导者在不同情境中，执行独立但相互依赖的任务，以实现同一个目标）。
- 协调分布（coordinated distribution）（多个领导者以特定的顺序，实施相互依赖的行动）。

利思伍德和他的同事聚焦于领导的职能，采用了一种稍有不同的分类方法（Leithwood，et al.，2007）。以研究领域有关“领导”的定义为基础，他们的框架概括了四个核心的领导职能：设定方向、发展人员、重构组织和管理教学（对这些内容，第 5 章有更详细的解释）（这些分类的理由参见：Leithwood and Riehl，2005；Leithwood，Louis，et al.，2004；Leithwood，et al.，2006）。不同的领导分布类型，表现为学校改进目标及举措与领导职能之间协调关系的差异：计划整合型（planful alignment）（由利思伍德和他的同事创造的一个术语）、自发整合型（spontaneous alignment）、自发无序型（spontaneous misalignment）和无政府式无序型（anarchic misalignment）。

本章探讨选定的小学和初中样本校中领导任务分布的模式，重点关注领导影响力的来源、依据学校改进目标和核心领导实践确定的领导责任分布，及其对学生表现的影响。我们尤其关注校长在学校领导角色和任务分布中所发挥的作用。

三、领导分布的更多证据

为了开展本章的分析，我们从研究项目的大样本中选择了一小部分样本作为实地考察学校。所有实地考察的学校在集体领导（参见第 2 章）和学生表现方面，被分成高、中、低三等。然后，我们选出五所学校进行领导分布的质性分析。这些学校在集体领导得分和学生表现方面差异很大。样本包括四个州（得克萨斯州、密苏里州、俄勒冈州和新泽西州）的小学和初中，有社会经济地位高的学校，也有社会经济地位低的学校；有城区学校，也有郊区学校和农村学校（见表 4. 1）。

表 4. 1　样本学校特点

学校	集体领导	学生成绩*	背景**
伦敦小学 （London Elementary）	高	高	规模：537 名学生 多样性：高 贫困：高
奥弗顿小学 （Overton Elementary）	高	低	规模：221 名学生 多样性：中 贫困：中
格雷戈里小学 （Gregory Elementary）	高	高	规模：581 名学生 多样性：中 贫困：高
普拉亚初中 （Playa Junior High）	低	中	规模：345 名学生 多样性：高 贫困：高
福雷斯特小学 （Forest Elementary）	低	低	规模：443 名学生 多样性：高 贫困：中

* 学生成绩等级的计算方式是，将这些学校成绩达到或超过州必考的阅读与数学评估（2002—2005 年）最低标准学生的百分比，与这些学校所在州的其他学校相对比。

** 多样性（低 = 66% 及以上是白人，中 = 18%—65% 是白人，高 = 0—17% 是白人）；贫困（低 = 0—17% 的学生享受免费/低价午餐，中 = 18%—65% 的学生享受免费/低价午餐，高 = 66% 及以上的学生享受免费/低价午餐）。

这个样本不能代表更大研究中的所有小学和初中。不过，我们通过选择集体领导得分、学校特点和学生表现等方面存在差异的学校，增加了这些样本校研究所得结果适用于更广泛学校的可能性。从我们第一次实地考察这些学校开始的所有学校管理人员和教师的访谈都被转录为文字。[①] 基于跨案例分析（cross-case analysis），本章的研究发现突出了以下几个关键主题。

谁参与领导？

与第 2 章和第 3 章以及其他研究者（证据提供者有：Camburn, Rowan, and Taylor, 2003; Hall, 1992; Heller and Firestone, 1995; Leithwood, et al., 2006; Spillane, 2006）所报告的结果一致，我们发现，学校工作人员很少将领导行动和影响力归为某个单一的来源，并非总是把校长看作唯一的领导者。被认为提供领导的个体或群体包括校长、助理校长、担任正式领导角色的教师（如年级或学科团队领导者）和担任专家职位的教师（如识字阅读专家、技术专家、咨询顾问）。教师也提到了其他的领导来源，包括被同事非正式地视为有影响力的教师、学校领导或管理委员会、学校各类教育项目团队或委员会（如特殊教育、英才教育、英语能力不足者教育）、参与学校事务的家长、学区管理人员与专业人员，以及学校课程、教育项目和教师专业发展等特定领域的外部顾问。

不过，仅仅确定对学校领导有贡献的各种个体和群体，并不能使我们深入了解领导角色与任务实际分布的情况。总的来说，校长比其他任何一种领导来源，更有可能与多种领导责任相关联。来自特定教师或其他个体

① 访谈记录被输入到一个质性资料分析软件数据库中。领导是核心编码之一。我们运用了三阶段的分析。阶段一，我们创建了每个案例学校领导活动的描述。我们形成了一个帮助生成描述的模板：（1）具体情境中，与（2）具体行动和（3）目标关联的（4）领导来源，以及（5）那些情境中的共同参与者、（6）那些行动的影响和（7）影响那些领导变量的因素。该阶段的分析，为每所学校生成了15—25 个领导情景。阶段二，我们依据利思伍德等人所提出的核心领导职能（Leithwood et al., 2006）（也可参见第 5 章），记录每个情景。然后，应用前文提到的概念，我们对从情景中识别出的领导模式进行分析。阶段三，按研究问题的结构，撰写每所学校的案例报告。

（如学区或外部顾问）的领导，往往与具体的学校改进举措或特定的核心领导职能相关。五所学校呈现出领导来源的三种总体模式或安排。

- 模式一（伦敦小学、奥弗顿小学和格雷戈里小学）：校长的领导影响力在学校改进活动的各项重点工作上都体现得很明显。他们在有计划的合作中发挥自身的影响力，包括与本校有影响力的教师领导者（个体和群体）合作，以及与服务特定改革举措的外部力量（学区专家、外部顾问）合作。在这些学校中，校长和教师都非常强调教师之间的合作，包括让教师承担起跨课程、跨年级的教学领导者角色。
- 模式二（普拉亚初中）：校长的领导影响力涉及学校改进活动的各项重点工作，但教师领导的证据不够有力，校长与教师和/或外部变革力量合作的证据也不够有力。教师领导局限于传统的年级层面或某个具体的教育项目，不太注重全校层面的教师合作。
- 模式三（福雷斯特小学）：校长对学校改进活动的各项重点工作进行监管，但对具体实施的影响不大。关键教师或外部力量对不同的改革举措加以支持，但教师们认为，这些教师和外部力量所发挥的影响很小。教师没有提到对于学校组织结构内或结构间教师合作的重视，也没有提及存在一种组织结构内或结构间的教师合作文化。

第一种领导分布模式出现在学生分数高的学校（伦敦小学、奥弗顿小学和格雷戈里小学），第二、第三种领导分布模式与更低的学生分数相关——在普拉亚初中和福雷斯特小学。当然，对于这种显示出来的相关性还需要用更大的学校样本做进一步探究。尽管如此，戈隆所区分的整体领导与附加领导（Gronn，2002），对于描述这里的领导分布是有用的。福雷斯特小学提供了一个最清楚的例子，其领导分布的模式总体上符合附加模式，至少在正式的、科层化的意义上是这样的（教师认为那些处在正式领导职位的人几乎没有实际影响力）。在伦敦小学、奥弗顿小学和格雷戈里小学，领导来源的分布更符合领导分布的整体模式。这既鲜明地表现为校长的领导影响力涵盖学校改进的各项重点工作，也表现为这三所学校对于教师合作的强调。这与第 3 章的发现和观点是一致的：强有力的专业共同体，是教师和校长共享领导影响力的情境。普拉亚初中的领导来源分布既不符合附加模式，也不符合整体模式，部分原因在于该校没有强有力的教师领导者。

教师的集体影响：一种分布式领导模式

几所学校的教师谈到了教师的集体影响，而不止是那些被视为教师领导者的同事的影响。这些教师提到，在学校决策和更广泛的学校改进决策中，集体影响发挥了重要作用。他们依据校长和学区当局是否诚心邀请教师参与、是否重视教师的意见，以及是否按照教师的意见采取行动，来理解集体参与是不是发挥了作用。这种质性研究结果，也支持了前面几章关于集体领导和共享领导调查的量化分析。

例如，伦敦小学的教师提到，以前的校长很少征求教师意见。即便她向教师征求意见，也不能认识到教师意见的价值，很少按教师的意见采取行动。教师们觉得没有得到支持，越来越不愿意说出自己的意见和想法，这降低了教师对学校决策产生更广泛影响的可能性。情况在一位新校长到来之后发生了改变。教师们认为，这位新校长真诚地寻求教师的意见，尊重他们对学校决策的影响。奥弗顿小学和格雷戈里小学的教师和校长，也肯定了强有力的教师集体声音的存在与影响力。这种集体声音的存在与影响力，得益于校长对于教师意见的态度，也得益于校长在此态度之下构建了有助于教师表达意见的组织结构。这些研究发现与那种从个体教师贡献层面理解的分布式领导，形成了鲜明对比。它们可能反映了这些学校中教
48 师专业合作与教师专业共同体方面的优势，以及教师工作条件（第 2 章）和专业共同体（第 3 章）——作为影响学校决策之共享领导的情境——方面的活力。

正式角色的分配与领导影响的分布

人们很容易将角色、责任和权威的科层化分布，与领导来源和影响力的分布联系起来。然而，除了校长无处不在的作用之外，我们的发现还描绘了一幅更为复杂的画面。

首先，为承担特定职能与任务而对责任做出的科层化分配（校长把领导责任分配给他人），并不意味着被委派责任的个体或群体会被认为具有影响力。斯皮兰认为，即使没有产生预期影响，这些被委派责任的个体或群体也可以被视为领导的来源（Spillane，2006）。但他的这一主张，并没有在我们的证据中得到体现。譬如，在福雷斯特小学的工作人员看来，那些处于正式领导职位的人，没有在学校中其他人认为要做或已经做了的方面，发挥多大的影响。

其次，管理结构不一定决定领导影响如何被实施。我们考察的所有学校，都设有多方利益相关者参与的学校领导委员会和特别教育项目委员会（如特殊教育或双语教育）。它们都有类似的正式教师-领导者职位，包括学科和年级团队的领导者。一些学校分配教师承担教学领导角色，这些角色与教育项目和教学（如读写和数学）上的改进重点有关。然而，实际的影响模式因校而异。我们还发现，即使在同一所学校，在相同的科层结构下，领导的实施与分配也会历时变化。校长更替便是发生这种情况的一个因素。

在伦敦小学，现任校长和她的前任同样都与校本管理团队、年级团队、跨年级学科团队、特别教育项目委员会（天才教育、双语教育等）和专家人员（顾问、读写教师、家长参与协调人等）共事。在前任校长的领导下，领导分布是附加式的，校长未深入参与到学校改进举措中。这些举措是学区要求实施的：它们主要由年级团队领导、专业人员和外部顾问引导与管理，缺乏推进上的协调。与此相反，新校长积极主动地承担领导角色，在既有治理结构下对诸多学校改进的重点工作施加影响力。新校长的变化，产生了一种更为整体性的领导分布模式，显示出了一种从无政府主义向更为民主的（如果不是多头政治式的话）领导控制形式的转变（见

第2章)。

49 在格雷戈里小学，一位前任校长引领实施了“跃进学校”(Accelerated School) 综合改革模式。这项改革致力于培养五个课程骨干、组建一个学校理事会（school-site council）以及形成一项学校改进计划。虽然课程骨干和理事会由教师担任主席，且调查显示教师在学校方向设定、改进计划制订和专业发展方面影响很大，但学校工作人员说，在这些结构中，前任校长比现任校长发挥了更为明显的协同工作的领导作用。现任校长和副校长谈到，他们小心地在课程骨干和学校理事会中从协同工作的领导角色退居间接顾问的角色。教师们也提到，在新校长的领导下，对于需求评估和规划过程的遵守也变得不那么严格。这些情况表明，正式组织结构为领导的分布与实施创造了一种制度框架，但它们并不决定领导如何历时发展。

总之，将领导角色和责任的正式分配与利思伍德、马斯科尔（Blair Mascall）等人所定义的领导来源、实践与影响的有计划整合（Leithwood, et al., 2007）区别开来是重要的。正式科层结构不一定需要，也未必能促进共识形成、沟通、互动与合作，然而这些才是与领导影响和实践的精心整合相关的因素。

核心领导职能的责任如何分布

谁来领导方向设定、人员发展、组织重构和教学改进工作？我们的小学和初中案例研究的证据显示，领导分布与影响的模式会因核心领导实践而不同——不仅在学校和学区之间有所不同，在一所学校内部也会因不同的活动重点而不同。

总体而言，五个案例学校的领导分布更多地体现在人员发展和教学改进上，而不是设定方向与重构组织或工作上。这可能反映了外部政策对于校长和教师自由设定目标或重构工作方面的限制，也可能反映了经常能观察到的学校结构与目标长期保持不变的趋势。校长对自身专长以及从其他来源获得专业支持的信念，也会影响方向设定。这些信念又是影响样本学校中人员发展和教学管理两项职能领导分布的关键因素。

州与联邦的课程政策、标准和问责系统，广泛影响着研究样本中所有学校和学区的方向设定活动。校长和教师的灵活性主要取决于州与学区当局强制要求的程度，或者允许学校自主选择改进重点与教育项目的程度（第 13 章）。不过，方向设定上的领导分布，根本上由校长如何看待并实践州与学区政策、改进重点和领导传统等背景下自己承担的角色所决定。下面的对比性例子可以很好地说明这一点。 50

福雷斯特小学的校长和教师将自己描述为州和学区规定执行的项目（如阅读和数学领域的相关项目）与程序（如提交课程安排［curriculum mapping］、报告学生数据）的遵循者。校长认为，自己和学校领导委员会只是外部力量所规定方向的执行者，而不是自身方向的设定者。相反，在奥弗顿小学，州和学区没有强制其实施那些从外部购买或由地方自己开发的项目。尽管学区当局基于州测试情况明确了系统层面的改进重点，但校长并没有将领导影响过多地放在设定或推行改进项目或成绩目标上，而是更多地放在重构工作（如通过领导委员会、课程团队和教师教练开展工作）、促进教师学习（如通过课例研究与教材研究团队）与管理教学（通过监控教学和教师专业学习计划）上。通过这些方式，他们引导教师在州标准、测试结果和学区改进重点的背景下，合作形成自己的改进方向。

我们的个案凸显出两种情况，在这两种情况下，校长可能更倾向于采取直接行动而不是合作性地影响学校改进的方向。其一，在课程或教学上拥有特定专长的校长，可能倾向于用自身专长推进工作。譬如，在伦敦小学，校长因在阅读教学方面的专长而闻名。她认为，如果教师采纳与实施更多样化的教学策略，学生会在阅读方面做得更好。她把这个目标传达给教师，亲自为教师提供培训，并邀请外部专家提供培训，对教师在课堂和年级团队会议上实施新策略的情况进行监控。同时，她通过与年级团队和学科团队领导者、专家教师及校外数学项目培训师的合作，推动了自己上任之前学区要求学校开展的改进工作（课程编制，以及实施一项从外部购买的数学项目）。

其二，感觉教师变得自满的校长可能倾向于独立地继续推进改革，努力为教师工作和学生学习设定更高的标准。譬如，在普拉亚初中，校长通

51 过让教师在教学中更少地说教、扩展教学策略以及关注高层次的学习期待，努力寻求学校的改进。她将这些举措解释为一种可以激发并帮助教师提升学生成绩的策略，使学生成绩能够超出州问责标准下的“可接受”水平。她指出，自己正是带着这样的想法对教师进行指导，并聘请外部顾问开展在职培训的。为回应学区要求，普拉亚初中的教师也投入到了课程编制项目中。校长将领导课程开发的责任，授权给传统的学科负责人和学科团队。

这些案例显示，领导实践的分布受该实践性质的影响——不仅在学校和学区之间有所不同，且同一学校内也会因改进重点不同而有所区别。这与其他许多领域一样，专业实践比学术讨论中简化的领导模式要更加多样而复杂。对于这种小学和初中学校的小样本中存在的差异，有着多种可能的解释。正如我们在抽样说明中提到的，我们有意使样本多样化，或许可以捕获一些在更大学校样本中才能发现的东西。或者，不太乐观地说，寻找“领导分布的最佳模式”可能是一种误导。我们相信，将来的研究很可能会表明，一些模式通常是低效的，而另一些模式的价值取决于学校的目标、环境、条件等因素。

领导分布的复杂性：目标类型与广度的函数

领导分布模式受目标的影响。有些目标（如改进学生数学成绩、加强专业共同体建设）在期待和范围上要大过其他目标（如实施一个具体的数学项目、规范学生纪律）。目标越全面，涉及多个领导来源的可能性越大，领导活动可能影响的范围也越大。

比较福雷斯特小学和伦敦小学的情况，有助于说明这一点。这两所学校都要实施学区要求的由外部机构开发的新的数学项目。福雷斯特小学学生的数学成绩低于州平均水平，学校目前也不能达到“年度充足进步”的要求。尽管如此，学校成员并没有明确地将改进数学成绩作为目标。相
52 反，学校的目标（学校中许多具体项目的目标之一）只是简单地实施学区规定的六到八年级的数学项目。一位学区数学顾问每周到校协助教师实施该项目。同时，两项可能相关的举措正在进行中。

首先，学校的咨询顾问会在学年初准备好学生评估数据的报告，以帮助教师备课和追踪学生进步情况。数据报告会在州考试之前送到教师手上，以便教师确定哪些学生可能需要额外辅导。调查显示，校长对学生成绩数据非常感兴趣，尽管没有人知道她采取了什么行动来影响对这些数据的使用。其次，为促进课表编制与备课工具的信息化，学校技术协调员接受了学区工作人员的培训。福雷斯特小学的访谈数据没有表明，这些活动以及与它们相关的领导来源和领导行动是经过精心协调的。用一位教师的观点看，这是无政府式无序型领导分布模式的结果（参见 Leithwood，et al.，2007）。

伦敦小学校长的愿景和目标包括：促进学生学业成功（不限于数学）；提高课程与教学的连贯性；聚焦于学生学习，加强教师之间以及教师与其他利益相关者（如家长）的团队合作。尽管伦敦小学学生数学成绩达到或超过州标准的比例是可以接受的（实际上，相对于邻近学区的类似学校来说是很高的），但校长的目标强调所有学生的成功，强调超越考试内容看待学习提升的必要性。为外部购买的数学项目提供服务的顾问每六周到校一次，为教师提供项目实施的培训和帮助。与福雷斯特小学的教师类似，伦敦小学的教师也参与了一个课程项目（学区要求的，但由学校内部组织）。这个项目包括编写核心学科领域的课程指南以及与州课程相匹配的统一测试。校长安排编写者从外部项目顾问那里获得信息。为了确保学校所有教师能够方便地、非正式地从这些编写者那里获得建议，她还调整了编写者的教室。校长不仅致力于用评估数据来确定与回应学生的学习需求，而且为教师提供数据使用方面的培训。为了在为期六周的辅导周期中促进教师加强对评估数据的使用，她参加了年级团队的会议。她也帮助家长协调员接受数学项目方面的培训，以便做好向家长说明如何帮助孩子完成数学作业的准备。

除了家长的参与外，伦敦小学实施数学项目的活动与福雷斯特小学是相似的（提供在职培训的外部项目、与州标准一致的课程表、对数据使用的支持）。然而，在伦敦小学，这些活动通过校长的行动与不同的领导来源，以一种复杂的、集体的模式联系起来。全部工作包含了多个领导实践（设定方向、发展能力、安排工作与管理教学）与聚焦共同的学习目标的多种领导来源。与福雷斯特小学的模式相比，伦敦小学的模式看起来对学生的数学学习有更大的影响。福雷斯特小学的工作重点局限在项目实施上。伦敦小学领导分布的情况，更加符合涵盖各核心领导实践的计划整合型概念（参见 Leithwood，et al.，2007）。

学生学习与领导角色和任务的分布

大部分学校和学区领导者对于领导分布的兴趣，是被这样一种期望所激发的：这种领导方式可能对提高学生学习有一定的杠杆作用。显然，本章的证据无法满足这个动机。不过，它确实为领导分布与学生成绩之间的关系描画了一幅更细微的图景。我们发现，具体的目标与领导任务影响了五所学校中出现的领导分布模式，不同的模式也可以在一所学校中共存（如伦敦小学改进数学与阅读成绩的情形）。

认为某一种领导情境（领导新的阅读举措）中被分布与实践的领导，也会在其他情境（变革科学课程）中被相似地分布与实践，是不明智的。相较于分布式领导的具体形式与安排，更具一般性的领导分布形式——如集体领导（第 2 章）、共享领导和专业共同体（第 3 章）——对于学生成绩的影响更容易被实证地测量到。

四、我们可以得出什么结论？

分布式领导概念与第 2 章、第 3 章提到的集体领导和共享领导概念重叠。集体领导主要是识别个体和群体对学校决策的相对影响与综合影响，以及利益相关者影响教师动机、教师能力、工作条件的模式与学生成绩的关系。这方面的研究有三个关键发现：

- 校长的影响力最大。
- 其他人的显著影响并不会削弱校长的影响力。
- 较高的集体影响力与教师动机、教师工作条件和学生成绩正相关。

54

这些结果表明，校长应该广开言路，为其他学校成员、学区办公室人员以及家长建设性地参与和影响学校决策提供机会。

第 3 章关注共享领导，更为具体地考察了教师参与及其影响学校决策的情况。结果显示，共享领导与校长的教学领导相结合时，与教师专业共同体呈正相关关系。专业共同体在校长和教师领导对教学实践与学生成绩的影响中，有着很强的中介作用。该章的分析将校长的教学领导行为与教师参与学校决策区分开来。

本章的证据从两个方面拓展了我们对学校领导分布的理解。第一，在前几章中讨论的学校决策“影响”的简单分布之外，本章还考察了领导角色和任务的分布。第二，本章探讨了不同的学校改进情境下，领导分布的一致性。

人们很容易把“分布式领导”说成是领导实践和影响的一种特定安排与形式。本章的证据尽管来自很小的学校样本，但已表明这种观点错误地描述了领导分布的多重模式。这种多重模式是可能存在的，而且很可能存在于一所学校内部。我们发现，学校领导分布的程度及其可能采取的形式，很大程度上取决于校长对一些关键因素的看法与感受。例如：

- 学校方向设定的外部与内部影响。
- 学校改进目标的性质与范围。
- 达成学校目标所需专业才能的来源及运用。
- 领导实践不同维度的实施中参与的边界。

事实上，本章的证据表明，富有成效的学校领导分布更多地取决于校长对于集体影响和共享领导的倾向，而不是取决于为了将领导任务的实施与领导影响结合起来而做出的具体安排。

五、对政策与实践的启示

虽然明白小样本质性数据所得出的研究结论往往存在局限性，但本章还是提出三条暂定的政策与实践启示。

1. 除了提供真正的机会让教师和其他人参与学校决策外，学校领导分布还需要校长根据学校目标和专业能力需求，对领导任务进行分配与共享。正式角色和安排可以创造领导任务的分布并且使之合法化，但不能保证对组织方向和完成任务的人的实践产生影响，也不能保证实施任务的人之间的有效协调。

2. 学校领导角色和任务分布的一致性，取决于校长是否积极参与实施或协调这些领导责任。学校领导的广泛分布，并不会减少校长的工作量。

来自教师和外部来源的领导，大多有着明确的目标或具体的计划。另一方面，校长要负责扮演跨越边界的角色，如果校长不主动承担这一角色，一般不会有其他人来承担。校长通常会参与学校的许多领导事务，包括那些已经有其他人承担了领导角色的事务。他们协调或联系其他人的领导工作的作用是至关重要的。

3. 更大程度地促进领导共享或领导分布，需要操作性地明确具体的或预期的领导角色与任务安排。不同的学校出于不同的改进目标和计划，可能会采用不同的分布式领导模式，甚至在同一所学校内部也会有所不同。因此，简单地使用分布式领导这个词语是没有意义的。为了理解领导分布，我们需要探寻与核心领导实践和学校改进活动的工作重点相关的实际行为与影响的证据。在相似的组织结构中工作的校长，可能以非常不同的方式担任领导角色、参与分布式领导。

尽管我们现在对实践中学校领导角色和任务安排或模式上的各种可能性有了更好的了解，但有关领导分布对学校改进举措或学生学习的影响，我们掌握的证据仍然不多。第 2 章和第 3 章提供的更广泛的证据确实表明，校长以计划整合型领导分布模式与他人共享领导，可能是一种非常有

56

益的促进学生学习的方式，但它需要与领导者的其他努力结合起来。这些努力对教与学质量的改进有更为直接的支持作用，包括激发对于共同改进方向的承诺和创建教师工作条件（特别是专业共同体）。

六、反思问题

考虑你所在学校改进活动的两个目标或重点工作，回答下列问题：

1. 以四项核心领导实践（设定方向、发展人员、组织工作、管理教学）为框架，思考：为了每一个目标的实现，谁在提供领导以及用什么方式实施这些领导实践？

2. 在你的学校，校长的领导角色和其他领导影响的来源，是否因改进活动的目标或重点不同而有所不同？

3. 学校或学区拥有专业人才的情况在哪些方面影响着学校改进领导的来源和分布？

4. 改进活动的重点不同，领导行动与影响也会相应不同。对于多种不同来源的领导行动和影响，你觉得该如何进行协调？

第 5 章　核心实践：四种基本的领导行为

肯尼思·利思伍德

57 **本章有证据支撑的主张**

- 以往的研究已经确定了一套支撑成功的学校和学区领导者工作的核心实践。它们总共约有 16 种，可以归为四类：设定方向、发展人员、重构组织和改进教学。几乎所有被校长和教师认为对教学有益的领导实践，都是这些核心实践的具体实施。
- 教师和校长都认为，对教学最有帮助的具体领导实践是：

  A. 使学生成绩成为学校目标与期待的重心。

  B. 关注教师的专业发展需求。

  C. 创建教师合作机制，并提供合作机会。
- 不同教学能力的教师所认为的有益的领导实践基本相同。
- 所在学校的学段（小学、初中和高中）对于教师认为什么样的领导实践有帮助，没有多大的影响。
- 成功的校长领导不仅要细心关注课程教学实践，而且要细心关注许多其他问题，这些问题对于学校组织的持续健康和幸福至关重要。

第2章、第3章和第4章考察了学校中不同的（主要是）成人群体一起实施的领导实践对于学生的影响。第2章考察了所有参与者提供的总体领导。第3章把重点放在校长和教师的合作上。第4章探讨了学校领导分布的模式。与主要关注谁实施领导不同，本章直接关注领导者做什么。我们有两章的内容聚焦于领导者做什么，本章是其中的第一章。具体而言，本章介绍了有助于说明校长——毫无疑问是教育中最具影响力的领导职位——成功的领导何以成功的实践和行为。本章基于质性方法来探索这些实践和行为，并运用了为此目的而选择的学校样本的证据。 58

在盛行的国家和省/州问责政策背景下，那些能够通过量化证据证明与学生标准化测试成绩有关联的成功或有效领导实践，被认为是最可靠的。本书前几章的分析也是如此。与第4章一样，本章和下一章所用的证据，基于校长和教师的看法。尽管当前对政策和实践的影响不大（譬如，参见Blase，1987，1989），但这种关注校长和教师看法的方法丰富了领导学的研究，并在过去形成了许多有用的认识。本章研究的中心问题是：在校长和教师看来，校长实施的哪一种领导实践，对支持和改进课堂教学最有帮助？

本研究中，我们之所以利用多种可用的数据来源分析此问题，有两个原因。首先，所谓的“硬的”量化证据自身，不能为许多教育者和政策制定者提供他们所期待的政策和实践指导。比如，这些证据的“晶粒度”（grain size）几乎总是不切实际地大。也就是说，这种证据所检验的领导实践是在抽象水平上测量的，是真实组织情境中的领导者不能直接实施的。此外，这些受人喜爱的研究形式所得出的证据，远不像其有时宣称的那样具有确定性。这一局限通常受到这样两个问题的影响：(1) 领域情境对于研究设计的限制（如在教育领导领域中运用实验研究几乎是不可能的）。(2) 在有所限制的研究设计下获得的数据，只能做出弱因果推断（因为许多可观测效果的“原因”无法控制）。

其次，每一种研究方法都有其重要的优势，也有其严重的局限。基于不同研究风格和方法的多项研究综合得出的结果，可以为知识主张提供更为稳健的依据（Brewer and Hunter，1989）。而在同一项研究中运用多种方

59 法，尤其是用不同方法独立进行分析时，可以为那些确定性或大或小的主张，提供更强有力的基础。

一、我们的起点

能够持续促进学生学习之学校的成功创建，某种程度上取决于学校领导者和学区领导者与具体情境的互动。然而，来自学区、学校和非教育组织的大量证据表明，四大类核心领导实践似乎在不同情境中都是有效的。本章中，我们首先概括这些核心实践。然后，我们提供了我们研究的结果概要，呈现了教师和校长们认为对学校目标达成有帮助的领导实践。最后，我们比较了本章分析得出的有益领导实践与以往研究确定的核心领导实践。

以往的研究确定了四类核心领导实践：设定方向、发展人员、重构组织与改进教学。每一类都包含三到五种更具体的行为。领导实践分类方法大同小异。海林杰和赫克（Ronald Heck）在他们的教学领导模式中，将领导实践分为“目的”“人”和“结构与社会系统”（Hallinger and Heck，1999）。康格（Jay A. Conger）和卡农戈（Rabindra N. Kanungo）提到“愿景策略”“效能感提升策略”和“情境变革策略”（Conger and Kanungo，1998）。罗宾逊和她的同事形成了一套最新的分类，这套分类与我们这里描述的类别非常兼容（Robinson，Lloyd，and Rowe，2008）。

我们认为，这些实践应该成为学校领导者傍身之技的根本内容。这种主张基于对实证研究的综述，也基于教育情境中开展的描述性原创研究（illustrative original study）（譬如，Hallinger and Heck，1998；Leithwood and Jantzi，2005；Leithwood and Riehl，2005；Robinson et al. 2008；Waters，Marzno，and McNulty，2003）。尤克尔（Gary A. Yukl，2002）对有效管理技能证据的综合分析也支持该主张。

设定方向

这类领导实践包含四种具体行为：构建一个共享的愿景、促进团体目标被接受、创造高表现期待、沟通方向。总的来说，这类实践是为了确立富兰（Fullan，2003）和其他人所称的“道德目的”，即我们所研究的领 60
导工作的原始动力。它们可以让学校或学区成员明确个体与集体工作的重点所在。

发展人员

该类别中的具体行为包括：给予个体化支持与关心、提供智力激发和垂范恰当的价值与实践。这些实践是为了传达领导者对其同事的尊重，也意在关心同事的个人感受和需求（Podsakoff，MacKenzie，Moorman，and Fetter，1990）。这套实践包含了“支持”和“认可与奖励”的管理行为。尤克尔的多元联结模式（Yukl，1994），海林杰的教学领导模式（Hallinger，2003）和沃特斯、马扎诺、麦克纳尔蒂的元分析（Waters，Marzano，and McNulty，2003）中，都提到过这些管理行为。此类领导实践的主要目的是能力建设。能力建设被认为不仅包括职员完成组织目标所需要的知识与技能，也包括职员坚持运用这些知识和技能所需的倾向。人们会被自己擅长的事情所激励。按照班杜拉（Albert Bandura）的观点（Bandura，1986），精通经验（mastery experience）是最有力的效能感来源。因此，培养能力以获得精通经验，具有很高的激励性。

改善与调整学校组织

这类实践包括四种领导行为：构建合作文化、重构组织以支持合作、与家庭和社区构建富有成效的关系、联结学校与更广泛的社区。它们旨在构建有助于员工充分发挥其动机和能力的工作环境。人们工作的组织环境，很大程度上决定了他们做什么。如果工作环境不允许人们有效运用动机与能力，那么动机与能力的提高便没有什么用。人们对自身处境的信念，是他们动机的重要来源。当人们相信自己所处的环境有助于实现对个人很重要的目标时，他们就会被激励。（譬如，参见班杜拉的动机模型[Bandura，1986]。）

改进教学

这一类别所包含的领导行为都旨在显著地提高学校教育的核心技
61 术——教和学的过程。它们是：为教学项目配备人员、提供教学支持、监控学校活动、避免职员工作受到干扰、调配资源。与前三类实践相比，这类实践对学生有最直接的影响。它们直接影响课堂教学的性质与质量，也是“教学领导”这个术语通常所代表的实践。

二、本章的新证据

本章是我们更大研究的一个部分，目的是基于教师和校长的经验，呈现、说明并在必要时阐述我们对于核心领导实践的理解。为此目的收集的证据，也为探索受访者（按学段和教师教学专业水平分）对于不同核心实践的价值认识上的差异提供了机会。该证据来自 12 所学校的 12 名校长和 65 名教师的子样本。

我们依据第一轮实地考察的课堂观察中对教师教学实践的评估，选择了这 12 所学校。① 在更大的样本中做比较时，这 6 所学校属于高分学校。因为，根据我们用来指导课堂观察的评分量表（教授高阶思维能力），这 6 所学校中至少有 60%被观察的教师得到高分。我们还选择了另外的 6 所学校作为低分学校。依据同样的标准，在这些学校中至少有 60%被观察的教师得到低分。

我们从各学段选择了相同数量的高分学校和低分学校，反映小学、初

① 观察时间为一个课时，对象为三年级、五年级、八年级和十年级教师，科目是语言艺术和数学。

中和高中的情况。① 高分学校和低分学校的平均规模稍有不同。② 用符合午餐费减免资格学生的比例，反映社会经济地位情况。学校在低、中、高社会经济地位方面分布平均。高分学校和低分学校学生的多样化程度大致相同。

教师被问及的内容有：他们的教学方式、我们旁听过的课、校长在引导与支持他们工作方面的作用、对学生学习影响最大的因素、学区的影响、专业发展机会、学校共同体、家长参与的程度，以及他们会如何告诉一位新教师在这所学校工作将是什么样子。

就校长领导问题，询问校长和副校长的内容有：学生成绩目标、学校和学生学习的愿景、有关教学的决策、学校领导分布、校长和教师的专业 62
发展经历、课程与教学、学校文化、州和学区对于学校管理者和教师工作的影响、家长和更广泛的学校共同体的影响。

本章后面的内容描述了校长和教师都认为有助于教师改进教学的具体领导实践。然后，我们报告了这些实践与前文提及的四类核心领导实践的关系。

被认为有助于改进教学的具体领导实践

大部分校长和教师都认为以下三种具体实践是重要的：

- **使学生成绩成为学校目标与期待的重心**（100%的校长，66.7%的教师）。
- **关注教师的专业发展需求**（100%的校长，84%的教师）。尽管专业发展通常由学区规定、设计与提供，但校长也参与管理

① 人们可能认为，学校之间教学质量的显著差异将反映在高分学校和低分学校间学生成绩的巨大差异上。但这12所学校的情况并非如此。

② 高分学校的规模从455名到1980名学生，平均有924名学生。低分学校的规模差异更大（从210名到2788名），平均有1081名学生。在小学和初中，高分学校的平均学生数要比低分学校多（小学是538名对378名，初中是763名对549名）。在高中，低分学校平均学生数（2317名）比高分学校（1561名）多。

教师参加校外工作坊的情况，以及规划（有时亦会提供）教师的校本专业发展（on-site professional development）。

- **创建教师合作机制，并提供合作机会**(91.7%的校长，66.7%的教师)。校长通过协调时间以支持教师间的合作，让教师们坐下来一起讨论如何开展课程教学工作。

被较少但仍具一定规模的校长和教师支持的其他实践有：

- **监控教师的课堂教学**(83.3%的校长，37.7%的教师)。校长提到了为考核教师而进行的正式课堂观察，也提到了一些不太正式的监控方法，如听课和检查教案。
- **为新教师提供指导机会**(33.3%的校长，26%的教师)。一些教师和校长提到了由学区或学校发起的项目。这些项目为那些初任教学工作或初到一所学校的教师提供支持。
- 63 **容易接近**(50.0%的校长，27.5%的教师)。校长们谈到了他们平时如何支持教师教学上的努力。
- **在学生纪律和家长问题上支援教师**(25.0%的校长，23.1%的教师)。学校安全与学生行为管理是管理者和教师关心的问题。教师特别欣赏那些在自己面对家长挑战时，可以信赖并能支持自己的管理者。

最后，大部分校长（83.3%）认为，紧跟潮流是自己的领导实践中非常重要的部分，但只有一位教师提到这一点。

不同学段学校成功领导实践的差异

不同学段（小学、初中和高中）的校长和教师，在他们对于有帮助的领导实践的认识方面存在差异吗？我们的分析表明，在校长看来，没有什么差异；对教师而言，在三种领导实践上出现细微差异。

- **监控教师的课堂教学**。只有30%的初中教师认为有帮助，比例稍高一点（34.8%）的高中教师认为有帮助，54.5%的小学教师认为有帮助。
- **创建教师合作机制，并提供合作机会**。78.3%的高中教师认为有帮助，70%的初中教师认为有帮助，63.6%的小学教师认为有帮助。
- **允许教师课堂教学上的灵活性**。55%的初中教师认为有帮助，43.8%的高中教师认为有帮助，40.9%的小学教师认为有帮助。

成功的领导实践与教学质量

较之那些低分学校的校长，高分学校的校长是否采用了不同的教学领导实践？本章所描述的分析最初正是由这个问题所引发的，它也影响了最初的学校抽样方法。

在一种领导实践上——提供教学资源和资料，校长和教师的认识同时出现差异。它被低分学校中一半的校长和25%的教师认为是有帮助的；而在高分学校中，只有1位校长和6%的教师认为此实践有帮助。高分学校和低分学校的校长只在对两种实践的认识上存在明显的差异。① 64

- 参与自己的专业发展（6位高分学校校长对4位低分学校校长）。
- 支持社区参与学生学习（2位高分学校校长对4位低分学校校长）。

高分学校和低分学校的教师，在对下列实践的认识上差异相对大

① 需要认识到，我们关于校长回答的独立分析的样本规模小。因此，校长回答的百分比差异容易引起误解。

一些：

- 在学生纪律和家长问题上支援教师（18%的高分学校教师对38%的低分学校教师）。
- 确保学生纪律管理方法的一致性（18%的高分学校教师对38%的低分学校教师）。
- 为教师提供教学资源和资料（6%的高分学校教师对25%的低分学校教师）。
- 为了改进教学而支持教师合作（85%的高分学校教师对56%的低分学校教师）。
- 支持家长参与学生学习（88%的高分学校教师对72%的低分学校教师）。

这些结果可能反映出，相比于高分学校的教师，低分学校教师的工作情境更具挑战性。不过，这些结果可能也表明，那些缺乏教学抱负的教师更可能向外部寻求教学支持（如资源和课堂管理决策方面的支持），而不是重视那些更直接地聚焦于发展他们教学专长的支持以及学生学习的其他资源（如支持教师合作和家长参与）。

校长和教师的判断与核心领导实践

以上所报告的结果都基于“扎根”分析（一种不受以前框架影响的分析）。最后，我们通过比较这些扎根分析的结果与最初有关成功领导的观点（核心领导实践）来结束本章。本研究中的教师和校长认为有帮助的领导实践，与先前研究发现的成功领导实践相比如何？

66 为了回答这个问题，我们只用那些被相当多的受访者提及的实践（上文刚刚讨论过的实践）作为比较的内容，表 5.1 的右栏列出了这些实践，左栏列出的是四类核心领导实践。

表 5.1　核心领导实践与教师和校长认为有帮助的实践 65

核心领导实践	被认为有助于教学的实践
1. 设定方向	
1.1　构建一个共享的愿景	使学生成绩成为学校目标与期待的重心
1.2　促进团队目标被接受	使教师的注意力集中在学生成绩目标上
1.3　创造高表现期待	使教师的注意力集中在对学生成绩的期待上
1.4　沟通方向	紧跟潮流
2. 发展人员	
2.1　给予个体化支持与关心	关注教师的专业发展需求 提供日常支持/平易近人 在学生纪律和家长问题上支援教师
2.2　提供智力激发	为新教师提供指导机会
2.3　垂范恰当的价值与实践	
3. 重构组织	
3.1　构建合作文化	
3.2　重构组织以支持合作	创建教师合作机制，并提供合作机会
3.3　与家庭和社区构建富有成效的关系	
3.4　联结学校与更广泛的社区	
4. 改进教学	
4.1　为教学项目配备人员	
4.2　监控学生、教师和学校的进步	监控教师的课堂教学
4.3　提供教学支持	提供教学资源和资料
4.4　调配资源	
4.5　避免职员工作受到干扰	

我们的扎根分析发现，有两组实践与核心实践中的设定方向紧密一 66
致：使学校及其教师聚焦于目标和使学校及其教师聚焦于对学生成绩的期待。它们是构建一个共享的愿景、促进团体目标被接受及创造高表现期待

的一部分。有四种实践与发展人员中的给予个体化支持一致：关注教师的专业发展需求、平易近人、在学生纪律和家长问题上支援教师、为新教师提供指导机会。

只有一种实践与重构组织相一致：创建教师合作机制，并提供合作机会。只有两种实践——监控教师的课堂教学以及提供教学资源和资料——与改进教学相一致。

通过这些比较可以明显地看到，16 种核心领导实践中有 7 种没有被受访者作为有助于教学的实践实施或经历过。我们不清楚这种情况出现的确切原因。但我们可以推测，一种可能性是，校长或许实施了一些对于教师而言不可见的领导实践；另一种可能性是，只有一些核心领导实践对教师课堂教学有很大的影响；还有一种可能性是，本研究中校长们的领导实践所涉范围相对狭窄。但在普遍被认为有帮助的领导实践中，分别有一种或几种实践属于四类核心领导实践中的内容。

三、我们可以得出什么结论？(及对政策与实践的一点启示)

本章的证据显示，四类核心领导实践全面地说明了成功的学校领导者做了什么。他们可能做得更多，但不会少于这些。同时，政策制定者和实践者要明智地避免促进与认可那种过于狭窄地只关注课堂教学的教学领导概念，或被这种概念不恰当地影响。本章中的教师和校长所提供的证据表
67 明，那些被认为有助于教学的领导实践与更宽广的学校组织情境有关，只有很少的领导实践是与教学改进直接相关的。

这个结果与那些最广为人知的教学领导模式是一致的。那些领导模式给予学校的非教学因素相当大的权重。譬如，海林杰和赫克（Hallinger and Heck，1999）的教学领导概念，就包括“目的”“人”和“结构与社会系统”几个方面。这一概念强调课堂实践发生在更大的组织系统中。这些更大的组织系统在支持、回报与促进良好教学的程度上存在巨大差异。那些无视或忽视这种更广泛情境的学校领导者很快会发现，他们直接改进

教学的大多数努力都要落空。成功的校长领导要细心关注课堂教学实践，也要细心注意对学校组织的持续健康与幸福至关重要的其他问题。

四、反思问题

1. 考虑一位正在为他的学校或学区提供领导的人士。这个人做了什么，会让你觉得他正在提供领导？本章所描述的核心领导实践能否很好地说明这个人实际在做的事？

2. 与你共事的教师也会认为本研究中教师提到的领导实践是重要的吗？他们还会认为哪些其他领导实践是重要的？

3. 就你的经验来看，核心领导实践中是否遗漏了其他对学校改进非常有用的实践？如果有，是什么？

4. 在你看来，哪一种领导实践最有助于改进教师教学？为什么？

第 6 章　对教学领导的深入考察：一项扎根分析

凯拉·瓦尔斯特龙

68 **本章有证据支撑的主张**

- 校长用两种互补的行为来影响教学。一种行为是在学校中形成一种支持持续专业学习的基调或文化（教学精神）（instructional ethos）。另一种行为是采取明确的步骤参与个体教师的自我成长（教学行动）（instructional actions）。
- 那些在教学精神方面得分高的校长，强调基于研究的策略（research-based strategies）的价值，并能够在本校情境中运用这些策略。
- 教学行动包括校长在课堂教学和团队会议中进行直接观察以及与教师交流。
- 所有年级（K–12）的高分学校都形成了着眼于学生成绩和教师成长的基调与愿景（教学精神）。
- 中学教师很少报告学校领导者从事教学行动，他们所在学校的校长、部门负责人和其他教师领导者也很少报告。然而，与高分校长共事的小学教师既报告了其高水平的教学精神，也报告了其高水平的教学行动。

与第5章一样，本章聚焦于那些被校长和教师视为成功教学领导实践的证据。第5章的证据来自那些教师教学质量高的学校。本章的证据则来自教师为校长领导效能打分较高的学校。从20所学校中选出的5所学校，为本章提供了质性证据。这5所学校也是第5章的样本学校。

一、起点：校长从管理者到领导者的角色变化

历史地看，校长一直负责管理好学校。管理人员、制定规则与程序，以及致力于学校的整体运转，一直是校长工作的内容。然而，学校管理的概念在20世纪70年代后期开始转变。极有影响力的学校效能研究（譬如，参见Brookover et al.，1978）指出，有效学校有这样一些特征：

- 学习导向的精神或文化，表现为对学生成绩的高标准与高期待。
- 重视基本技能（basic skills）。
- 高水平的决策参与和高水平的教师专业化。
- 凝聚力。
- 在家庭作业和学生行为等方面有明确的政策。①

所有这些都意味着校长角色的改变。

从20世纪90年代中期开始，校长角色进一步发生转变，人们期待校长能够提供教学领导。接受此种期待的理论家认为，校长角色已经从管理者变为教学领导者（譬如，参见Goddard，2002；Joyce，Calhoun，and Hopkins，2002；Sergiovanni，2005）。不过，教学领导这个概念到底意味着什么，仍然含糊不清。譬如，关于教师如何在教学中利用时间的研究，并没有关注校长用以监控教学或设定高质量教学期待的行动（Hargreaves，1992；Newmann，Smith，Allensworth，Bryk，2001；Smith，1998）。有关校

① 有关校长实践和工作变化的综述，请见Wenglinsky（2004）。

长作为教学领导者的重要性，已经有很多论述（譬如，参见 Creemers and Reetzig，1996；Hallinger and Heck，1998；Spillane，Halverson，and Diamond，2004；Wenglinsky，2002）。但这方面的学术研究往往不能反映校长日常工作的混乱。当下有关教学领导的研究，也关注分布式领导（Spillane，2004）或领导者的学科内容知识（Stein and Nelson，2003）。同时，关于校长促使教师采用有效教学实践的最佳方式与最佳时机的问题，相关的研究尚不充分。

70 对三个城市学区实施学习研究所（Institute for Learning，简称 IFL①）项目所用策略的研究（MDRC，2007），是最近有关校长与教师专业发展关系研究的一个例子。这项研究发现，教师所报告的校长提供教学支持的情况不尽相同。在教学领导量表上教师评分高的校长，较之那些得分低的校长，参加了更多以教学领导为重点的专业发展活动。教师的自评报告中提到，他们会使用某些教学策略，但这一点在研究者的课堂观察中并未得到确认。此外，研究者实地考察时也没有看到，那些被教师描述为提供教学领导的校长，对教师进行直接反馈或经常对课堂进行观察。

影响本章分析的理论基于这样的信念：高质量的教学领导与高质量的课堂教学是相互联结的，它们共同影响着学生的学习。因此，没有高质量的教学领导或高质量的教学，学生成绩就会受到影响。本章分析的主要目的是阐明教学领导的意义，以便更好地理解教学领导如何有助于学习。

二、本章的新证据

本章对教学领导的分析基于三个问题：

- 教学领导对教师来说是什么样子的？
- 教师报告的教学领导与校长所说的教学领导本质上是否相似？

① 美国匹斯堡大学的一个机构，主要通过战略规划、辅导以及学校和学校管理者的专业发展项目，为学区提供技术支持。——译者注

- 小学和中学的教学领导是否有差异？

我们用来自更大研究的量化和质性数据来回答这些问题。量化数据包括教师对我们的研究项目中第二次教师调查的 17 个题项的回答。这些题项所问及的校长领导行为，都是以往研究中被认为能对教师教学行为产生影响的。质性数据来自对 20 所学校的校长（20 名）和教师（86 名）的访谈。这些学校从那些可获得调查数据的 127 所学校中选出。在这 127 所学校中，我们选出了有实地考察数据的 10 所评分最高和 10 所评分最低的 71
学校。评分就是教师对校长领导的看法，反映在 17 个调查题项中。

调查证据：对 17 个调查题项回答情况做因素分析后得出两个因素。所有 17 个题项都落在两个因素中的某一个上，没有题项同时落在两个因素上。第一个因素有 10 个题项，第二个因素有 7 个题项。

因素 1 中的 10 个题项（用六点量表测量），向教师询问校长在学校中创设富有成效的精神的程度。它们关注学校中营造持续专业成长基调的情况。这种学校的工作文化，强调包容性的决策以及总是能够做得更好的信念。我们称之为教学精神因素。如表 6.1 所示，综合得分前 20%的学校与后 20%的学校有着明显的差异。

表 6.1　因素 1 上前 20%与后 20%学校* 教师的平均打分

题项	因素 1			
	前 20%（25 所）平均值	后 20%（25 所）平均值	t 值	p 值
因素 1 的总体平均值	5. 38	3. 68	85. 68	<0. 001
4-1 我所在学校的管理者营造了一种关爱与信任的氛围	5. 52	3. 50	93. 42	<0. 001
4-3 我所在学校的管理者使大家就学区使命的目的形成了共识	5. 35	3. 63	76. 16	<0. 001
4-6 我所在学校的管理者能有效寻求社区对学校改进的支持	5. 48	3. 64	77. 72	<0. 001

续表

题项	因素 1			
	前 20%（25 所）平均值	后 20%（25 所）平均值	*t* 值	*p* 值
72 4-7 我所在学校的管理者积极发展教师领导	5. 32	3. 65	70. 90	<0. 001
4-8 我所在学校的管理者垂范高水平的专业实践	5. 58	3. 74	85. 64	<0. 001
4-9 我所在学校的管理者在学校改进决策上确保广泛参与	5. 19	3. 41	78. 09	<0. 001
4-10 我所在学校的管理者明确界定了教学实践的标准	5. 31	3. 77	62. 11	<0. 001
4-24 当教师碰到困难时，我们的校长会为他们提供支持	5. 07	3. 33	81. 46	<0. 001
4-25 我们的校长确保所有学生都能有高质量的教师	5. 16	3. 70	55. 09	<0. 001
4-27 总体上，我相信我们校长的动机和意图是好的	5. 77	4. 48	84. 34	<0. 001

打分等级：1=强烈不同意，2=较不同意，3=有点不同意，4=有点同意，5=比较同意，6=强烈同意。

* 我们运用因素 1，对教师完成调查问卷的 127 所学校校长进行了排名。前 20%有 25 所学校，后 20%有 25 所学校。

73 因素 2 中的 7 个题项，测量校长与个体教师一起实施那些直接聚焦教学改进的具体行动的频率①。这些问题测量校长和教师就最佳实践进行定期、持续对话的频率。它们询问校长进入课堂、观察教学和提供具体反馈的情况。因素 2 是教学行动因素——它使因素 1 所确定的教学精神显性化。同样，如表 6. 2 所示，前 20%与后 20%的学校在所有方面都存在显著差异。

① 考虑到主成分因子分析的结果可能是由两种不同类型的问题源造成的，我们也采用了主轴分析法，从而确认了最初的结果。

表 6.2　因素 2 上前 20%与后 20%学校 * 教师的平均打分

题项	因素 2			
	前 20%（25 所）平均值	后 20%（25 所）平均值	t 值	p 值
因素 2 的总体平均值	3.73	2.46	132.01	<0.001
4-13 本学年中，您所在学校的管理者与您讨论教学问题的次数？	3.86	2.69	76.40	<0.001
4-14 本学年中，您所在学校的管理者鼓励教师之间合作的次数？	4.27	3.12	70.43	<0.001
4-15 本学年中，您所在学校的管理者提供或分配资源以帮助教师改进教学的次数？	3.87	2.65	68.82	<0.001
4-16 本学年中，您所在学校的管理者观察您的课堂教学的次数？	3.44	2.27	63.04	<0.001
4-17 本学年中，您所在学校的管理者鼓励使用数据为个体学生需求制订计划的次数？	3.97	2.37	119.47	<0.001
4-18 本学年中，您所在学校的管理者参加教师计划会议的次数？	4.06	2.31	97.35	<0.001
4-21 本学年中，您所在学校的管理者为您提供改进教学具体意见的次数？	2.69	1.79	54.71	<0.001

74

打分等级：1 = 从来没有，2 = 1—2 次，3 = 3—5 次，4 = 6—9 次，5 = 10 次或者更多。

* 我们运用因素 2，对教师完成调查问卷的 127 所学校校长进行了排名。前 20%有 25 所学校，后 20%有 25 所学校。

那些在一个或两个因素上教师评分排在前 20%的校长，被称为高分校长；那些在一个或两个因素上教师评分低的校长，被称为低分校长。

用学生成绩数据（2005—2006 年度州测试数学成绩）作为自变量对校长进行分层，这样就可以根据学生数学成绩，考察高分校长学校与低分校长学校是否存在差异。① 最后，我们用学段（小学与中学）作为自变量，进一步对数据进行分层。在我们的分析中，小学指幼儿教育至六年
75 级，中学指七至十二年级。五至八年级的学校被列入中学组。高分或低分校长、高的或低的数学成绩、小学或中学的区分提供了一种分类机制，我们可以据此确定访谈的具体学校，对访谈数据进行探索性分析。

访谈结果：教师对访谈提纲中以下三个问题的回答，为本分析提供了质性数据：

- 校长在指导与支持您的课堂教学方面发挥了什么作用？
- 校长经常观察或参观您的课堂吗？
- 校长提供的哪一种反馈或建议，对您的教学改进有帮助？

校长访谈的数据，基于对下列问题的回答获得：

- 告诉我您最后一次参观课堂的情况。您参观课堂的目的是什么？描述一下您要寻找什么。
- 在参观课堂之前、之中与之后，您与教师交流了什么？
- 您如何知道教学正在改变？
- 您经常参观课堂吗？

我们对每一个访谈问题的回答分别汇总，然后进行主题分析。

什么是教学领导：校长和教师的观点

对教师调查数据的初步分析表明，在校长创建一种学习愿景的努力与为实现那种愿景所做的工作之间，存在明显的区别。为优质教学设定一种高标准的基调或文化，似乎不同于校长为了使优质教学实际发生而采取的

---

① 有关我们如何计算成绩的细节，可参见最终报告的方法论附录（Louis，Dretzke，and Wahlstrom，2010）。

行动。鉴于教学领导的这两种特征是作为不相关因素出现的，为了更好地理解它们被作为不同因素的可能原因，我们分别对它们进行了考察。第二个研究问题——教师报告的教学领导与校长所说的教学领导本质上是否相似？——通过对教师和校长访谈的分析来回答。教师和校长的叙述有点不一样。

因素 1：教学精神 76

教学精神包括一些与第 5 章中的设定方向相联系的实践。它对教学发生的情境产生影响。让高分校长们夙兴夜寐的显然是同一件事。他们有一个愿景，或者说是一种信念：所有学生都能达到高水平。他们专注于提供高质量的教学项目。高分校长明显不同于低分校长的一个特点是，高分校长想一直待在当前的学校。用一位校长的话说，要待到“使命达成”。

高分校长如何为学校树立以高水平的学生成绩为中心的愿景？有一点是，他们强调基于研究的策略的价值。他们谈到了在发展学校愿景、收集研究信息并将其应用于本校情境方面所投入的时间。一位小学校长激动地说道：“我已经研究了又研究，并做了所有我能做的事，以满足（教师的）需求。因为，他们是非常聪明的。”对该校一位教师访谈的分析表明，在教师看来，基于研究的方式（research-based approach）是真实的，受到了教师的尊重。一位教师这样评价她的高分校长：“我的校长对于她所相信的东西非常坚定。”在另一次访谈中，她的校长表达了她的不可动摇的愿景：“我的期待很高，（教师们）知道这一点。”校长接着也强调开放地讨论学校愿景的重要性：“我只是把它提出来，我们必须更上一层楼。”

在因素 1 上得分高的校长们所持有的高学业成绩愿景中，也包含了一种个人化的愿景（personal vision）。正如一位校长提到的：“我们最终的目的是，经济上的弱势儿童能够打破贫困的代际恶性循环。（我们力图）挑战现状，为儿童有机会在学业上取得更大成功创造条件。”他的关注，与另一所学校的低分校长形成鲜明对比。这位低分校长只是强调“标准”，而没有努力将标准与学校层面的愿景联系起来。对校长访谈的分析显示：低分校长更关心做好他们的工作，而不是影响师生的生活。

高分校长与低分校长在因素 1 各题项上的得分，都具有统计学意义上的显著差异。这种差异至少有一个等级，通常有一个半或更多的等级。最大的差异在问题 4-1 上，该问题询问教师，他们的校长发展一种关爱和信任氛围的程度。平均得分最高的是问题 4-27，教师们认为，校长的动机和意图总体上是好的（见表 6.1）。

77 **因素 2：教学行动**

为了将高学业成绩的愿景变为现实，高分校长积极为教师提供直接的教学支持。教学行动就是关于校长如何实施这个任务的。教学行动中的很多实践，都被第 5 章所描述的核心领导实践的改进教学类别所涵盖。

怀着提升教师教学实践的目标，校长对教与学给予指导和支持。对教师的调查显示，在某些特定学校中，教师认为校长经常提供直接的教学支持。

高分校长与低分校长在所有因素 2 题项上的差异都是显著的。每一个题项上，前 20%与后 20%学校的教师给校长打分的平均值，几乎都有一个等级的差异（见表 6.2）。在因素 2 的所有题项中，前 20%与后 20%学校差异最大的题项是 4-18。该题项询问，校长是否经常参加教师计划会议。得分均值最高的题项是 4-14，该题项询问的是校长是否经常鼓励教师之间的合作。

特别值得注意的是，差异最小和得分最低的题项是 4-21，该题项询问的是校长是否经常为教师提供改进教学的具体意见。与低分校长共事的教师表示，校长提供具体意见的频率，在“从来没有”与“每年 1—2 次”之间。即便是高分校长，教师所报告的校长提供教学改进具体意见的次数，通常也少于每年 3 次。尽管如此，高分校长践行其使命时，他们的行动是非常有目的性的，且专注于学生的高学业成绩。高分校长认为，为了学生的持续学习与成长，教师同样需要学习和成长。

对教师访谈的主题分析揭示了将高分校长与低分校长明显区分开来的三种持续性的活动或行为：

1. 高分校长对于学校的教与学有着敏锐的了解。

高分校长了解教与学情况的一种方式，是收集与检查教师的教案。一位校长提到：“我检查教案并出席团队会议。”该校一位教师在单独访谈中也同意校长的说法："她会确保我教的课与课程标准一致。"另一位教师解释道："如果我提交的教案有什么问题，她会问我：'你为什么这么做？这样做能够达成你的教学目标吗？'"低分校长描述了"放手"式的教学领 78
导方式。一名低分校长将所有的教学领导工作，授权给教学"教练"（coach）。然而，这名教练在教师评价中却不能发挥作用，并且学校不鼓励他们向教师提供任何负面的反馈。

2. 高分校长直接且经常地参与教师的工作，并为教师提供教与学方面的形成性评价。

高分校长和低分校长都说，他们经常到课堂去，是"高度可见的"。然而，当描述参观课堂的理由时，两组校长之间的差异格外惹眼。高分校长经常对课堂教学进行短时间观察，每周进行 20—60 次，且大部分观察是自发的。这些课堂观察使校长能够对教师的学习和专业成长建立形成性认识，并为教师提供直接、及时的反馈。高分校长相信，每一位教师——不管是新手教师，还是老教师——都能够学习与成长。高分校长描述了他们如何"通过发现教师所做事情中的可取之处，与每一位教师交流，并在教师需要成长的领域为他们提供反馈"。

与此相对，低分校长描述了非常不同的观察方式。他们对于课堂的非正式参观或观察，通常不是出于教学目的。事实上，即便是非正式观察，往往也要提前计划，这样教师们就清楚校长什么时候会来。对低分校长所在学校教师的调查显示，最具破坏性的做法是，教师在非正式观察后很少或几乎得不到反馈。其中的一位教师说道："迄今为止，没有任何反馈或建议。"另一位教师将反馈的缺乏看作一个信号："校长已经足够了解我的课堂，知道一切都在我的掌握之中。"

通常，低分校长进行非正式课堂观察的频率，随着时间的推移而降低。低分校长更为关注正式的、总结性的观察，提供有限的、无威胁性的反馈，且主要是面向未获得正式教职的教师。至于校长为什么没有将观察与任何教学实践的讨论，或任何更宽广的围绕学校愿景团结教师的努力联系起来，有教师说道："他支持我的教学理念。"如果低分校长不能把教与学的改进视为一个长期持续的过程，那么他们学校持续学习的文化就会受到连累。

3. 高分校长拥有依据既定学校愿景，促进教师学习和成长的能力与人际交流技能。

79 为了教师的学习和成长——第 5 章中描述的发展人员的一种方式，高分校长想出并提供了各种互有差异的机会。譬如，为使新教师赶上其他教师，一位高分校长为新教师领导组织了周六工作坊。另一位高分校长让教学助理参与一个旨在帮助教师实施新阅读策略的工作坊。与此相对，一些教师指出，低分校长很少为教师提供专业成长的建议或支持。

小学和中学教学领导的差异

小学校长和中学校长在承担教学领导角色方面有什么差异？证据显示，这两个学段的教学领导有一些相似之处，也存在一些明显的差异。小学教师和中学教师的感知是相似的，反映在他们对于教学精神（因素 1）题项的回答中。所有教师都指出，他们的校长能够创造一种专业成长文化，能够形成对师生高表现的重点关注。然而，小学和中学教师对于教学行动（因素 2）题项的回答却有很大差异，正如表 6.3 的证据所显示的。

表 6.3　教师给校长评分位于前 20%与后 20%的不同学段学校的数量

领导		学段	
		小学	中学
教学精神（因素 1）	高（前 20%）	16 所 64%	9 所 36%
	低（后 20%）	7 所 28%	18 所 72%
教学行动（因素 2）*	高	19 所 66%	10 所 34%
	低	11 所 37%	19 所 63%

* 卡方（1，$N=59$）$=4.91$，$p=0.03$。

在因素1和因素2上，不同学段学校的高分校长与低分校长的比例存在差异。两个教学领导因素上，小学校长得分位于前20%的比例都更高。80
中学校长得分位于后20%的比例更高。

这些数据证实了我们的质性研究结果。根据访谈数据，小学教师和校长认为，那些被视为有效教学领导者的高分校长，亲身投入教学工作，对于教学活动有着直接的影响。他们证实，教学精神（因素1）是日复一日不断加强的。一位其校长的因素1得分在前20%的小学教师说道："（新的举措）将得到支持，因为它们与更大的愿景有关。"这一点与许多关注愿景设定重要性的领导研究的结果相一致。

在教学精神与教学行动两方面得分都高的小学校长，所领导学校的学生成绩也相对较高。一位小学教师生动地描述了因素1与因素2相互作用的方式：

> 在我看来，他（校长）对于我的作用和好处是双重的。一方面，他是一位强有力的教学领导者。他精通业务。我相信，如果哪一天他走进教室，接管我的课堂，不会有任何问题。我觉得，当我坐下来和他讨论对我的课堂观察时，他了解他所讨论的……。我知道，他问的问题、给的建议，都是基于经验的，我信任它们。它们将帮助我走向优质教学之路。所以说，他不只是名义上的校长，他也知道自己在说什么。在另一方面，他也允许我基于自己的专业训练进行判断。他不会要求我以某种特定的方式教学。他不会告诉我，什么时候需要以哪种特定的方式教授哪些特定的内容，也不会规定我的教学目标。我不需要严守什么步骤。在我这个年纪，你会遇到许多不同的人。这往往正是我们所盼望的。这是我喜欢在这所学校工作的一个原因。（他传达的信息是）"我会以积极的方式促使你变得更好，也会允许你将自己的个性融入课堂中，并使之实现。"所以说，（在支持我们的）方式上，他双管齐下。

教学精神与教学行动的结合，将持续的专业学习与教学活动中躬亲的、直接的作用融合在一起。高分小学校长在这两方面都做得很好。

81 中学的证据则显示出不同的状况。访谈中，中学校长反复提到，一天之中没有足够时间完成所有的职责。他们毫不掩饰地告诉我们，教学领导不得不“靠边站”。教学领导或对于它的计划，是在教学日之外进行的。中学校长声称，他们通过构建教师领导者的组织机制来提供教学领导。在这种组织机制中，相关职责被委派给部门负责人。如此，尽管中学校长没有参与到教学领导过程中，但他们也认为自己充任了教学领导者的角色。

然而，教师访谈的证据表明，中学的教学领导行动总体上是缺乏的。一位教师提到：“管理者通常每年只到我的课堂观察一两次。”另一位教师说：“除了学校想要开展的革新举措外，我从来没有得到任何影响或改变我教学的反馈，而得到反馈是每一个人都期待发生的。”通过分析教师调查可以发现，教学行动——因素 2——要求在教学运行中发挥直接作用。正如一位教师提到的：“我只有一次被观察课堂的经历，是一位助理校长来观察的。那是在我从教的第二年。助理校长在那里待了五分钟……五分钟！她留意到一件事情，我是从教室左侧开始上课的。你能将这称为反馈吗？”

尽管校长们指出，他们经常授权部门负责人开展教学领导，但教师们并不认为这种授权是教学领导的来源之一。大部分教师认为，部门负责人主要掌管的是部门预算。教师们也提到，教师领导者有出席校长所召集的团队领导（team-leadership）会议的职责。从对中学教师的访谈来看，没有任何证据表明部门负责人或教师所属学科的同事以持续参观课堂和开展教学实践对话的方式提供教学领导。无论校长教学精神——因素 1——的得分高还是低，情况都是这样。

更令人惊讶的是，在校长得分矩阵中，中学校长处于最低得分区。在校长教学行动（因素 2）得分排名中，得分最低 20%的 31 所学校中有 20 所是初中和高中学校。换句话说，所有返回调查问卷的 127 所学校（包括 67 所中学和 60 所小学）当中，校长在采取直接行动支持教师教学实践方面得分最低 20%的学校中，有将近 66%是初中和高中。

量化分析显示的校长教学领导与学生成绩方面的关联，在小学和中学 82
之间存在明显差异，这形成了一个需要进一步研究的话题。最初教师打分形成的校长排名中，因素 1 得分排前 20%的学校中，有 5 所小学和 5 所中学学生的数学成绩也高。校长因素 1 得分低，学生的数学成绩也低的，有 3 所小学和 8 所中学。

因素 2 方面，校长得分高（指处于所有学校的前 20%），学生的数学成绩也高的，有 4 所小学，却没有一所中学。校长在因素 2 上得分低，同时其学生数学成绩也低的，有 2 所小学、7 所中学（见表 6.4）。

表 6.4　教学领导、学段和学生成绩之间的关系

领导	数学成绩	小学	中学
因素 1 高（前 20%）	高（前 30%）	5 所 8%	5 所 7%
	低（后 30%）	7 所 12%	1 所 1%
因素 1 低（后 20%）	高	1 所 2%	0 所
	低	3 所 5%	8 所 12%
因素 2 高	高	4 所 7%	0 所
	低	7 所 12%	3 所 4%
因素 2 低	高	8 所 13%	6 所 9%
	低	2 所 3%	7 所 10%

注：“小学”或“中学”列中的数字指符合相应特征学校的数量；百分比指符合相应特征学校数量分别占第二轮调查样本中 60 所小学或 67 所中学的比例。

当用2005—2006学年的数学成绩作为高分校长与低分校长的最终筛
83 分机制（自变量）时，最大的差异再次出现在中学阶段。因素1成为高分中学的一个显著积极特征。因素1（教学精神）的缺失，是那些数学成绩欠佳的中学的突出特征。

因素2（教学行动）方面的研究结果同样是明显的。没有一所中学的校长因素2得分高，同时学校的学生数学成绩也高的。另外一端，有7所中学校长的教学行动得分排名位于最低的20%，他们学校的学生数学成绩也低。

三、我们可以得出什么结论？

我们的数据揭示了有关教学领导概念的一个明显区别，也意味着以往很多学术成果在一个细微之处存在缺失。这就是两种类型校长的区别：一种校长通过“偶尔造访”和“保持可见”为教师提供支持；另一种校长则目的明确地让教师形成清晰的教学理念、思考教学问题，非常有意识地开展每一次课堂观察与交流活动。

我们确实发现，高分校长强调树立一种学校愿景。然而，在很多学校，尤其是在初中和高中，能采取行动与个体教师一起努力实现愿景的校长，要么非常少，要么压根没有。一些校长——主要是中学校长——错误地假定，只要很好地阐明高质量教学的愿景，便会自然而然地出现高质量教学，不需要他们采取任何进一步的行动，或通过必要的行动授权给部门主管和其他教师领导者就可以了。

事实上，本研究的一项主要发现是，部门主管所提供的教学领导几近于无。组织上，部门主管所处的位置看起来特别适合为他们的同事提供教学领导，但这种领导潜力似乎是一种被浪费的资源。对于教学改进而言，部门主管降格为管理者角色，是潜在资源的巨大浪费。对学校部门主管的角色做彻底的重新定义，将有助于学区解决中学教育历史性的惯性问题。部门主管可能需要在新的岗位描述下开展工作。这种新的岗位描述将明确地指出，他们的主要职责是为同事提供教学反馈与支持。譬如，学区和教师工会可以采用聘任特别任务教师（Teacher on Special Assignment，TOSA）这种方式，在教师总体合同中允许教师承担额外的监督责任。指导教师 84
（mentor teacher）和高级教师（master teacher）的合同便是常见的差异化员工管理的例子。

意料之中的是，我们的证据也指出了许多教师由来已久的对“不加干涉”的偏好。这些教师通常认为，校长不需要到自己的课堂中来。有时，他们甚至认为，校长出现在课堂中是令人讨厌的。一位教师说道：“我已经 17 年没有被听课了，这样挺好。”另一位教师提到，她的校长此前一直是一名学校心理咨询师，而不是任课教师。所以，她认为，校长缺乏把握教学重点的能力，“不能在如何成为一名更好的教学者这个问题上，真正为我提供任何实际的建议”。

维持现状成为优选。对于大部分中学教师而言，这意味着在改进教学方式方面与校长或其他任何人没有直接的、经常性的联系。本书其他几章报告的良好专业共同体对于学校改进重要作用的证据显示，此种维持现状的偏好是中学改革的巨大障碍。

本章的证据没有提供一种对教学领导影响学生学业表现的强检验。然而，在因素 1 和因素 2 方面位于教学领导得分排名底部，同时学生成绩在后 30%的学校，绝大多数都是中学。更值得注意的是，教学领导排名低且学生成绩差的学校中，中学的数量和比例显著高于小学。

总而言之，中学似乎遭受着“双重灾难”。低落的专业成长精神与鲜见的支持课堂教学的行动，似乎预测了学生更差的表现。而小学的学习成绩似乎更容易受到那些在因素 1 或因素 2 上得分低的校长的影响。

四、对政策与实践的启示

本章对政策与实践有三点启示：

1. 校长有责任采取那些众所周知对学校教与学的质量有直接影响的行动。

当校长有效承担教学领导者角色时，学生的成绩可能会提升。仅仅形

成教学改进的愿景是不够的。如果校长要有效地承担教学领导者角色，他
85 们的教学行动与教学愿景必须相辅相成。学区应当期望校长采取有针对性的行动，在每一所学校实施教学领导。就这些行动的实践操作问题，大部分学区都需要与他们的校长进行坦率、深入的讨论。然后，学区与校长需要合作开发系统地监控实施行动的程序。虽然小学和中学校长的需求与环境可能需要被区别对待，但底线应该是，每一位校长都应在其学校中采取具体行动，开展教学领导。

2. 学区领导者应该认识到，并着手减少当前正式规定的角色要求对于中学校长实施教学领导的限制。

本章报告的研究结果显示，同事之间有关教与学的讨论以非正式的方式进行，而在有组织的团队会议、学科团队会议（content-area meeting）或正式的团队领导者-追随者结构中，这种讨论发生的频率较低。校长——特别是中学校长——疏于提供教学领导，造成领导者与追随者之间极少就教与学的问题进行对话。与苏波维茨（Jonathan A. Supovitz）的研究发现一致（Supovitz，2006），本研究显示，当前中学组织结构下的权威关系不利于坦诚地直面中学教师可能遇到的问题。

学区管理者通常知道他们的校长在处理眼前任务和问题上的管理效能。他们也能感觉到校长在树立以学生成绩为明确重点的愿景上的努力。然而，一个令人头疼的模式仍明显地存在着：从我们的数据看，中学校长没有与他们的教师就教学实践进行经常性的直接互动。

3. 应该彻底地重新定义中学部门主管的角色，在制度上将他们视为初中和高中学校教学改进的关键资源。

理论上，部门主管已经拥有了很多学科内容知识。一些人认为，学科内容知识对于教学领导发挥对学校和学生的影响作用有重要贡献。期望中学校长获得此种内容知识是极不现实的，但期望部门主管运用他们的学科内容知识以及教授这些知识的最佳教学实践，去承担更大的教学领导角色，却是非常现实的。校长和部门主管需要一起思考如何更好地做到这一点。

86

五、反思问题

1. 在你所熟悉的学校情境中，校长如何平衡对教学精神与教学行动的关注？

2. 其中的某一个维度是否占据了支配地位？如果是这样，产生了什么后果？

3. 考虑一位你熟悉的校长。描述一下他是如何营造教学精神的。他的行动是否反映了本章所报告的情况？

4. 还是上述那位校长，其教学行动在多大程度上与本章所报告的情况相一致？

第二部分

学区在学校改进工作中广泛且独特的作用

第7章　如何利用家庭与社区的能量：学区的角色

莫莉·F. 戈登　　卡伦·S. 路易斯

本章有证据支撑的主张 89

- 促进社区参与学校工作的学区政策，增强了学校层面更广泛的人和团体的参与性。
- 学区参与政策对校长具有持久影响。校长与社区互动越多，他们越容易接受外部利益相关者参与到学校改进工作中。
- 校长在解释学区参与政策以及构建并沟通学校对家长参与的期待方面，扮演着至关重要的角色。
- 民主性集体领导实践——包括家长担任有影响力的职位——越多的学校，学生成绩越高。

本章中，我们考察将家庭和更广泛的社区纳入学校改进工作的努力。多年来，家庭和社区参与一直是人们积极研究的一个主题。一个共识是，
家庭特征与学生成绩紧密关联。然而，我们的兴趣聚焦于那些意在将家长 90
和社区成员作为教育机构伙伴的学校改革举措的结果。在此背景下，我们考察三个问题：

- 何种学区政策与实践促进家庭和社区参与？

- 学区如何影响社区参与学校工作的程度?
- 参与式集体领导结构与学生学习有何关系?

一、我们从前期研究中了解到什么?

本章的研究受到三个领域既有证据的启示:(1)最新的关于在学校中创建更民主化结构的研究;(2)可能支持或妨碍家庭与社区参与之学区和学校特征的研究;(3)家庭参与和学生学习关系的证据。

创建民主化结构

过去20年中,教育者和社区成员都表现出对创建更为民主的教育结构的兴趣,譬如,建立与运用各种咨询委员会。对于那些视家长和社区成员为局外人而非真正学校共同体成员的人而言,这场运动是一种挑战。一些研究者将权力从州下放到地方学校理解为民主行动(Anderson,1998,1999;Schuller,Baron,and Field,2000)。诸如校本管理、社区控制学校、社区学校、学校选择等改革,都建立在民主主义和社群主义理论之上(Anderson,1998,1999;Crowson and Boyd,2001;Driscoll,1978;Keith,1999;Lee,Bryk,and Smith,1993;Riley and Louis,2004)。与此相对,一些受经济学理论影响的研究者和政策制定者,对学校和社区的关系持不同的观点,将家庭和社区成员视为顾客或消费者。循此观点,学校应该对顾客负责(参见 Riley and Louis,2004,p.9)。但许多教育者和研究者对这种"社区是顾客"的观点持怀疑态度。相反,他们信奉那种与专业模式更为一致的假设。在专业模式中,教育者是专家,其主要责任是使欠缺专业能力的病人合作性地执行医生开具的处方。本章中,我们认为,就理解家长、社区和学校之间的复杂关系而言,没有哪种单一的模式是合适的。一所对社区负责的学校,要反映当地的价值和习俗,有着可见的并与公众充分沟通过的定义学校成功的指标,且允许家长在不满于该校所提供的服务时选择其他学校。除此之外,学校也需要认识到教育专业群体和社区成员合作支持学生发展的特殊作用（Anderson，1998，1999；Beck and Murphy，1998；Mawhinney，2004；Riley and Louis，2004）。

当前学校中的参与式民主结构成败参半。言辞与实践之间往往有着较 91
大的差距。譬如，有研究者发现，校本管理改革很少挑战学校既存的权力结构或决策模式（Hess，1999；Malen，1994，1999；Malen and Ogawa，1988）。有关各种正式的学校理事会①的研究也发现，单纯建立治理结构并不能导致权力与决策的共享（Hess，1999；Malen，1994，1999；Malen and Ogawa，1988）。相反，这些举措将不相干者纳入学校的参照框架（Anderson，1998. 该研究结论受到一些欧洲研究的挑战，比如 Møller，2006）。即使在那些实施家庭和社区参与项目的地方，观察者也对项目实施的质量有些怀疑。当环境因素"稳定且同质"（Malen and Ogawa，1988，p. 265）时，传统权力结构更容易存续。此时给予家长和教师制定学校决策的权威，可能在有些方面会强化现状（Hess，1999；Malen，1994，1999；Malen and Ogawa，1988；Tschannen-Moran，2001）。

由于认识到实践与言辞之间的差距，几位学者研究了这些努力中确实能发挥作用的因素。譬如，致力于促进式治理（facilitative governance）或分布式治理形式的校长，倾向于建立更强有力、更有影响的学校理事会（Leithwood，Jantzi，and Steinbach，1999）。此外，加强教师和家庭的沟通，有助于构建民主化的共同体，支持学校的改进。虽然一些教师和家长有着在民主化共同体中积极互动的愿望，但他们欠缺清晰表达自己利益的语言能力，也缺乏实现自己利益的知识、专长和经验（Miretzky，2004）。

在检视多元社会中学校的竞争本质时，研究者发现，当学校成员努力变革长期以来的家长参与政策和实践时，会引发彼此冲突的结果，出现不同的教育论题与关注（Abrams and Gibbs，2002，p. 384）。然而，研究者建议，通过发展合作性的结构及与学生家庭共享决策权，学校可以将相互竞争的群体团结起来。有关社区组织群体（community organizing group）的

① 学校理事会（site council）由教师、学校管理者、家长、相关社区成员等构成，通过合作共事，发展与监督学校改进计划。——译者注

研究也表明，具有教育意味的组织活动对于学校有着多方面的益处。它可以提升学校在实现更广泛的教育资源公平方面的能力，有助于学校应对外部强加的改革，使学校围绕学生学习进步形成更有意义的社区、家长和青少年的参与（Mediratta，Fruchter，and Lewis，2002；Mediratta，Shah，and McAlister，2008）。

支持或妨碍家庭与社区参与的学区和学校特征

在学区层面，研究表明，学监（school superintendent）对学校董事会（school board）与周边社区的关系有很大的影响（Opfer and Denmark，2001）。其他研究发现，学区领导者除了可以提供强力支持和方向引领外，其“桥梁角色”与“跨界角色”在创建成功的伙伴结构过程中极其重要。这种伙伴结构可以促进民主化的组织间关系（interorganizational relationship）（Goldring and Sims，2005；Honig，2006）。

92 在学校层面，有关校长在促进家长和社区参与方面作用的研究发现，主人翁意识对于学生取得教育上的成功非常重要。将家长视作平等伙伴的校长，不仅能形成对于社区更大的责任感，而且能够将家长和社区成员变成教育过程的主人（Giles，2006）。虽然校长在与学校改进举措相关的参与政策上扮演着重要角色，但学校文化或氛围也是重要的。与参与相关的重要学校文化特征，包括关爱的氛围、有意义的家长志愿活动和支持性的教师工作环境（Bauch and Goldring，2000）。参与者之间存在的广泛信任，也可以促进学校和社区内部的合作（Tschannen-Moran，2001）。所有这些都是重要的。因为，家长参与不仅对学生特别有益，而且使家庭受益，可以改进家长对于他们自己、他们孩子所在学校及学校教师的态度（Smrekar and Cohen-Vogel，2001）。

一些校长和教师假定：低水平的家长参与反映了家长对于子女教育的低关心。这种假定是成问题的，相关证据并不支持。总体而言，家长——包括城区学校家长、低收入家长和其他家长——深深关心着孩子的教育（Patrikakou and Weissberg，1998）。只是，他们关心的程度对于教育专业工作者而言不那么显而易见。一些家长可能不知道如何有益地参与到孩子的教育中（Epstein and Dauber，1991）。另一些人可能因阶层差异造成的沉默寡言而感到受限。诸如此类的原因使得教育者在促进家庭参与时，面临着特殊的挑战。当前许多学区所采取的旨在应对这些挑战的政策和项目是不充分的（Kruse and Louis，即将出版）。

家庭参与和学生学习

研究表明，那些家长高度参与的学生更可能：

- 获得更高的评价等级与考试分数，参加更高水平的课程；
- 升入下一年级，顺利完成课程学习，获得更多学分；
- 按规出勤；
- 有更好的行为和社交技能；
- 毕业并接受某种类型的高等教育。（Henderson and Mapp，2002）

研究也表明，家长对于孩子的期待与抱负以及家长自己的学业成功，是与学生学习进步正向相关的核心因素（Fan，2001；Lee and Bowen，2006）。此外，影响学生学习的其他因素包括家长在学习方面施加的标准 93
与行为，如检查家庭作业，请人辅导孩子学起来吃力的内容，将孩子做作业期间的干扰降到最低程度，以及积极参与教育选择（Lee，Bryk，and Smith，1993）。

两项元分析的重要发现（Jeynes，2003，2007）也进一步确认：家庭参与会使得学生学习成绩提高。第一项元分析指出，家庭参与影响学生学习成绩，但不同种族群体的影响方式有所区别。譬如，就非裔美国人而言，“养育方式及家庭参加学校各种活动的情况”与“学生成绩”之间存在很强的正相关关系。但这些变量关系在其他群体身上却没有统计学意义上的显著性。第二项元分析专门研究了市区中学学生的学习情况。该研究表明，家庭参与对少数族裔和白人学生的学习都有显著影响。

与参加学校大会或提出家庭作业要求等外显的形式相比，家庭参与中可见度更低的方面——如教养方式和家长期待——对学生成绩有更大的影响（Fan，2001；Feuerstein，2000；Jeynes，2007；Lee and Bowen，2006；Sanders，1998；Sheldon，2003）。可以得出这样一个结论：可见度越低的家庭参与形式，越不容易被学校影响。[①] 不过，在学校中创建参与性结构是有其价值的。它们可以增强家庭和社区成员教育孩子的参与感和主人翁意识，而参与感和主人翁意识可以增加与强化低可见度的提升学业成就的行为（Sheldon，2005）。

二、本章的新证据

本章在很大程度上利用了我们在 2009 年做过的研究（Gordon and Louis，2009）。文中插入的小片段摘自戈登所进行的更大的案例研究（Gordon，2010）。

方法

为了回答我们的研究问题，本章中使用了问卷调查和访谈数据，以及州层面要求测量的学生数学成绩。（有关本章方法运用的详细说明和相关回归表，请见附录 B。）我们通过分析校长问卷调查的相关题项，评估了这样几个方面的情况：校长在规划与设定学校改进目标方面接受外部利益相关者参与的程度（校长对于社区参与的接受度），校长认为学区在协助学校加强家长和社区成员参与工作方面的支持程度（学区对社区参与的支
94 持），以及家长在学校决策中的影响力（校长感知的家长影响）。此外，我们还分析了外部的社区利益相关者参与学校理事会、学校领导团队等治理结构的程度（学校理事会成员的多样性）。

通过分析教师问卷调查的相关题项，我们评估了这样几个方面的情

① 影响家庭参与学校的其他因素包括种族、社会经济地位、家庭规模、父母的自我效能感、学校地理位置、父母受教育程度和孩子的年级水平。参见 Bandura（1996）；Chrispeels and Rivero（2001）；Epstein and Dauber（1991）；Fan（2001）；Feuerstein（2000）；Grolnick，Benjet，Kurowski，and Apostoleris（1997）；Hoover-Dempsey and Sandler（1995）；Lee and Bowen（2006）。

况：校长鼓励与促进教师和家长参与学校改进工作的程度（家长/教师集体领导），校长和教师在学校决策中的影响水平（校长-教师共享领导），以及教师感知到的家长直接影响学校决策的程度（家长参与）。

分析调查数据时，我们运用回归分析和路径分析来尝试确定有哪些因素影响着：（1）学校理事会成员的多样性；（2）校长对于社区参与的接受度；（3）校长感知的家长影响；（4）家长参与。最后，我们分析了所有这些因素如何与（5）学生数学成绩相关联。我们量化分析的结果利用并扩展了此前的一项调查研究。在那项研究中，我们考察的也是上述各种变量之间的关系（Gordon and Louis，2009）。我们亦将贫困和年级因素纳入分析。这是因为，几个考察家长参与的研究发现，贫困和孩子所在年级是家长参与学校程度的显著影响因素，社会经济地位也是预测学生成绩的显著因素（Henderson and Mapp，2002；Ho Sui-Chu and Willms，1996；Shaver and Walls，1998）。

文中的小片段以我们的访谈数据为基础，它们用来说明与进一步探索量化研究的结果。构思这些小片段时，我们分析了对学区人员、学校成员和各种社区利益相关者的访谈。访谈的主题包括领导的角色、实践与行为，学校和学区的改进工作，学区和学校的政策与实践，以及与内外部利益相关者的关系。更具体地说，本章对于访谈数据的分析，是为了评估外部利益相关者参与学校改进工作的影响程度，是为了理解参与实践与政策。

有哪些学区政策与实践促进或妨碍学区与学校层面的家庭和社区参与？

对访谈和调查结果的分析表明，在创设一种促进有意义的社区参与的开放环境方面，学区和学校的领导非常重要。下面的片段叙述了一位新任学监在学区与当地社区脱节较长一段时间后，如何与社区成员加强联系，将社区成员纳入学校改进工作中。

95

阿特拉斯学区

全新的学区领导和对于社区参与的新承诺

[与前任学监相比,]①她在社区中有更高的可见度，更多地参与社区的沟通，亲自参与。因为这种可见度，我觉得我们的选民、我们的社区对于学区的感知已得到了强化。

——学区工作人员

米歇尔·索伦森（Michelle Sorenson）2005年任阿特拉斯学区学监，她的前任在这一职位上待了十多年。那位学监不善于融入社区。因为社区团体对老学监有抱怨，学校董事会让社区参与帮助寻找新的学监。董事会成员说，他们要寻找并聘用一位“热心的沟通者”。索伦森上任后，把走进社区、修复与利益相关者的关系、构建信任、恢复学区名誉等作为工作重点。

当地儿童基金会的一位执行副主席说，自从索伦森上任后，有关学区如何运行、学校如何改进等问题的讨论，学区都能向社区开放并吸纳社区意见。这较之过去大为改观。比如，她到任后的第一年，通过向社区组织做的大约80场演讲，提升了自己的可见度。根据学区代表和社区利益相关者的说法，不断提升的可见度也加强了学区、各种社区组织及家长之间的信任。为了构建关系、赢得信任以及沟通学区的需求，学监让尽可能多的利益相关者参与进来。比如，为了成功游说一项担保措施（bond measure），学区从各种社区团体和家长中招募了大约60人。因为学区对社区的新承诺，该担保措施最终获得通过。

索伦森学监说，对于她的领导工作而言，重要的是保持学区工作程序的透明度以及与公众持续进行沟通。在重要的学区改革举措上，学区也让人们参与进来，以致利益相关者感到自己是整

① 中括号内的话为作者所加。——译者注

个过程的一部分。学区使命和目标在组织内部与社区之中是众所周知的。每一年度，学区都会为所有阿特拉斯居民准备与分发一份包括考试成绩、毕业学生跟踪研究结果、学习氛围评估结果、财务信息和学校人口学特征等在内的报告。

在上述案例中，学监定期与社区利益相关者沟通学区和学校的进步情 96
况，她被描述为开放的、易于接近的。正如片段中所描述的，当学区学监更替且学区与外部团体关系微弱或不良时，新学监可能不得不担负桥梁角色或跨界角色，花大量时间与社区接触，以创建伙伴关系，重构组织信任。

下面的小片段说明了稳定的学区领导、定期沟通以及学区领导者致力于听取社区意见等，如何能够在教育过程中形成广泛的社区主人翁意识。

北白松县学区

稳定的学区领导和一种征求社区意见的文化

我们不会坐在孤岛上做决策。我们寻求并珍视利益相关者的意见。

——学区工作人员

与全国和本州的其他学区相比，北白松县学区的领导不同寻常地稳定。萨缪尔森（Samuelson）学监已经在学区任职16年，在他之前的学监任职19年。当萨缪尔森退休时，已经作为学区工作人员数年的谢拉·沃特斯（Sheila Wauters）接任学监职位。她说，前一任管理者与学生家庭和社区有如此卓越的合作和沟通，她毫无疑问地会继续他们的政策与实践。

长期以来，在启动新项目之前，学区都会赢得利益相关者的参与，从而缓解了在其他学区经常出现的压力。例如，在做出重新划分学区的决策之前，学监和其他学区领导秉持“到处奔走”

> 的观念，到每一个将受影响的街区征求公众意见。用一位学区职员的话说，走出去讨论有争议的话题，并不总是愉快的。但他补充说，人们珍视发表意见的机会，感觉受到学区的重视。北白松县学区领导者说，学区要获得信任和支持，定期沟通是重要的。
>
> 97 一年至少一次，学区领导者向学生、家长、学院、商业部门、社区伙伴、宗教团体和地方军事基地，征求有关学校、学区项目的意见和反馈。当问及什么有助于维持与社区的积极关系时，一位学区职员说，归根结底在领导，学区层面和学校层面的领导。他说，寻求并重视外部利益相关者的意见，是北白松县学区的“第二天性”和“我们的文化”。

上面的片段中，北白松县学区的学监在执行新政策和改革举措之前，都向社区成员征求意见。这取得了学校和公众的认同，在学生学习过程中创造了一种共同的主人翁感。

基于访谈分析，我们确定了学区层面几个有助于提高社区参与程度的领导特征与组织特征：

- 一位可见的、易于接近的学监，愿意以创新的方式深入社区。
- 保持组织透明，使社区成员了解学区正在发生的事情。
- 经常就学区使命和目标与公众进行沟通。
- 具有社区成员对学区政策和实践发表意见的多条途径。

在前面这些案例中，组织条件（如合作的、开放的文化）与可见的、善沟通的学区领导一起，共同促进了外部利益相关者更好的参与。这些片段表明，在创建与维持有助于家长和社区参与的学区文化方面，学区层面的领导非常关键。其他有碍社区和家长参与的组织条件包括：难以接近的领导、表述模糊和缺乏监督的政策，以及那些使得家长和社区成员边缘化的文化与结构。

学区如何影响社区参与学校工作的程度？

接下来，我们考察学区的政策、支持和实践如何影响学校层面的参与实践。在问卷调查和访谈分析中，我们皆发现，许多学区都要求建立有外部利益相关者代表参与其中的学校治理结构。我们的问卷调查分析表明，促进社区广泛参与方面的正式学区政策与学校理事会成员的多样性显著关联。下面的片段叙述了一个学区如何通过对治理结构做出规定要求的方式促进民主参与。

98

格伦赫斯特学区
通过规定正式治理结构的方式促进民主

你必须维护一个民主的公立教育系统。你必须让公众参与。

——格伦赫斯特学区领导者

格伦赫斯特学区的领导者通过规定治理结构的方式，促进参与式民主。学区有三种家长和社区参与的正式方式：民选的学校理事会（elected site councils）、民选的地方学校委员会（elected local school committees，LSCs）和家长教师组织（parent teacher organizations，PTOs）。学区的每一所学校都有民选的学校理事会（50%的教师和50%的社区成员构成）来设定学校改进方向，规划教师发展。按照学区职员的说法，为确保学校理事会的公信力，使社区代表确能参与其中，州和学区都花了大量的时间和精力。学监卡梅隆（Cameron）会与其他学区领导者一起，同所有学校理事会成员进行季度性的会面，讨论更新学校改进计划的进程，以及其他须关注的事宜。

除了学校理事会，学区中的每一所学校还有一个民选的地方学校委员会。经由县政府选举，每隔两年会有三名社区成员被选入地方学校委员会。学监将地方学校委员会描述为有助于管理学校的“迷你学校董事会”。学监每两个月与地方学校委员会成员会面一次，讨论委员会的相关工作。虽然地方学校委员会的首要职责是检查与管理学区设施的利用，但他们的影响会超出设施管理。例如，每一个委员会成员会发表对于学区紧急问题的意见，包括学区建设担保和因容量问题而带来的施教区变动问题。尽管没有决定政策的正式权威，委员会成员却经常用他们的位置和权力，对重要的学区决策产生影响。例如，当所有学校的委员会成员联合起来抱怨学区的数学教学时，因为他们的口头抱怨，学区领导者会将他们与其他有影响力的家长群体邀请到学区办公室，一起协助学区对数学教学项目进行评估，并为那些在新的数学课程学习方面有困难的学生提供干预措施。某学校董事会副主席说，学区重视过程的民主性，它确保所有意见都能被听到，即使这样做有时会放慢决策的过程。

除了地方学校委员会和学校理事会，每一所学校也被要求成立一个家长教师组织，旨在将家长纳入学校运行过程中。不过，家长教师组织的影响力存在很大的校际差距，也依赖于校长的个人偏好。虽然学区没有尝试控制家长在学校中的影响程度，但学区领导者谈到了家长参与对于学校改进工作的重要性，以及对学生学习提升的重要性。

99 上面的片段说明了一个学区如何通过强制要求，让公众参与学校层面的决策。这使得社区成员和家长拥有更多的正式影响和决策权，正如片段中的学区回应社区对新采用数学课程的抗议所示。

虽然通过创造更为民主的结构，学区对于外部利益相关者在学校层面的参与有着显著且直接的影响，但同一学区不同学校中服务于那些治理结构的家长和社区成员的权力水平与影响力，却存在较大的校际差距。虽然以上片段中的学区领导者都构建了参与模式——通过开展合作、愿意倾听公众关注和在学区层面委员会中纳入家庭和社区的努力，但家长和外部群体参与学校的真实情况好坏参半。例如，格伦赫斯特学区的助理学监说，学区依赖校长设定参与和沟通的基调，但她承认，自己并不确定校长们是否都能做到。这不足为怪。其他的研究也表明，单纯地创设或规定民主化的结构，并不总是能够导致权力和决策的共享。这也与我们的量化分析结果相一致。在量化分析中，我们发现，虽然学区对于社区参与的支持与学校理事会成员的多样性有相关关系，但学区对于校长扩大家长和社区参与的偏好水平没有显著的强影响。因此，校长在解释学区层面不甚明确的家长参与期待，以及在确立与沟通学校层面的家长期待方面，有着重要作用。

下面来自北白松县学区的片段表明，家长和社区参与学校工作的程度主要取决于校长。

北白松县学区

学区对于学校层面参与实践的有限影响

> 虽然北白松县学区领导者鼓励校长和教师走入社区，但参与程度却校校不同。学区致力于校本管理政策，相应地，由每一位校长设定学校层面社区参与的基调。只有当出现问题时，学区才会介入学校的运行。确实有一个学区介入的例子。一个有影响力的家长团体抱怨，新的管理团队较之上一任团队，在回应家长方面做得不好。学区便与新的管理团队和家长一起努力构建了一种强有力的关系。然而，就学区中的大部分学校而言，学区领导者 100
> 只能强调社区参与的重要性，鼓励校长向社区开放，但绝对不会推荐具体的一所学校采用何种参与实践。因此，该学区对于校长推动社区参与意愿的影响程度较低。以下学校层面的例子，说明了学区内各学校非常不同的参与实践。
>
> 一位小学校长模仿学区一直以来的做法，在政策或实践变革之前走入社区，赢得人们的认同和支持。譬如，通过走进街区讨论成为磁石学校后将如何影响学校和家庭，她和一个教师团队成功游说将学校变为一所磁石学校。她解释说，甚至在转为磁石学

> 校的决策已经做出之后，为了赢得家长支持，她和其他学校职员仍然做街头演讲。校长说，学区领导者重视她和她的团队为“兜售”磁石学校项目所做的大量研究和社区扩展服务。
>
> 相反，该学区一所初中学校的校长抱怨社区“允许”学校开展体育运动，这影响了学术科目的教学。校长同意，问题部分在于一些家长可能觉得不受学校欢迎。要变革这种文化，“需要我和教师敲开他们的门或打电话，真正走入社区”。然而，没有证据表明这种工作落实了。专业人员也持续报告，社区中的大部分家长没有被走访或收到电话。家长的低参与使得校长认为，当孩子在学校的时候，教育与教养（parent）他们是学校的责任。让家长参与进来，不是她的领导方程（equation）中的一个部分。

正如上述片段所表明的，小学校长受学区长期以来实践的影响，在做出主要变革之前走入社区，以获得人们的认同。另一方面，中学校长逐渐相信，家庭参与不是重要之事，学校的努力应该聚焦在提升学习成绩上。这些例子显示，当学区没有明确社区参与的责任时，学校层面的参与实践便取决于其在校长心中的优先等级。这些证据也表明，想要吸纳家长和社区团体有意义地参与，学区与学校领导者需要转变他们的观念。不能简单地视外部利益相关者为“顾客”，只是告诉他们学区或学校正在做什么，而是要切实将家长和社区利益相关者视为学生学习过程中的重要伙伴。

101 尽管从上述片段中只发现学区政策和实践与学校政策和实践之间的微弱关联，但我们的调查和访谈结果都表明，学区确实能够支持学校，不仅通过创设正式的参与结构，而且通过积极地支持和鼓励社区和家长参与。图 7.1 显示了学区对社区参与的支持与学校层面参与的关系。学校层面的参与用校长感知的家长影响来测量。（图 7.1 和图 7.2 概括了用 SPSS 软件中 AMOS 程序进行结构方程模型分析的结果。模型的所有拟合指数［RMSEA、NFI、CFI］都显示，模型与数据具有很好的拟合度。）

图 7.1 中的模型表明，学区对社区参与的支持以两种方式与家长影响程度发生关联。最强的关联，是通过学区确立的将外部利益相关者纳入学

校理事会或其他学校领导团队的政策。学校理事会成员的多样性，又强烈且显著地影响校长对于社区参与的接受度。校长对于社区参与的接受度是一个统计上与家长影响相关的因素。该模型也表明，学区对社区参与的支持影响着校长对于社区参与的接受度，这强化了突出学区作用的主张。

这一结果补充了我们的另一项调查分析的发现。这项调查分析表明，单纯的学区支持（鼓励而不是明确正式参与政策）对校长对于社区参与的接受度具有正向影响，但这种影响在统计学意义上不显著。图 7.1 显示， 102
正式的学区政策对学校参与实践有着更大的影响。结合案例研究的分析来看，结果也表明，校长与社区的互动越多（例如，学区要求学校推进社区参与），他们对社区参与的态度越开放。当有更多的校长习惯于与社区接触时，他们就更容易接受外部利益相关者参与到学校改进工作中。相反，正如北白松县学区初中校长的案例所示，与社区成员有限的互动，可能会增加校长利益和关注方面的冲突感。

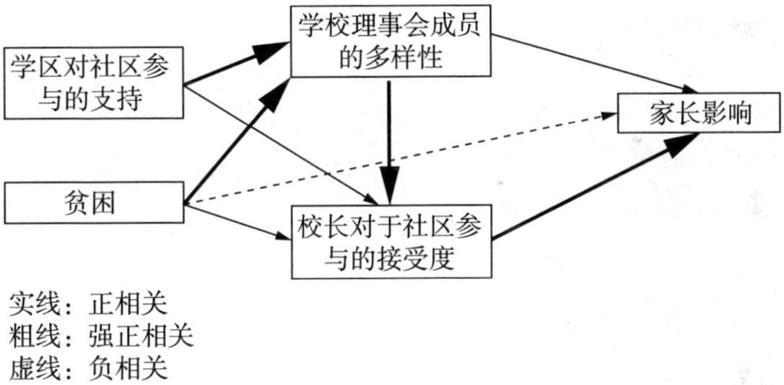

图 7.1　学区对社区参与的支持与学校层面参与（用校长感知的家长影响测量）的关系

另一个重要的研究发现是，在贫困程度更高的学校中，学校理事会或学校领导团队成员更具多样性。换言之，那些欠富裕社区中的校长和教师，倾向于在正式治理结构中融入更多不同的声音。总体上，贫困程度高的社区参与度更低，这些地区校长报告的家长影响力明显更有限。不过，在那些社区政策、学校理事会成员的多样性与校长对于社区参与的接受度更好整合的地方，情况又不一样。按照校长们的说法，这些地方的家长有高影响力。拥有一个多样化的学校理事会，并不等于有了集体领导或共享领导。这取决于每一个学校的领导者。为了发展有意义的家长参与实践，他们不能仅仅依靠学区支持。

图 7.1 显示了学区支持如何与家长影响相关。下面，我们运用回归分析与路径分析，探究参与式集体领导实践和校长感知的家长影响与学生学习成绩的联系。

参与式集体领导结构如何与学生学习相关?

我们运用来自校长和教师调查的数据，考察哪一种参与式集体领导结构与学生学习关联。我们特别有兴趣扩展第 3 章中的结论。在那一章中我们认为，集体领导作为一种比其他领导模式更有影响力的模式，能够影响学生学习。更具体地说，我们考察了学校的集体领导是否会影响家长以伙伴身份参与孩子的教育。图 7.2 说明了我们的研究结果。

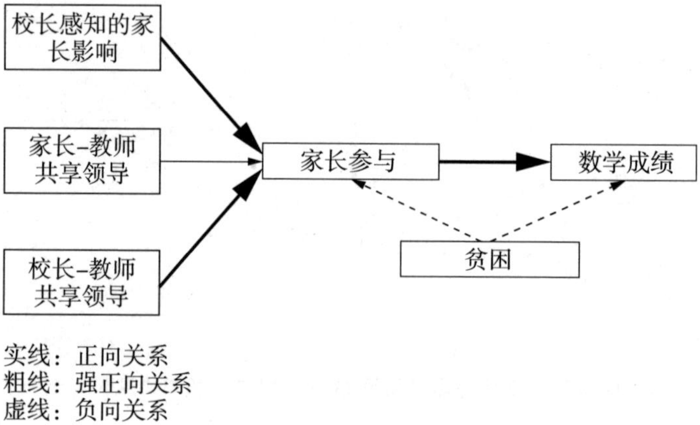

图 7.2　共享领导与学生成绩

103 图 7.2 所呈现的内容显示，用家长-教师共享领导、校长-教师共享领导和校长感知的家长影响测量的集体领导，对家长参与程度有影响。家长参与程度又是一个与学生成绩显著相关的因素。这些结果表明，在那些家长有影响力以及校长与教师、家长共享领导的学校，家长参与程度更高，学生的数学成绩也相应更高。易言之，实施民主性集体领导，将家长置于有影响力位置的学校，学生学习成绩更高。由于家长参与与学生成绩相关，因此我们主张，校长（也包括教师）通过创设共享领导与共担责任的文化，通过在学校——不只是学校成员之间，也包括更广泛的社区——建立更为民主化的过程，能够影响学生学习。我们也考察了学校理事会的多样性——另一个基于学校（school-based）的集体领导指标——是否对家长参与和学生成绩有一样正向的影响。结果相似。

同时，图7.2也显示，家庭贫困水平与家长参与和学生数学成绩显著负相关。这与其他研究的发现相一致。本章以及其他的分析表明，尽管家庭和社区参与可以缓解贫困的影响，但并不能消除它。重要的是，学校可以发挥作用。在那些无论家长收入水平如何都欢迎并鼓励家长和社区真正参与决策的学区和学校，家长将更多地参与孩子的教育，孩子也会有更好的表现。

三、我们可以得出什么结论？ 104

我们的分析结果显示，通过制定政策以及创设不同人和团体对于参与的期待，学区能够在促进学校建立参与式民主结构方面发挥作用。譬如，学区可以帮助学校建立更加多样化的学校理事会，尤其在一些更为富裕的社区。除正式结构外，学区也可以尝试用非正式的方式支持外部利益相关者参与，如征求他们对于社区政策和实践的意见，与他们合作实现一项具体的学区或学校需求。我们的研究表明，学区领导决定着外部利益相关者能否对学区工作重点、相关项目和（或）政策产生影响。

但是，学区层面与学校层面的政策、实践和行为之间存在断联。前文片段中提到的三个学区都构建了社区参与模式，关注伙伴关系，有倾听公众关注的意愿，也都努力将家长和社区纳入学区层面的相关委员会。然而，这些学区都不会让校长们一模一样地实施这些行为。一种原因可能是，学区致力于校本控制，不插手学校的日常运行。另一种解释可能是，学区的家长/社区参与政策（包括强制性地要求参与建立学校领导团队）

是模糊的、态度不明确的，这导致参与实践的校际差异。每个案例中的学区领导者都承认，学校之间的社区参与情况各不相同，这取决于校长的领导风格。三个学区的领导者都意识到家庭参与与学生成绩提升的联系，但他们觉得，强制要求学校、家长和其他社区成员参与，不是他们的职责。这表明，学区在构建良好氛围或学校对家长和社区参与的期待方面，所做的工作还不够。如果学区希望学校以富有成效的、有意义的方式推进家长和社区成员参与，它们不仅需要更为明确的、可供学校遵循的政策和策略，而且需要在监控参与实践、确保学校领导者负起责任方面做得更好。除非学区将策略具体化、明确化，切实监控执行的情况，并让学校领导者承担起责任，否则，仅仅是表述模糊的政策、鼓励乃至期待，起不到什么作用。

反思自己的研究结果，我们发现，就确保沟通、提供家长和其他社区成员参与的机会而言，学区层面的政策和结构是非常必要的。同时，我们
105 观察到，单纯地构建政策、提供结构，并不能确保广泛的、真正的参与。为获得广泛参与的益处，学区领导者需要做更多。他们需要让教师、管理者、家长和社区成员共同参与到一种持续的反思性讨论中，讨论有关各方能够以及应该为学生学习做什么。如此，他们才能更加鲜明、更为积极地聚焦于集体领导。

四、对政策与实践的启示

本章研究有四个方面的政策和实践启示：

1. 学区领导者需要就社区和家长参与的实践意义与校长深入对话，而不是简单地创建政策和结构。此种对话讨论的主题包括：在学校改进中与家长和社区成员建立伙伴关系的价值，作为学生学习过程中重要伙伴的家长的角色，共享领导的重要性，以及社区在每一个儿童生活中的关键作用等。

2. 校长也需要与教师和其他职员进行相似的讨论，特别要聚焦于扩展家长参与学校工作的方式，而非像通常那样只是将浅表的任务分配给家

长（比如，协调社会事件、通过卖面包糕点募集资金）。许多家长感觉被边缘化，因为他们所接受的任务没有反映他们在支持孩子教育方面能够发挥的重要作用。家长以导师或辅导者的身份参与，或以课堂支持者等其他形式参与，与他们承担学校理事会活动的相应角色一样重要。

3. 在指导家长和其他社区成员如何参与教育方面，学区应该扮演更为积极的角色。这方面的努力包括提供共享治理的相关信息和指导。这些讨论有助于在所有教职员、家长和其他社区成员之间形成一种主人翁意识，进而促进学生学习。

4. 与其他国家相似，州政府应该考虑将社区和家长参与的真实情况，作为学校问责制度的一部分。

五、反思问题

1. 格伦赫斯特学区、北白松县学区、阿特拉斯学区的领导者采用了多种促进家长和社区成员参与的方式，致力于使广泛的外部利益相关者参与决策。尽管如此，我们却看到，不同学校的参与实践存在很大差异。学区如何能够遵循不干涉校本管理的原则，同时又能确保校长和教师积极促进家长和社区成员的参与？

2. 共享领导与合作领导——包括校长、家长和教师——看起来就是一个稳固的支持学生成功的“三脚凳”。从你的经历来看，要更好地将各方面力量整合起来，需要什么条件？为什么在许多学区和学校中，这些条件相对缺乏？学校如何克服那种认为低收入家长对参与不感兴趣或缺乏参与能力的倾向？

第 8 章　学校改进的信心：校长领导的关键

肯尼思·利思伍德　布莱尔·马斯科尔　多丽丝·詹齐

107 **本章有证据支撑的主张**

- 有助于增进学校领导者对学校改进工作的效能感或信心的学区，对于重要的学校条件（condition）和学生学习都有积极的影响。
- 那些认为自己正在与学区人员、其他校长和所在学校教师一起朝着明确的共同目标努力的校长，对于自己的领导更有信心。
- 学区规模是学区影响学校领导者效能感的显著调节因素。在较大规模的学区，学校领导者实现既定目标效能感的形成，需要得到学区办公室同事更多直接的、明确的支持。
- 学段是学区影响学校领导者效能感的显著调节因素。相比于小学，中学领导者实现既定目标效能感的形成，可能需要得到学区办公室同事更多直接的、明确的支持。

108 增进校长的专业效能感，特别是他们改进学校的效能感，是学区影响教与学最为有力的方式之一。本章中，我们用更大研究中的量化证据，论证校长的效能感如何在学区改革举措、学校条件和学生学习之间发挥关键的联结作用。本章的证据描述了以下几个方面的情况：

- 学区领导和学区条件影响校长的学校改进效能感的程度；
- 校长的效能感对于（1）校长领导实践、（2）校长所在学校的学习条件和（3）学生学习的影响；
- 个人特征和组织特征在多大程度上调节校长效能感对学生学习的影响。

下一章（第 9 章）将拓展我们对校长效能感的分析，考察学区行动对校长效能感的积极与消极影响。

一、起点

我们的起点是：（1）有关领导者效能感性质的证据；（2）领导实践和学区条件看起来对学生学习是有影响的。

领导者效能感

效能感是一个人对自己（自我效能感）或同事集体（集体效能感）完成某种任务或实现某种目标能力的信念。它是关于能力的信念，不是实际的能力。自我效能感方面最为杰出的理论家班杜拉说：

> 人们通过个人能动机制对自身机能施加着因果作用。在各种能动机制中，没有一种比个人操控他们自己机能水平与影响他们自身生活事件之能力的信念，处于更核心的地位，更具普遍意义。（Bandura，1997a，p. 118）

大部分领导者自我效能感的研究都受到班杜拉自我效能感社会心理学
理论的影响（参见 Bandura，1982，1986，1993，1997a，1997b）。除了定义
自我效能感的意义及其几个维度外，一系列的研究还辨明了自我效能感对
于领导者行为的影响，以及这些行为对于其他人的作用。这方面的研究也 109
说明了自我效能信念的直接前因（antecedent），以及这些信念发展的

机制。

根据班杜拉的理论，效能信念对于一个人的活动和情境选择有定向效应，并影响活动开始后的努力程度。这些信念决定着人们将付出多大的努力，以及面临失败和困难时能坚持多久。效能感越强，坚持的时间越久。那些在他们主观上认为存在威胁——并非真正的威胁——的活动中坚持下来的人，会获得可以进一步提高他们效能感的矫正经验。总之，“考虑到合适的技能与充分的诱因，……效能期待是人们活动选择、付出多少努力以及处理有压力的情境时会坚持多久的主要决定因素”（Bandura，1997a，p. 77）。

班杜拉指出，效能信念是在回应认知和情感的过程中发展的。在各种认知机制中，与我们的研究潜在相关的，是有关工作环境如何可控或可改变的认知。它们是一个人对自己通过努力与坚持而影响环境中所发生事情的能力，以及环境本身的可塑性的认知。班杜拉提出的证据表明，那些在控制环境方面信念水平低的人，不会带来什么变革，即使他们身处的环境有很高的可塑性（Bandura，1993）。那些在这方面具有坚定信念的人，会通过坚持和创造力找到控制环境的方式，即使在变革面临巨大挑战的环境中也会如此。这套效能影响机制可能有助于解释我们的一些研究结果，说明学区条件和改革举措对于校长效能感的影响。

自我效能也在回应动机与情感的过程中发展。这些信念以几种方式影响着动机：（1）通过决定人们为自己设定的目标（如 Locke and Latham，1984）；（2）通过决定人们付出多少努力以及面对障碍时能够坚持多久；（3）通过决定人们面对失败时的韧性。动机既依赖于“生成不一致”也依赖于“减少不一致”，也就是说，“减少感知绩效与预期绩效之间的差距”，以及“为自己设定通过努力工作能够完成的挑战性目标”，都可以激发人的动机。人们调动自己的技能和努力，去实现所追求的目标（Bandura，1993）。我们推测，这些信念也可能受校长所在学区条件的影响。

针对效能感和自信的相似性，麦考密克（M. J. McCormick）认为，领导自我效能感或信心可能是动态环境中调节领导者机能的关键性认知变量。“每一篇主要的领导文献综述，都将自信列为有效领导的根本特征。”（McCormick，2001，p. 23）即便如此，我们对领导者的效能信念所知不多，对于那些信念的前因知之更少（Chemers，Watson，and May，2000； 110 Gareis and Tschannen-Moran，2005）。大多数组织学研究成果关注效能信念的后果，对前因的关注却非常少（Chen and Bliese，2002）。此外，领导者自我效能感（leaders' self-efficacy，LSE）的前因与领导者集体效能感（leaders' collective efficacy，LCE）的前因，可能大不相同（Pescosolido，2003）。譬如，学区领导实践和组织条件对于集体效能感的预测，可能比对自我效能感的预测更为直接。因为，领导实践只是间接地与个体效能感的近端前因相关，如角色澄清与心理状态（Zaccaro，Blair，Peterson，and Zazanis，1995）。

以往有关领导者自我和集体效能感前因的证据可以概括为：第一，没有哪个单一的前因受到研究者更多的关注。第二，按照任何一条传统的社会科学标准看，被研究最多的前因——领导者性别、领导者任职年限、学校教育层次和遵守政策或程序的情况——都没有发现太多证据支持。第三，各种前因影响领导者效能感的既有证据显示，结果要么好坏参半，要么是不显著的。第四，就我们目力所及，几乎没有研究关注学区对于学校领导者效能感的影响。

领导实践与学区条件

第 5 章对于成功领导实践较为详细的阐述，为本章领导证据的测量奠定了基础。简而言之，四类实践分别旨在：为组织设定方向；发展组织成员追求那些方向的能力；重构组织以整合与支持组织成员的工作；改进教学（更为全面的描述请见第 5 章）。

本研究中对学区条件证据的测量，基于高表现学区特征的相关研究综述（Leithwood，Jantzi，Earl，Watson，Levin，and Fullan，2004；Togneri and Anderson，2003）。在下一章中将对这些条件做更完整的描述。它们包括诸如下列的内容：

- 广泛共享的愿景；
- 关注课程与教学的质量；
- 学区文化；
- 靶标式与阶段化（targeted and phased）的学校改进；
- 与学校和其他利益相关者的关系；
- 强调团队合作；
- 运用数据进行决策；
- 工作嵌入式（job-embedded）的员工专业发展；
- 学区和学校层面在教学领导上的投入。

111

二、新证据

本章证据来自我们研究中收集的第一次校长和教师调查数据，加上学生成绩数据。调查数据包括96位管理者的回复（回复率为83%）和2764名教师的回复（回复率为66%）。校长调查问卷中的题项测量了LCE（4个题项）、LSE、学区条件和学区领导。我们还用教师调查问卷测量了三个额外的变量：学校领导、课堂条件（classroom condition）和学校条件（school condition）。

由于领导者对于学生学习的影响是我们的更大研究的重点之一，所以校长调查问卷中包含了6个测量关于学校改进的自我效能感的题项。每一题都以“您在多大程度上觉得能够……”的题干开始。

1. ……激励教师？
2. ……形成对于一种学校共享愿景的热情？
3. ……在您所在的学校管理变革？
4. ……在您所在的学校创设一种积极的学习环境？
5. ……在您所在的学校促进学生学习？
6. ……提升标准化考试的成绩？

为了测量领导者关于学校改进的集体效能信念，我们为校长调查开发了一个新量表。这些题项都以“您在多大程度上同意，……”的题干开始。

1. ……我们学区的学校教职员具备改进学生学习所需的知识和技能？
2. ……在我们学区，持续改进被大部分教职员视为每一项工作的必要部分？
3. ……在我们学区，难题只是被视为有待解决的问题，而不是行动的障碍？
4. ……学区职员会传递这样一种信念：教师有能力教会学生，甚至是最困难的学生？

既有的学校领导者效能感研究测量了各种人口学变量的影响，但没有深入解释为什么这些变量可能影响效能感。对领导者效能感有显著影响的人口学变量并不多。我们研究中测量的个人特征包括领导者的种族或民族、性别、担任学校管理者的年限、在当前学校任职的年限。我们也测量了少量可能与领导者效能感有关的组织特征，包括学校和学区规模、学段 112
以及过去十年中学校校长的数量。接下来描述的结果，基于一系列的相关分析、回归分析及在此基础上的路径分析。有关这些分析的技术性信息，可见我们为华莱士基金会提供的最终报告（Louis，Leithwood，Wahlstrom，and Anderson，2010）以及其他文献（Leithwood and Mascall，2008）。

学区领导与学校领导者效能感

如表8.1所示，学区领导的综合量值与领导者集体效能感（LCE）强相关（0.63），与领导者自我效能感（LSE）显著但中等程度相关（0.33）。在学区领导概念所包含的4个维度中，与LCE相关性最强的是重构组织（0.63），其次是发展人员（0.55）和改进教学（0.55），最后是设定方向（0. 49）。与 LSE 相关性最强的是改进教学（0. 36），其次是重构组织（0. 28）和发展人员（0. 28），最后是设定方向（0. 22）。

表 8. 1　学校领导者效能感的学区层面前因：相关系数

	LCE	LSE	综合量值
学区领导	0. 63**	0. 33**	0. 59**
设定方向	0. 49**	0. 22*	0. 44**
发展人员	0. 55**	0. 28**	0. 51**
重构组织	0. 63**	0. 28**	0. 56**
改进教学	0. 55**	0. 36**	0. 55**
学区条件	0. 70**	0. 39**	0. 67**
关注质量/成绩	0. 65**	0. 33**	0. 60**
使用数据	0. 54**	0. 27**	0. 49**
靶标式改进	0. 63**	0. 30**	0. 57**
教学领导投入	0. 55**	0. 28**	0. 51**
工作嵌入式专业发展	0. 43**	0. 32**	0. 46**
强调团队合作	0. 57**	0. 37**	0. 58**
新型学校关系	0. 59**	0. 30**	0. 55**
学区文化	0. 61**	0. 35**	0. 59**

（N=134 所学校）

* $p < 0.05$

** $p < 0.01$

进一步分析①显示，学区领导的综合量值解释了 LSE 方面 11%的差
113 异——其中 5%的差异由改进教学解释；也解释了 LCE 方面 42%的差异，

① 标准回归分析。

其中最为显著的解释因素是重构组织（9%）和改进教学（3%）。

学区条件与学校领导者效能感

学区条件的所有 8 个方面都与领导者效能感显著相关，与 LCE 强相关。与 LCE 相关性最强的是学区对于学生成绩和教学质量的关注程度（0.65）。接着依次是：靶标式和阶段化的学校改进（0.63），学区文化（0.61），构建更广泛的社区、学区和学校关系的新方式（0.59），强调团队合作和专业共同体（0.57），学区和学校层面对于教学领导的投入（0.55），学区使用数据的情况（0.54）和学区发起的工作嵌入式教师专业发展（0.43）。

学区条件与 LSE 的关系虽然具有统计学上的显著性，但总体上更弱。关系最强的是对于团队工作的重视（0.37）和学区文化（0.35）。接着依次是：对于学生成绩和教学质量的关注（0.33）、工作嵌入式教师专业发展（0.32）、新型学区−学校关系（0.30）、靶标式和阶段化的学校改进（0.30）、教学领导上的投入（0.28）和学区使用数据的情况（0.27）。

我们的分析还显示，学区条件的综合量值解释了 LSE 方面 15%的差异，以及 LCE 方面超过 49%的差异。在 8 个具体的社区条件变量中，显著贡献于 LSE 差异解释的是：团队工作（13%）、学区文化（12%）、对于学生成绩和教学质量的关注（10%）、教师专业发展（10%）、学区−学校关系（9%）、靶标式和阶段化的改进（8%）、教学领导（7%）和使用数据（6%）。在 LCE 总体差异的解释中，各变量的作用分别是：对于学生成绩和教学质量的关注（42%）、靶标式和阶段化的改进（39%）、学区文化（37%）、学区−学校关系（34%）、团队工作（32%）、教学领导（30%）、使用数据（28%）和教师专业发展（18%）。

三、领导效能感对领导者行为、学校条件与课堂条件的影响

表 8.2 报告了使用标准回归方程计算的（1）LSE、LCE 与效能感综

114 合量值和（2）领导者行为、学校条件和课堂条件之间的相关系数。其中，关系最强的是学校条件与效能感综合量值（0.45）。其次是学校条件与LCE（0.41）。学校领导行为与效能感综合量值和LSE的相关系数是相似的（0.34与0.30）。LSE和领导行为4个维度的相关系数大体相近，从最低的0.23（发展人员）到最高的0.34（设定方向）。在LCE方面，相关系数范围从0.23（改进教学）到0.27（重构组织）。

表8.2　领导者效能感与学校领导者行为、学校条件和课堂条件的相关性

	LCE	LSE	综合量值
学校领导	0.27	0.30	0.34
设定方向	0.26	0.34	0.36
发展人员	0.26	0.23	0.29
重构组织	0.27	0.30	0.34
改进教学	0.23	0.28	0.30
学校条件	0.41	0.33	0.45
课堂条件	0.39	0.27	0.40

（N=134所学校）
注：所有测量的$p<0.01$。

我们的分析①显示，效能感综合量值解释了学校领导者行为11%的差异，LSE解释了8%，LCE解释了6%。较之单独某一种效能感而言，将两种形式的效能感结合起来，可以解释学校条件（20%）和课堂条件（15%）的更大比例的差异。单独考察时，LCE在解释学校条件差异方面较LSE稍微高一点（17%对10%），在解释课堂条件差异方面是LSE的两倍（15%对7%）。

四、领导者效能感对学生成绩的影响

表8.3报告了学生成绩的替代估计指标与领导效能感的三个测量指标

① 标准回归分析。

的相关情况。单独的领导者自我效能感（LSE）与学生成绩的任何一个替代估计指标都不存在显著相关关系。然而，LCE 和效能感综合量值与每一年的年度成绩（成绩处于或高于州要求水平的百分比）具有一致的显著关系。所有三个年度成绩都与 LCE 显著相关（0.33、0.26 和 0.28），所有三个年度成绩也都与效能感综合量值显著相关（0.26、0.22 和 0.26）。

表 8.3　领导者效能感与平均成绩和达到州要求水平学生比例的相关性

	LCE	LSE	综合量值
平均成绩（$N=99$）	−0.08	0.05	−0.02
2003 年达到州要求水平学生比例（$N=99$）	0.33**	0.10	0.26*
2004 年达到州要求水平学生比例（$N=124$）	0.26**	0.10	0.22*
2005 年达到州要求水平学生比例	0.28**	0.13	0.26*

* $p < 0.05$

** $p < 0.01$

领导者效能感解释了各年度成绩的显著差异。效能感综合量值和 LCE 对于 2003 年（6%和 10%）、2004 年（4%和 6%）和 2005 年（6%和 7%）成绩差异的解释效力大体相似。单纯的 LSE 没有显著的解释效力。

五、调节变量

我们确定为调节因素的变量，在两组关系上有可能的潜在影响。第一是对于学区领导、学区条件与领导效能感之间的关系有可能的潜在影响。第二是可能潜在地影响领导者效能感与学校条件、课堂条件和学生成绩之间的关系。我们的分析结果表明，一些调节因素对这两组关系都没有影响。领导者的性别、经历、种族或民族，便是这样一些调节变量，因此我们没有进一步考虑它们。

我们的分析表明，学段和学区规模对于上述许多关系有独特影响，应
116 该是本研究中最有效力的调节因素。这两个调节变量，降低了那些显著关
系的强度。换句话说，LSE 和 LCE 在大部分关系中的作用会随着学区规模
的扩大而减弱，在小学中比在中学中的作用更强。

六、学校领导者效能信念的因与果：一个模型检验

对相关数据的最终分析，提出了对领导者效能信念的因果模型进行检验的需求。我们运用了本书其他章节中报告的路径模型技术进行模型检验。概括来说，检验结果发现：

- 学区领导最直接的“影响”（effect），是对于创设那些据信可有效促进学生学习的社区条件的影响（0.85）。
- 学区领导影响可以解释 72%的学区条件差异。
- 学区条件影响 LCE（0.69），但对 LSE（0.19）没有影响。学区条件的影响，可以解释 47%的 LCE 差异。然而，学区条件和 LCE 的综合影响，只能解释 17%的 LSE 差异。
- LCE 与学校条件存在中等程度关联（0.24），LSE 与学校条件没有关联。
- LSE 和 LCE 解释了 13%的领导者行为差异。LCE 和领导者行为结合起来，可以解释 52%的学校条件差异。
- 作为整体的模型可以解释 10%的学生成绩差异。

除了课堂条件行为之外，大部分研究结果看上去是合理的。我们的分析显示，课堂条件和学生学习之间存在统计学上不显著的负向直接关系。对于这个让人惊讶的结果，我们缺乏有说服力的解释。不过，用于测量课堂条件的量表边际信度（*alpha*=0.60）可能是部分原因。

七、结论

本章的证据显示，学区领导对于校长、学校和学生的影响在很大程度上是间接的，通过学区条件产生影响。

在学校领导者看来，学区领导者帮助创造一些条件，对于他们的工作 117
是一种提升和支持。学区领导的所有四个维度都与校长效能感从中等相关到强相关。这意味着，学区领导者应采用一种整体方式（holistic approach）实施领导实践。当学区领导者娴熟地从事四类领导实践时，会产生最大的领导影响。

学区领导对于校长集体效能感的影响，要大于对个体效能感的影响。这也确认了此种差异可能会长期存在的预期（参见 Chen and Bliese，2002）。此预期的基础是：组织条件对集体效能感有相对直接的影响，而对个体效能感的直接影响较小。然而，两种类型的效能感都对这样几个学区条件有强影响：对学生学习和教学质量的关注、学区文化和靶标式学校改进。这些相辅相成的学区条件，似乎很可能吸引学校领导者的集体注意，共同关注学区的核心使命。

校长效能感影响学校和学生的程度，显著地受一些组织特征的调节（学校规模、学区规模、学段、校长更替频率），却不受本研究中所包括的任何一个个人特征所调节（即领导者性别、经历、种族或民族）。组织特征的调节作用也是预料之中的。无论研究关注什么样的主题，学区规模和学校规模几乎总是“有所影响”（例如 Lucas，2003；Smith，Guarino，Strom，and Reed，2003；Walberg and Fowler，1987）。就学校层次而言，尽管以往的领导者效能感研究多半报告了没有显著影响（DeMoulin，1992；Dimmock and Hattie，1996），但与中学相比，小学通常对领导影响更为敏感。此外，频繁的校长更替被广泛地视为学校改进的诅咒（Hargreaves and Fink，2006；Macmillan，1996）。在第 10 章中，将对这个问题进行更为深入的探讨。目前，我们有证据表明，领导者效能感的正向影响也受学校规模和学区规模的调节（组织越大，校长的学校改进效能感越低）。

这些结果建议，学校领导者要努力获得各种有助于构建自己学校改进信心的经验；学区领导者也要考虑将学校领导者关于学校改进的集体效能感，作为提升学生成绩最为重要、最为有效的资源。

八、对政策与实践的启示

本研究有三个方面的政策和实践启示：

1. 学区领导者应该考虑将学校领导者关于学校改进的集体效能感，作为提升学生成绩最为重要、最为有效的资源。

118 2. 学区改进工作要关注八个方面的学区条件。这项建议现在就可以实施起来。目前的证据表明，这些条件对校长关于学校改进的效能感有显著影响。

3. 那些认为自己正在与学区人员、其他校长和所在学校教师一起朝着明确的共同目标努力的校长，对于自己的领导更有信心。

九、反思问题

1. 在多大程度上，你自己的校长同侪具有在各自的学校或学区成功提升学生成绩的信心？就你所知，哪些因素解释了他们的信心或效能感水平？

2. 就你的经验来看，大规模学区和学校在哪些方面侵蚀着校长改进学校的效能感？在大的学校和学区中，如何保护与提升校长的效能感？

3. 为提升校长的集体效能感，你所在的学区终止了哪些工作，又启动了哪些工作？

第 9 章　校长效能感：学区引领的专业发展

肯尼思·利思伍德　斯蒂芬·E. 安德森　卡伦·S. 路易斯

本章有证据支撑的主张 119

1. 最有助于提升学校领导者效能感的学区实践是：

- 明确地将学生成绩和教学的改进作为工作重点；
- 大力投入教学领导的发展；
- 确保人事政策可以使每所学校选聘与留住最好的人员；
- 强调团队工作与专业共同体。

2. 学区也可以通过有益的专业发展项目强化校长实现共享目标的能力，提升他们的效能感。

学区发展校长效能感的工作，结果可能是积极的，也有可能是消极的。这有赖于工作举措的实施方式，在很大程度上取决于实施过程中所提供经验的频率、性质和质量。

第 8 章的证据有力地表明，校长关于学校改进的集体效能感的进一步 120
发展，应该成为学区领导者的工作重点。该章的证据显示，没有多少其他的学区工作能够为学校、课堂和学生带来类似的效果。假定读者已经熟悉第 8 章中描述的效能感概念，本章进一步扩展我们在两个方面的理解：一是学区中心办公室如何发展学校领导者效能感；二是学校领导者在他们所经历的学区领导发展工作中，应该期待得到什么。

本章主要有两个部分。第一部分运用质性数据的样本，详细描述学区如何发展校长效能感。第二部分利用量化数据，探索学区专业发展在培养学校领导者效能感方面的作用。本章研究以效能感为基础，有关它的背景性理论和证据在上一章的前半部分已加以阐述。

一、质性证据的洞见：影响效能感的 9 个学区条件

31 位校长为这部分的分析提供了证据。其中，19 位为女性校长，12 位为男性校长；来自 13 所小学、7 所中学、9 所中间学校（intermediate）、1 所中小学一贯制学校和 1 所初高中一贯制学校。这些校长在当前学校平均任职 4.67 年（从 1 年到 22 年不等），在所在学区平均工作 7.83 年（从 1 年到 27 年不等）。

60 分钟的半结构化访谈，主要了解校长对于州和学区工作举措、校长领导实践、所在学校领导分布、教师和校长的专业发展需求、学校与社区关系等问题的看法。我们通过分析访谈记录，考察学区条件影响校长效能感的证据。[①]

二、与校长学校改进效能感相关的学区条件

这部分研究所关注的问题是，以往研究发现的与学区效能相关的学区条件对校长效能感有何种程度的影响，有没有其他的学区条件也能产生这样的影响。

121 表 9.1 概括了受访者中认为相应学区条件对自己的专业效能感有影响的人数。这些学区条件包括既有研究发现的学区条件，以及我们的数据所突显的两个学区条件（第 4 个和第 9 个）。表格第一列显示了 9 个学区条

① 更多有关分析方法的信息可见利思伍德等的论文（Leithwood，Strauss，and Anderson，2009）。

件的相对排序，以及每个学区条件对效能感发挥影响作用的方式（也给出了排序）。第二列和第三列分别显示了认为学区条件对于效能感产生积极影响与消极影响的受访者人数。第四列显示了给出积极或消极意见的受访者总数。（有几位受访者认为，一些学区条件兼有积极和消极特征。）

表 9.1　与校长效能感相关的学区条件

学区条件	受访者 $N=31$ （排序） 积极	受访者 $N=31$ （排序） 消极	总计
1. 整个学区都聚焦于学生成绩与教学	28（3）	16（1）	44
·通过确立成绩标准和提供全区性的课程或教学项目，形成明确的方向感	23	8	
·为学校实现学区确立的方向提供人力和财力支持	15	11	
·传达对教师和校长实现学区目标及实施有效教学的高期待	14	2	
·允许学校在追求学区方向过程中保持充分的灵活性	11		
·持续或周期性地反思学区目标和规划	5		
2. 工作嵌入式教师专业发展	29（2）	10（2）	39
·为教师专业发展规划的制定提供依据	4		
·确保校长在学区发起的专业发展活动中承担起实施与追踪学习收获的责任	19	2	
·鼓励利用学校教职员会议促进专业发展	11	1	
·允许多种类型的专业发展，确保每一种类型的专业发展对于教师而言都是有意义的，且与学区目标和重点相一致	17		
·为重要的专业发展提供经费支持	13	6	
·强制要求参与对于学区工作重点的实现很关键的专业发展	17	5	
3. 对学校和学区层面教学领导的投入	30（1）	3（7）	33
·使教师工作成为学校领导者关注的焦点	28		

122

续表

学区条件	受访者 $N=31$ （排序） 积极	受访者 $N=31$ （排序） 消极	总计
· 为提升校长的教学领导力提供广泛的专业发展机会	20	3	
· 使校长对学生成绩负直接责任	23		
4. 学区人事政策*	22（5）	10（3）	32
· 学区领导者角色的稳定性	10	3	
· 学区的招聘政策可确保校长选聘到杰出教师	9	4	
· 学区领导者在必要时承担学校领导角色	4		
· 从学区内部聘用有能力的校长，且他们的能力与学校需求相匹配	9		
· 校长更替有计划地进行且控制在最低限度内	4	2	
5. 强调团队合作与专业共同体	26（4）	2（8）	28
· 支持和鼓励教师与校长的合作	6		
123 · 校长和教师参与直接影响其工作的全区性决策	12	1	
· 在校内和学校之间建立信息共享和合作解决问题的机制	10		
· 学区确保学校了解州与学区的举措	13		
6. 学区层面的数据使用	18（7）	5（5）	23
· 在学校中坚持基于数据的决策	12	5	
· 为学校提供很多实施基于数据决策所要使用的数据	4		
· 为学校决策的数据解释与使用提供支持	4		
· 创建能促进全校、校际和全学区信息共享的机制	3		
· 使用数据确定校长和教师专业发展的目标	6		
7. 靶标式与阶段化的改进重点	20（6）	1（9）	21

续表

学区条件	受访者 $N=31$（排序）积极	受访者 $N=31$（排序）消极	总计
·要求所有学校具有改进计划（学区或学校制订的）	9		
·学校改进目标明确，且与州和学区标准具有一致性	7		
·学校改进计划与学区改进计划相一致	7		
·如果由学校制订改进计划，学区须提供制订计划的程序	6		
8. 与学校和利益相关者（学区、董事会、工会、学校）的关系	16（8）	4（6）	20
·为校长和教师参与学区决策提供重要机会	4		
·学区职员对学校教学项目、工作重点、改革举措和相关项目有很好的了解	6	1	
·鼓励校长加强校际沟通，并为此提供机会	10	1	
·允许学校在实施学区举措中的灵活性	9	4	
9. 学区治理择校的政策*	0	8（4）	8
·学区避免学校在课程和学生人数方面出现快速急剧的变化		8	

124

注：在既有的 7 个学区条件之外增加的 2 个学区条件用 * 标示。所有与学区条件相关的叙述都以肯定的方式陈述。

表 9.1 显示，校长们在很大程度上都认为，自己所在学区在相关条件的实施上做得较好。对校长效能感影响最积极的学区条件依次是：

- 整个学区都聚焦于学生成绩与教学；
- 工作嵌入式教师专业发展；
- 对学校和学区层面教学领导的投入；
- 学区人事政策。

学区治理择校的政策是校长提及的唯一对效能感有消极影响的学区条件。

被提及最多（约三分之一或以上的样本提及）的对效能感有消极影响的学区条件是：

- 整个学区都聚焦于学生成绩与教学；
- 工作嵌入式教师专业发展；
- 学区人事政策。

125 这三个条件说明，对效能感兼具积极和消极影响的学区条件为数不少——非常锋利的双刃剑。

有关 9 个学区条件以及每个学区条件发挥影响作用的方式的研究发现，将在下一部分中描述。下文中，每一个对效能感发挥影响作用的方式后面括号里的数字，表示有多少校长认为其对效能感有积极影响（如 9+），有多少校长认为其有消极影响（如 3-）。我们摘引了校长访谈的记录，对积极影响进行说明。

1. 整个学区都聚焦于学生成绩与教学质量

有 28 位校长对这一条件给出积极回应，16 位校长给出消极回应。与校长效能感有积极关联的落实这一条件的方式包括如下方面：

- 拥有学区提供的课程与表现标准，并允许实施中的灵活性。
- 具有明确的政策及其持续反思与修订的程序。
- 为学校分配学科教学领域的指导者。
- 支持差异化教学。

与校长效能感消极相关的做法包括：

- 学区强制实行共同标准，却看不到那些没有达到标准的学校已经取得的巨大成就。

- 举措的采纳基于相互冲突的假设或意识形态。
- 所确定的学生学习的重点，窄化了课程，弱化了一些重要学习领域的价值。
- 提出了过多的有关校长和教师应当如何追求学区课程标准和成绩目标的规范要求。

概括起来，据我们的证据，当这一学区条件如下发挥影响作用时，校长的效能感会提升：

- 学区通过确立成绩标准和提供全区性的课程或教学项目，形成明确的方向感。(23+，8-)

摘录：

我认为，我们所确立的工作重点与核心方向，提升了对学生的教和学生的学，让我们认真审视正在对学生做什么。

- 为学校实现学区确立的方向提供人力和财力支持。(15+，11-) 126

摘录：

我总体上觉得，能在我们这样的学区工作是一种优待。你知道，预算上对我们有很大的支持，这帮助我们朝着我们认为积极的目标前进，进而帮助学生。所以，我们有很多优势。

- 传达对教师和校长实现学区目标及实施有效教学的高期待。(14+，2-)

摘录：

我想说，所有学校都要接受问责。我们的学监对校长施加了很大的压力，以确保教师对学生负责。

- 允许学校在追求学区方向过程中保持充分的灵活性。(11+)

摘录：

学区非常明确地表示，学校可以根据情况调整它的要求，但改革举措来自学区办公室。

- 持续或周期性地反思学区目标和规划。(5+)

摘录：

如今，为了反映州的课程，我们学区的课程已经被重新编写，而且也都与州测试相对接。所以，现在州测试与现实中所教的内容更有一致性。

2. 工作嵌入式教师专业发展

我们所调查的大部分学区条件的实施中，专业发展都是一个重要的因素。在我们的样本中，29 位校长给出了积极回应。但也有 10 位校长认为，学区发起的专业发展工作在有些方面对校长效能感有消极影响。

与校长效能感有积极关联的落实这一条件的方式包括如下方面：

- 学区提供数据和指南，帮助校长和教师更好地开展教学工作。
- 学区支持校长和教师参加专业发展会议。
- 鼓励利用学校教职员会议促进专业发展。
- 专业发展项目与学区课程具有一致性。
- 学区允许灵活性，如学校可以设计自己的专业发展项目。
- 为各种方式的专业发展提供充足经费。

127 在校长看来不太积极的落实这一条件的方式有：

- 对教师和校长专业发展的要求过多。
- 为了给教师合作挤出时间而允许校内的专业发展。
- 限制替岗教师的使用。
- 对授权离岗参加专业发展的限制太过严格。

- 对专业发展的经费支持不充足。
- 专业发展聚焦于某一项举措，使得其他重要举措所需的专业发展缺乏支持。

总之，我们的证据显示，当这一学区条件如下发挥影响作用时，校长的效能感会提升：

- 确保校长在学区发起的专业发展活动中承担起实施与追踪学习收获的责任。(19+，2-)

摘录：

我从根本上认为，自己的角色是让人们负责任地认识到，专业发展举措和活动……是对于实践的反思，而不是简单地说："这里有一个某人觉得我们应该讨论的好想法。"

- 允许多种类型的专业发展，确保每一种类型的专业发展对于教师而言都是有意义的，且与学区目标和重点相一致。(17+)

摘录：

我认为，在应该往哪里去的问题上，我们确实有来自学区中心办公室和课程主管的方向要求，但在如何做方面，我们也有灵活性。

- 强制要求参与对于学区工作重点的实现很关键的专业发展。(17+，5-)

摘录：

学区通过那个告诉我们该如何做。就我自己而言，这为教师提供了专业发展，使我们能够参与并得到培训。结果，我们就得遵循那个课程。

- 为重要的专业发展提供经费支持。(13+，6-)

摘录：

[学区]① 鼓励[教师]参加学区提供的专业发展项目。鼓励或在经费上支持教师参与外面的专业发展项目。

128 • 鼓励利用学校教职员会议促进专业发展。(11+，1-)

摘录：

因为我们所做的部分工作是，如果学区办公室提供某种在职的培训或专业发展，要么部门负责人去，要么他们派更强的教师去，然后将学到的内容带到部门中。

• 为教师专业发展规划的制定提供依据。(4+)

摘录：

明确地推动数据的使用，……去创造教师领导者，确定教职员专业发展应该聚焦何处。

3. 对学校和学区层面教学领导的投入

对于这一条件，31 位校长中除 1 人外都给出了积极回应，3 位校长给出消极回应。与校长效能感积极关联的落实这一条件的学区行动包括：

- 为校长的专业发展提供支持。
- 根据校长所在学校面临的挑战，为校长提供个性化支持。
- 确保校长对学生成绩负责，对教师能积极贡献于学生成绩负责。
- 使校长承担回应学生数据的责任。
- 设定专职学区人员，监督所有小学的学科类教学活动。
- 提供一门支持校长和教师专业发展的课程。

---

① 本章访谈摘录内容中，括号内的话皆为作者所加。——译者注

消极影响校长效能感的落实这一条件的学区行动有：

- 不支持校长的专业发展。
- 未提供充足的专业发展。
- 要求教师和校长参加过量的专业发展。

正如这些情况所表明的，通过专业发展提升效能感，要求一种平衡。适量的专业发展会以一种积极的方式促进校长效能感，过多或过少的专业发展则会产生消极影响。

总之，根据我们的证据，当这一学区条件如下发挥影响作用时会提升校长的效能感：

- 使教师工作成为学校领导者关注的焦点。(28+)

摘录：

我们必须参与，我们必须提供帮助而不是管理。尽管仍在做很多管理性的工作，因为有文书工作，……我们也必须更多地与教师和学生发生关联，以切实了解他们在教室里做什么。

129

- 使校长对学生成绩负直接责任。(23+)

摘录：

坦率地讲，我的沟通是非常简化的。我不断地告诉人们，告诉我们的职员，我希望我的目标也是他们的目标，那就是在一种关爱有加的环境中帮助学生提高他们的成绩。

- 为提升校长的教学领导力提供广泛的专业发展机会。(20+，3-)

摘录：

我们一个月有两次校长会议……因为我是新校长，今年每个月参加三次会议……大概每一年，我都会参加州或者全国性的大

> 会，在那里上一些课，……有时是工作坊。

4. 学区人事政策

这一学区条件上有 22 位校长给出积极回应，10 位校长给出消极回应。与校长效能感积极相关的落实这一条件的行动包括：鼓励从学区内部提拔校长；选聘教师时重视校长的重要作用。

受访者提到，教师和校长之间的“匹配”对于学校使命或文化很重要，要将效能特别高的校长分配到面临特别挑战的学校。聘用学区办公室职员担任学校领导角色，通常被认为可以强化学区内学校的集体领导能力。稳定的、具有一贯性的学区领导——我们将其作为学区人事政策的一个特征——也积极影响校长的效能感。校长对于学区发展方向的承诺以及成功实现这些方向的信心，会被经常性的学监更替显著地侵蚀。当校长被任命至近些年高频更替校长的学校，他们的效能感会受到很大挑战。

总之，我们的证据显示，当这一学区条件如下发挥影响作用时，校长的效能感将会提升：

- 学区领导者角色的稳定性。(10+，3-)

摘录：

> 在过去几年中，学区出现了很多变化。其中，有一些变化可能来自过去几年学区领导大量的更替。但教育是持续演进的，不是静态的。

130 • 从学区内部聘用有能力的校长，且他们的能力与学校需求相匹配。(9+)

摘录：

> 当我 1989 年第一次任这所学校的校长时，我是不想回到这所学校的，因为这里的士气很糟糕。不过，我接受了挑战。我被要求回来，我也同意了。我并不感到遗憾。事实证明，所有的事情都称心如意。现在，我可以坐下来，好好享受。

- 学区的招聘政策可确保校长选聘到杰出教师。(9+，4-)

摘录：

在学区中，校长几乎完全掌握着聘任事宜。事实上，我即将聘用一位新教师。……所以，我们控制着我们的教职员会是什么样子。……这有关优秀人才的聘用，但并不总是能得到保证。这有关怎么留住优秀人才。

- 学区领导者在必要时承担学校领导角色。(4+)

摘录：

当我权衡是离开中心办公室还是留下来或去学校时，就是[这所学校]……。我正在为这所学校面试一名有前途的校长候选人。对于小规模学校，人们所知无几。你知道吗？他们对这所学校的打算让我很苦恼。

- 校长更替有计划地进行且控制在最低限度内。(4+，2-)

摘录：

培养我们自己的领导者是非常重要的，……在这方面，我真正感激与敬佩我们的学区。所以，当你走上[校长]职位，你就会知道学区做事的方式，也只能在不断学习中前行。

5. 强调团队合作与专业共同体

这一学区条件上，26 位校长给出积极回应，2 位校长给出消极回应。与校长效能感积极关联的落实这一条件的方式包括：

- 确保学校了解州与学区的举措。
- 支持和鼓励校长与教师合作。
- 通过加强学校内部合作，遵循州层面的要求。
- 确保学区领导者经常与校长会面，共同制定决策。

学校规模小的话，对效能感有消极影响。在小规模学校中，参与学区工作意味着，校长必须在不压垮任何一个人的情况下，将 15 个课程联络员的任务分配给 11 位教职员。

131 总之，根据我们的证据，当这一学区条件如下发挥影响作用时，校长的效能感将会提升：

- 校长和教师参与直接影响其工作的全区性决策。(12+，1−)

摘录：

学监办公室、课程部切实与教师团队和督导人员合作共事。管理者想出了一种新的形式，当你观察 40 位教师时，会更容易地真正找到你想关注的一些问题。

- 学区确保学校了解州与学区的举措。(13+)

摘录：

那是我的工作……。学区传达了州对于我们的期待……。我们需要将学区传达的东西，进一步传达给我们的学生、教师、支持人员（support staff）、家长。

- 在校内和学校之间建立信息共享和合作解决问题的机制。(10+)

摘录：

暑假中，学监将所有高层管理者、校长和副校长召集在一起，为期一整周。他们必须学会合作，不只是在他们的校园内，也要在学区内合作。

- 支持和鼓励教师与校长的合作。(6+)

摘录：

学监所做的告诉我们，他希望［校长和教师］更有合作性。

6. 学区层面的数据使用

对于这一学区条件，有 18 位校长给出积极回应，5 位校长给出消极回应。与校长效能感积极关联的落实这一条件的方式包括：

- 学校开展人员专业发展规划时，学区提供有用的数据。
- 学校参与到与数据有关的决策中。
- 由一位外部人士对课程进行审核，以提升学区内部的一致性。
- 为学校决策中的数据解释与使用提供细致的指导和支持。

受访者中有 5 位校长认为，这一学区条件对效能感有负面影响。一位校长说，他的学区需要更多的学生成绩信息，目前的搜集能力还不够。另一位校长提到自己心力交瘁，因为他要在向学生、家长和教师解释州层面要求上承担全部的责任。在这些或其他更多的事例中，抵制与消极感主要集中在校长无法控制的州层面的要求上。 132

总之，根据我们的证据，当这一学区条件如下发挥影响作用时，校长的效能感将会提升：

- 在学校中坚持基于数据的决策。(12+，5-)

摘录：

不过，好消息是，［学区的方向］是我们现在要做数据驱动的决策。我们做了许多评估，包括地方的评估和州的评估。我们利用那些信息为我们的孩子做规划。

- 使用数据确定校长和教师专业发展的目标。(6+)

摘录：

其中之一就是数据。学区称之为数据源。每个人都有一个数据源。利用数据源……每一位教师为自己的专业发展设置一个目标。

- 为学校提供很多基于数据决策所要使用的数据。(4+)

摘录：

［学区提供］数量惊人的数据，也提供帮助我们解释这些数据的人。

- 为学校决策的数据解释与使用提供支持。(4+)

摘录：

在理解和利用考试数据方面，我们受过……大量的来自中心办公室的培训。

- 创建能促进全校、校际和全学区信息共享的机制。(3+)

摘录：

作为一个整体的学区，我们有每一个孩子的考试数据。我不关心它是小学还是高中。我们每周举行行政会议，你知道，数据会提出各种问题，沟通是真正有力的。

7. 靶标式与阶段化的改进重点

对于这一条件，有 20 位学校领导者给出积极回应，1 位给出消极回应。与校长效能感积极关联的落实这一条件的方式包括：

- 学区要求学校设定改进目标。
- 确立详尽的学校改进计划。
- 要求社区成员参与学校改进计划的制订。
- 阐明州层面对于学生成绩的要求。
- 133 支持高中与初中的合作。
- 支持教师运用新的教学项目。

总体上，校长积极的效能感与学区对学校改进计划的性质及计划形成过程的要求显著关联。

总之，根据我们的证据，当这一学区条件如下发挥影响作用时，校长的效能感将会提升：

- 要求所有学校具有改进计划（学区或学校制订的）。(9+)

摘录：

学校改进计划是我们所有人必须要做的，它为学校改进和教职员发展做出了布局。

- 学校改进目标明确，且与州和学区标准具有一致性。(7+)

摘录：

但……［学校改进计划］是基于本校的……我们必须使其与学区改进计划相一致。

- 学校改进计划与学区改进计划相一致。(7+)

摘录：

学区和学校董事会为我们设置了一个五年目标：要提升每一名学生的学习成绩，特别是读写和数学的成绩。

- 如果由学校制订改进计划，学区须提供制订计划的程序。(6+)

摘录：

我们处于一个五年周期中。我们让教师、管理者、商业人士、家长、社区人员参与进来。我们提出了一项关于如何改进学校的计划。这个过程从家长调查开始。

8. 与学校和利益相关者（学区、董事会、工会、学校）的关系

对于这一学区条件，有 16 位校长做出积极回应，4 位校长做出消极回应。与校长效能感积极相关的落实这一条件的行动，强调学区与行政管理人员共享关键决策。校长们尤其强调这样一些事情的重要性：倾听教职员的声音，与教职员保持接触，让校长和教师合作研制学校计划、编制计划

实施预算以及对新项目进行实地试验。也有许多校长指出，学区规模小一点，有助于建立学区和学校之间的积极关系。他们注意到，在规模更小的学区，学区领导者更可能接触到校长和教师面临的挑战。

校长们说，当学区不能为学校和家长提供州层面期待的有关信息时，
134 会动摇校长的效能感。不充分的信息，将校长置于一个困难的位置，必须解释那些他们不能控制的要求。校长们的所有评论几乎都集中在学区与学校关系上。不足为怪的是，校长在董事会与学区关系方面没有什么发言权。

总之，当这一学区条件如下发挥影响作用时，校长的效能感将会提升：

- 鼓励校长加强校际沟通，并为此提供机会。(10+，1-)

摘录：

> 月度会议让我们真正审视自己学校的改进计划，而且有机会参观其他学校，与他们交谈，分享观念，看一看其他学校正在做什么事情，或许我们也可以把它们作为一种干预策略。

- 允许学校在实施学区举措中的灵活性。(9+，4-)

摘录：

> 对于我在校园里为自己的教师开展员工发展活动之类的事情，我有许多自治权……，我和我的团队做出许多决定。

- 学区职员对学校的教学项目、工作重点、改革举措和相关项目有很好的了解。(6+，1-)

摘录：

> [学区倾听]……团队关注的事情……当我们感到有必要检视教学相关工作时……。然后，他们会出现，并帮助我们做好这些事。

- 为校长和教师参与学区决策提供重要机会。(4+)

摘录：

学区层面一定有一个工作团队，然后课程框架又回到我们这个层面，接着我们的相应团队和部门再继续跟进。

9. 学区治理择校的政策

有8位校长提及这一条件，他们举了一些实例，认为学区政策的变化对校长的效能感有负面影响。这些校长认为，择校政策对校长效能感形成显著的挑战，具有不利影响。一位校长讲到，构建一种开放选择的政策意味着他的学校——这所学校服务于一个相对稳定的本地学生群体，大家都说非常好——突然发现自己要服务于半径14英里[1]范围内的学生。另一位校长描述了他的学校如何“一夜惊变”，从服务一个非常稳定的学生人口，到服务来自整个学区的高度多样化的群体，其中包括30多个帮派成员。总而言之，当学区帮助学校回应课程与学生人口上的快速剧变时，校长的效能感会提高（8-）。

三、量化证据的洞见：学区在教学领导发展上的投入 135

阿尔伯特·班杜拉——自我效能感领域毋庸置疑的顶尖理论家与研究者——已经指出了不少效能感发展的潜在来源（例如 Bandura，1997a，1997b）。上述9个学区条件中的每一个条件，都至少是那些来源的一个方面。最强有力的效能感的潜在来源，是拥有“精通经验”。不足为奇，当人有机会发展可成功应对自身面临挑战的能力时，他们的信心或效能感会显著增长。

在学区为校长提供精通经验的各种途径中，最为直接的途径是为学校领导者和其他人员提供的专业发展。本章上一部分所检视的质性数据，为这一观点提供了支撑。校长们认为，对学校层面和学区层面教学领导的投入，是影响他们的自我效能感的最有力因素之一。

---

[1] 1英里约为1.609344公里。——译者注

许多学区将校长教学领导能力的发展视为改进工作的基石。循此，我们用第二次校长调查的量化证据，更为深入地理解学区提升校长教学领导能力的工作如何影响学校和学生。更具体地说，我们追问：

1. 校长如何评价学区提供的专业发展和支持？
2. 校长的专业发展经验如何影响他们的集体效能感？
3. 校长的专业发展在多大程度上与学生的学习相关联？

校长如何评价学区提供的专业发展和支持？

第二次校长调查所包含的许多题项，反映了校长对学区发展校长能力的工作的信念。为了探究调查对象对于学区正在提供的专业发展和支持的信念，我们将这些题项归入一个框架。下文有示例题项。虽然我们往往只选择关注校长，而不将助理校长或副校长包括在内，但是在这项研究中，
136 我们选择包括所有调查对象（211 位）。因为，没有理由假设助理校长或副校长将会或已经获得更少的专业发展机会。我们初步的分析也显示，两个群体之间不存在显著差异。

显而易见的是，对于学区在专业发展方面的努力，校长们总体上抱持积极的看法。所有调查题项的回应均值都高于中点。这意味着，大多数校长（轻度、中度或强烈地）同意，他们所在学区提供了调查题项所示类型的专业发展。此外，在任何情况下我们都没有发现校长强烈不赞成他们学区所提供的特定类型的支持。

不过，对于问卷调查所考察的不同类型支持和专业发展的看法，校长之间的确是有所区别的。校长们看法最为积极的学区支持类型体现在三个题项上。大多数校长或中等或强烈地同意，学区领导者：

- 鼓励管理人员和教师依照他们在专业发展项目中学到的内容行事。
- 鼓励学校管理人员合作改进他们的教学领导。
- 与那些难以改进自身教学领导的学校管理者一起努力。

对于另外三个指标，校长们的看法似乎有点不积极。许多人的问卷显示，他们非常不赞同、不赞同或不确定“学区领导者关注我个人的专业发展”。许多人的问卷也显示，学区领导者只是偶尔、很少或极少提供聚焦重点的优质专业发展。他们也对学区提供与其他学校管理者开展有效工作的机会给出了较低评分。

校长的专业发展经验如何影响他们的集体效能感？

为探索这个问题，我们在包含其他几个可能影响校长集体效能感的因素的情境中，考察了专业发展的影响。我们尤其希望探索这个一般性的问题：较之提升成绩的压力，我们视为对领导的针对性支持（targeted support）的专业发展更为重要或更不重要？提升成绩的压力，是州政策的一个主要部分。我们假定，有效的领导可能需要外部支持和外部压力相结合。为了说明这个问题，我们在第二次校长调查中使用了几个新开发的量表。

■专业发展量表

图 9. 1 显示的六个示例量表题项，与如下两个增列的量表题项高度相关：

- 你的学区领导者们每隔多久会就他们领导的性质和质量，向学校管理人员提供一次反馈？
- 学区领导者们每隔多久会鼓励管理人员和教师按照自己在专业发展中学到的内容行事？

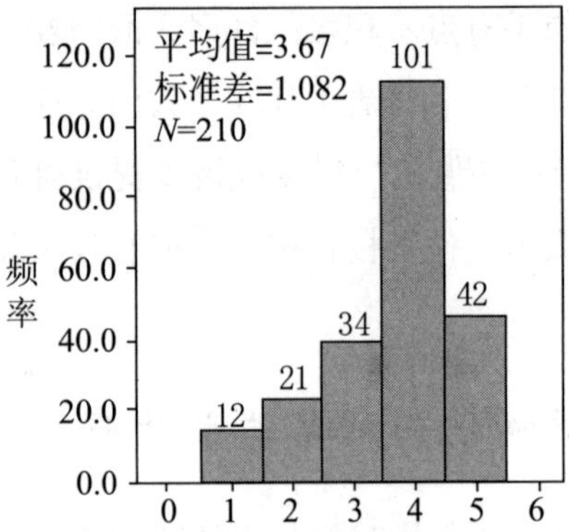

D2. 学区领导者关注我个人的专业发展

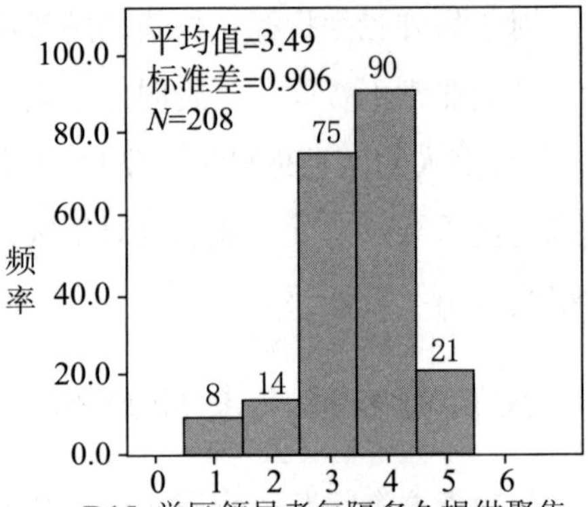

D15. 学区领导者每隔多久提供聚焦重点工作的优质专业发展？

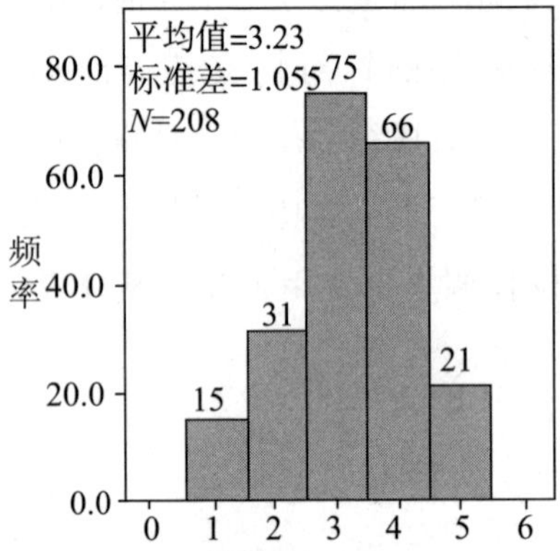

D16. 学区每隔多久提供与其他学校管理者发展卓有成效的工作的机会？

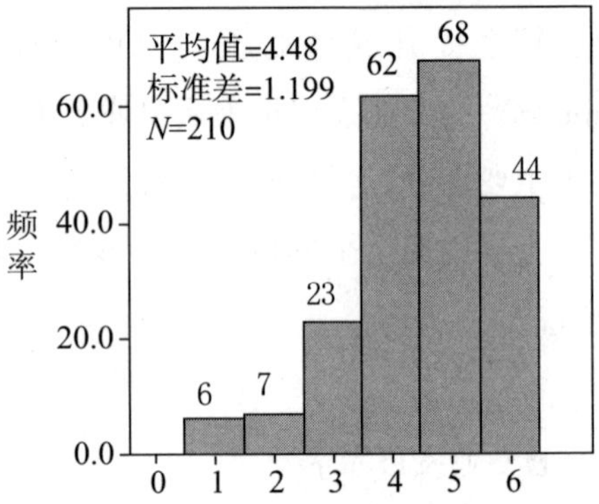

D27. 学区领导者深化我对教学领导的理解

138

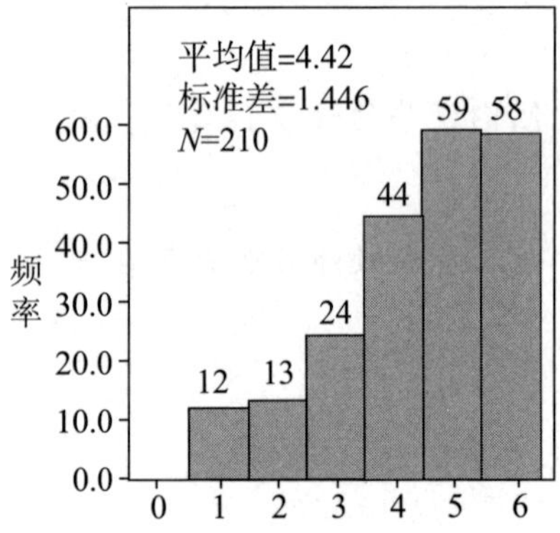

D32. 学区领导者鼓励学校管理人员合作改进教学领导

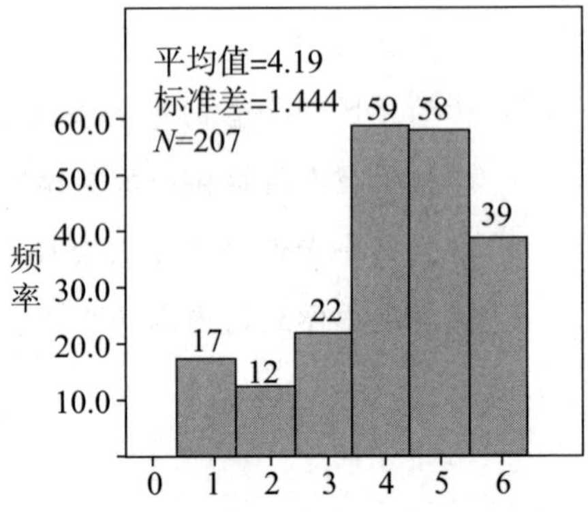

D35. 学区领导者与那些难以改进自身教学领导的学校管理者一起努力

图 9.1　校长对学区支持专业成长的行动的看法

因此，我们用这 8 个标准化的题项，构建了一个复合量表（composite scale）。

我们对许多与学区改进举措相关的增列题项进行了因素分析。在它们之中，我们选择了一个似乎与本节前面阐述的研究结果非常有关的因素，因为它强调了学区的问责制和压力。为了考察目标与问责的相对重要性，我们构建了下面这个新的量表。

- **学区数据使用和目标量表**

这个因素基于这样一些题项来测量：

- 我们学区有明确的高于《不让一个孩子掉队法》（NCLB）要求的目标。
- 我们学区使用学生和学校表现数据进行学区层面的决策。
- 我们学区为学校使用学生/学校表现数据提供帮助。
- 学区使用学生成绩数据确定专业发展需求和资源。

我们的分析中还包括另外两个量表，如下。

- **校长集体效能感量表**

我们对于集体效能感的测量与第一次的调查不同，不过，它同样强调 139
学区领导者解决问题与促进学生学习的能力。以下三个题项构成的量表反映了集体效能感的情况：

- 我们学区的学校教职员具备改进学生学习所需的知识和技能。
- 在我们学区，持续改进被大部分教职员视为每一项工作的必要部分。
- 在我们学区，难题只是被视为有待解决的问题，而不是行动的障碍。

- **校长个体效能感量表**

这次测量与第一次调查中使用的方法有些不同，包括更多的领导能力。每个题项用四点量表让校长自我评定，从“基本”到“高度发展”。量表共包括十个题项，涉及教学策略、指导（coaching）、管理学生行为、加强教师团结与团队工作、激励他人等方面的专长。

我们考察了上述变量对于集体效能感的影响。同时，也考虑了这样一些学校变量：学校规模、学段（小学/中学）、非白人学生的比例、贫困学生比例和个人职位（校长或助理校长）。结果显示，学区专业发展和学区目标与集体效能感都有强关联（与压力——具体并数据化的期待——共同作用时，对集体效能感的影响更大）。个体的自我效能感也有显著作用，但学校特征没有显著作用。基于分析，我们认为，压力和支持是集体效能感的重要预测因子。但压力可能比支持更加重要，至少比学校领导者专业发展这种形式的支持更为重要。

校长的专业发展在多大程度上与学生的学习相关联？

对于学区在教学领导发展方面投入情况的判断，最重要的是考察这种投入是否与学生成绩相关联。我们用因果建模技术考察了这个问题。[①] 我们假定，学校领导者的专业发展（支持）与目标和数据（压力），都直接和间接地与学生成绩有关联。[②]

研究分析解释了大约7%的学生成绩差异，主要是通过集体效能感与
140 学生考试成绩之间假定的直接关系。学校领导者的专业发展与学生成绩有一个不显著的直接路径系数，而目标和数据与学生成绩有显著的负向关系。这个未能预料到的结果意味着，除非有相应的支持相平衡（本研究中，专业发展就是一种支持上的平衡），否则目标所引发的压力以及强调数据使用，可能在教室中引发事与愿违的结果。所以，目标和数据使用要

---

① 这些技术和详细结果请见最终的研究报告（Louis, Leithwood, Wahlstrom, and Anderson, 2010, section 2.2）。

② 基于未在此处呈现的分析，我们没有选择将校长个体效能感作为一个中介变量。个体效能感与成绩也没有显著关系，更为复杂的模型也并没有解释更多的差异。

发挥效用，需要在学区构建强有力的集体领导。

四、结论

总的来说，本章第一部分描述的质性证据表明，如果像第 8 章所显示的，校长效能感是成功学区领导与学生学习关系链中的关键环节，那么，第一节详细阐述的社区条件中最具正向效应的各种实践行动，就应该是非常值得学区领导者关注的内容。这种关注会产生高水平的校长效能感以及其他各种对于学区、学校和学生的积极结果。

本章第二部分的量化数据分析显示，最为普遍的学区改进策略之一（也是校长效能感的一个重要来源）——投入学校领导者专业发展，对于效能感和学生成绩的影响有限，除非学区形成明确的改进目标。另一方面，设定目标并强调问责，也不大可能对学生产生好的结果，除非这些举措伴有相应的领导发展实践，且这些领导发展实践在校长看来是有助于提升他们个人能力的。

研究发现，将校长效能感作为调节因素时，与学区专业发展工作相结合的目标和数据使用有着重要影响作用。然而，第 11 章关于数据使用影响的分析，没有将校长效能感作为一个调节变量，也报告了数据使用对于学生的显著影响。尽管第 11 章的分析只针对小学，不能代表全部情况。综合起来，这些分析表明学区使用数据是重要的，但还需要进一步的研究，以充分理解其发挥影响的性质。

五、对政策与实践的启示

1. 在积极提升校长集体效能感方面，学区通常可以做许多事。然而，141
那些事如何落实，决定着对于校长效能感的影响是积极的还是消极的。为了确保对校长效能感产生积极效果，学区领导者应该重新审视策略的实施。

2. 学区应该将校长集体效能感的提升，作为综合改进策略的要素之一。这种综合改进策略，包含对校长集体效能感提升的支持，也包含某些形式的促使校长学习与提升的压力。单一的效能感提升举措，可能不会激发学生成绩提高所需的意向性的学校改进。

六、反思问题

1. 从表9.1中选择两个在你所在学区非常明显的条件。这两个条件的落实，对校长集体效能感会产生积极还是消极影响？解释你为何如此认为。

2. 你所在学区中，校长和学校教职员如何看待学生成绩方面的目标和学校的数据使用政策？对于校长教学领导能力的进一步发展，它们起着鼓励还是妨碍的作用？为什么会这样？

第 10 章　更替：一种协调的领导分布方式

布莱尔·马斯科尔　肯尼思·利思伍德

本章有证据支撑的主张 142

- 学校经历非常快速的校长更替：平均大约每三年到四年换一位新校长。
- 校长更替与学校平均的学生社会经济地位没有显著关系。
- 快速的校长更替对学校文化和学生成绩都有中等程度的负面影响。
- 教师对自己课堂条件的总体感知，似乎没有过多地受到校长快速更替的直接影响。
- 协调的领导分布形式（coordinated form），至少对校长快速更替的某些负面后果有缓解作用。
- 在所任职学校既存文化中开展最初工作，而不是很快地、实质性地变革既存文化的履新校长，更可能避免校长更替的消极影响。

校长更替是当前的一个热点（例如见 Fink，2010）。大量的“婴儿潮一代”校长迫近退休年龄，持续加强的问责制，加剧校长工作紧迫感的各 143
种改革事项，以及工作定义的窄化，使校长工作更多是管理性的，所有这些因素都让校长职位对于很多人而言缺乏吸引力（Blackmore，1996）。同时，填补校长职位之人的供给也在减少（Hargreaves，Moore，Fink，Brayman，White，2003）。接下来的十多年，对新校长的需求预计会大幅增加，校长更替的频率似乎也会增加。

本章考察了校长更替对于学校的影响，以及学校如何通过加强领导分布，缓解校长更替的负面影响。本章的质性和量化数据分析结果显示，快速的校长更替确实会对学校——主要是学校文化有负面影响，其中最显著的是对学生成绩产生负面影响。然而，采取一种协调的领导分布方式，至少有缓解校长快速更替的某些负面后果的可能。

校长更替在某种程度上是由学区政策引发的。譬如，一些学区仍然有要求校长常规流动的政策（Macmillan，2000）。无论因为什么离开，为离开的校长找到一名替代者，通常是学区的责任。校长更替是一个由学区引发，又必须由学区来解决的问题。

虽然校长更替是每一所学校都无法避免的，但过于快速的更替节奏，被广泛地认为是当前对学区和学校的一个重要挑战。譬如，许多学区艰难地寻找合适的有能力、有经验的校长，一部分原因是现任校长中快到退休条件者的比例在膨胀，使得替代率超过了平均水平。这不是一个微不足道的问题。譬如，经历异常快速的校长更替的学校，经常会遭遇这样一些情况：缺乏共享目标；教职员对校长承诺表现出玩世不恭的态度；因为不能对某个改进重点保持足够长时间的关注，而无法真正实现有意义的变革（Fink and Brayman，2006）。为了解校长快速更替的性质与后果，我们提出了以下五个问题：

- 在一般学校中，校长通常多久更替一次？
- 校长更替显著影响学校条件和课堂条件吗？
- 校长更替显著影响学生成绩吗？
- 领导分布的协调形式是否像一些证据显示的那样，可以减少校长频繁更替带来的负面影响？
- 如果有可能，新上任校长如何使校长快速更替的负面影响降至最小？

一、起点

144

本部分有关领导更替研究的起点，包括四个方面的前期研究结果：一是快速更替对学校条件和课堂条件的影响；二是校长更替的影响；三是校长更替的频率；四是分布式领导如何可能作为校长快速更替的一些不良后果的“解毒剂”。

受快速更替影响的学校条件和课堂条件

很大程度上，学校领导者间接地影响学生。因此，要增强领导者对于学生的影响，就须识别出那些对领导者工作起中介作用的因素。罗恩（Rowan，1996）的框架识别了一套有希望的中介因素。该框架建议，教师表现——显然是领导者影响学生最有力的中介因素（Heck，2007）——是其能力、动机和工作情境（或条件）属性的函数。领导者影响学生的力度，有赖于他们成功地改进这三个影响教师表现的基石。本章中，我们聚焦教师的学校和课堂工作条件，探索校长更替速率影响学校条件——更具体地讲，是学校文化——和课堂条件（包括课程与教学在内）的程度。

前期研究显示，学校领导对于学生成绩的影响以学校文化（共享价值、规范和情境）为中介，健康的学校文化与学生成绩和动机的提升高度相关（Deal，1993；Macneil，Prater，and Busch，2007；Nanavati and McCulloch，2003；Senge，1990；Stoll，1999；Stolp，1994）。构建富有成效的“变革文化”的学校领导者，可以提升教师动机，发展教师能力，助长教师效能感，促进专业团结与凝聚力。它们都是有效教学和学生成功所必需的（Patterson and Rolheiser，2004；Sarason，1982；Schein，1993；Tschannen-Moran，Woolfolk Hoy，and Hoy，1998）。总之，校长对于学校文化以及课程与教学有着强影响，这又进一步影响学生成功（Ross and Gray，2006；Waters，Marzano，and McNulty，2003）。

校长更替的影响

校长更替往往与一些消极后果相关联（Bruggink，2001；Grusky，1963）。有人认为，当一位支持某个项目的领导者离开，被一个有着不同
145 侧重点的领导者代替时，学校成员对于提升学生成绩的关注，会因校长的变化而中断（Corbett，Dawson，and Firestone，1984）。当一位在过去四五年中彻底改变学校的魅力型校长离开时，或者当领导者和学校之间不能很好适配（fit）（领导者和学校之间的“适配”概念，是学区管理者进行校长任用决策时考虑的中心问题）时（Davidson and Taylor，1998，1999；Fullan，1992；Ogawa，1995），也可能出现中断。

然而，描述校长更替与学生成绩之间的关联时，需要多一些谨慎。肯定有研究得出这样的结论：经常性的校长更替会降低学生成绩。但是，当前美国存在的问责氛围也会导致相反的可能性：低水平的学生成绩导致经常性的校长更替，他们作为“失败”学校的领导者被替换掉了。

尽管校长更替经常有消极后果，但它并不总是消极的。譬如，学生成绩可能与学校领导的变换无关（Partlow，2004）。米斯克尔（Cecil Miskel）和欧文斯（Melva Owens）对美国中西部 89 所学校的研究发现，校长更替对于教职员的工作满意度、沟通、教学、学校纪律或学校氛围没有显著影响（Miskel and Owens，1983）。不过，也存在大量相反的证据。

并不是那种每一两年就出现一次的校长更替才是有问题的。甚至在校长任期扩展几年的情况下，如果校长更替是学区领导流动政策的结果，教师也可能保持疏离（Macmillan，2000）。因为“旋转门综合征”（revolving door syndrome）（更替引发的不确定性与不稳定性），教师可能变得玩世不恭并抵制变革，将新的领导者看作“服务于系统的人”（Reynolds，White，Brayman，and Moore，2008）。

一些教师会对新领导者的忠诚度产生深深的不信任，怀疑新校长更关注自己的职业发展，而不是学校和社区的长期福祉。在校长进行定期更替的情况下，教师学会了“等他们离开”（Hargreaves，Moore，Fink，Brayman，and White，2003）。如此，教师在他们自己和新领导者之间构筑

了一道壁垒，确保他们学校的文化能够自我维持、“免疫”，不受那些正式职位领导者所鼓动变革的影响（Macmillan，2000；Macmillan，Meyer，and Northfield，2005）。

有关校长更替的研究面临着挑战。因为，研究结果很少与领导质量的测度联系起来。譬如，有研究将频繁的校长更替作为教师士气低的原因。这个研究的假设是，这些校长都是好校长。如果考虑这样的可能性——被更替的校长不是一位有效的领导者，就会极大地改变分析路向，或许会就“一所学校在管理不善的情况下会做得有多好”这个问题形成不同的结论。

校长更替的频率

因为在所有学校中校长更替都是不可避免的，所以追问最适合的频率
非常重要：多么频繁才是太频繁？一位校长在一所学校里待多久才是待得 146
太久？两种理论视角——阶段理论与变革理论——可以为我们回答这些问
题提供引导。

阶段理论将领导更替概念化为一个具有明显阶段和需求的过程，而不是一个单一的事件（Hargreaves，Moore，Fink，Brayman，and White，2003）。研究明确了不同的过程模式，也讨论了更替过程每一阶段影响后一阶段结果的方式（Miskel and Cosgrove，1984；Miskel and Owens，1983；Ogawa，1991）。大部分阶段模型预测，信任关系的建立，是更替过程走向后期——用加巴罗（John J. Gabarro，1987）的说法，是“稳固与精化”阶段——的基础，它至少需要五年到七年。就此而言，为了能产生一种积极的影响，校长需要在他们的学校任职五年左右。五年后，校长的工作可能继续，但这种工作通常与组织中明显的改进没有什么关系。

变革理论将变革概念化为一个发起或采纳、实施，而后制度化或持续的过程。根据富兰（Michael Fullan，1991）的观点，所有成功的学校都会经历一种“实施衰退”（implementation dip）。即当人们面对要求新的知识、技能、策略和关系的革新时，会出现表现和信心的衰退。那些对自己管理变革的能力感到担心与焦虑的人，需要他们能够信任的领导者，也需要善解人意和社交能力好的领导者。

富兰（Fullan，1991）认为，尽管学校组织文化变革没有标准化的程式，但做出可持续的改进需要几年的努力，以解决复杂的文化问题——例如，抵制变革和新领导者的文化适应。校长更替每两年到三年出现一次，使得校长不可能超越发起阶段或最初的实施阶段。与阶段理论相似，变革理论也主张，校长要想使改革举措产生显著的改进效果，其任期通常需要超过三年。

但是，校长在一所学校任期的上限是多少呢？变革理论为校长建议了一个任职“保质期”吗？超过“保质期”，他们就应该离开或被调离？就这个问题，没有多少硬证据。不过，这并没有妨碍一些学区创造一些反映他们专业经验的政策。譬如，学监经常为他们的校长流动政策辩护，认为其是重新激活学校管理者的一种手段，那些任职五年到七年的学校管理者似乎会到达领导效能的高原期（Boesse，1991；Rebhun，1995）。客观现实是，校长之间必然存在着很大个体差异。这意味着，校长更替应该避免一刀切的方式。

聚焦学校内部因素在校长人员变化中所起的作用看起来是合适的，但我们也不应该忽略校长人员变化发生的情境。社区的社会经济地位与该社
147 区学生的成功密切相关。“多项研究表明，家庭社会经济地位可解释学校间学生成绩一半以上的差异。它也与暴力、辍学、接受高等教育机会以及成人就业与收入水平高度相关。”（Leithwood，Louis，Anderson，and Wahlstrom，2004，pp. 46–47）学生成绩不良且深受辍学和暴力困扰的环境，可能导致低水平的校长效能感（即这样一种领导信念：在改进低社会经济地位学校方面，没有多少可为空间）。这会带来两种影响：首先，留住校长可能很难，所以在社会经济地位低的社区，校长更替率常常更高；其次，这种情境也使得吸引新校长变得很难。怀特（Robert E. White）、库珀（Karyn Cooper）和布雷曼的研究提到了对地方经济衰退区域学校的担忧（White，Cooper，and Brayman，2006）。在这些地方，发现新校长职位的申请人变得越来越困难。虽然，社会经济地位被认为对学生和学校有很大影响，但它对于校长更替的影响尤为明显。

领导分布

关于校长更替影响的既有证据建立在这样的假设上：学校中相当大比例的领导是由校长提供的。但如果假设学校领导是更加分散或分布的：校内更广的领导分布（正如一些研究所表明的［Harris，2009］）会调节校长快速更替的影响吗？研究文献中存在许多不同的领导分布概念（Gronn，2002；MacBeath，2009；Spillane，2006），我们使用由利思伍德、马斯科尔和斯特劳斯（Tiiu Strauss）建立的概念（Leithwood，Mascall，and Strauss，2009），该概念包括四种不同的领导分布模式：

计划整合型（Planful Alignment）　在这种模式中，领导者的任务和职能来自组织成员先前有计划的思考，领导职能以类似于戈隆的整体性“制度化实践”（Gronn，2009）的方式，理性地分布。

自发整合型（Spontaneous Alignment）　在这种模式中，领导任务和职能很少或没有计划性地分布，默会的或直觉性的决策决定着谁应该承担何种领导职能。这会发展出偶然的、积极的、短期的工作联合。

自发无序型（Spontaneous Misalignment）　在这种模式中，领导职能出现分裂，会引发不可预测的结果，对于组织效能和生产力产生短期和长期的负面影响。

无政府式无序型（Anarchic Misalignment）　该模式类似于哈格里夫斯（Andy Hargreaves）和芬克（Dean Fink）描述的无政府状态（Hargreaves and Fink，2006）：在决策、工作重点和活动等方面的领导主张上，组织成员相互拒绝或彼此竞争。

最近的学术研究表明，领导分布可能会调节校长更替对于学校文化的影响。哈格里夫斯和芬克的结论是，当离开的领导者为组织留下可以确保学校改进举措可持续性的共享愿景、投入和能力等分布式领导遗产时，后更替（post-succession）的过程会被管理得最好（Hargreaves and Fink，2006）。这也让我们期待，在校长更替频繁发生（领导者每一年、两年或三年就变换），领导者又有着不同的经验、偏好和领导风格的时代，教师被推到（或 148

被迫到）自己掌握领导权的位置，通过一种自我维持的、独立于校长运行的专业文化，创造学校的稳定性。其结果就是某种形式的分布式领导。

在那些教师领导得到战略性发展（有计划的且与学校目标相一致）的地方，一种自我维持的文化会变得既有合作性，又富有成效。柯普兰（Michael A. Copland，2003）发现，具有领导分布历史的学校，会推动教师在学校中发现新的角色，使教师超越自己的课堂，获得更为宽广的视野。的确，柯普兰的研究也发现，这些学校的教师团队在校长更替时发挥了桥梁作用，他们在学校中提供了广泛的领导。

然而，当领导分布既不是有计划的，也缺乏整合时，自我维持的文化就会飘散，逐渐丧失愿景和目的上的集体感，慢慢变得巴尔干化。每个教师只关注自己的课堂，工作是与其他同事相隔绝的，仅仅承担自己的工作责任。结果就会形成一个疏忽与无政府状态的无效组织，学生成绩也可能没什么变化，甚至会变差。

二、本章的新证据

本节首先对收集和分析证据的方法做一概要说明，然后对应我们有关领导者更替的研究问题，报告量化研究与案例研究的结果。

方法

我们运用量化和质性证据，回答本章引言中提出的五个研究问题。量化数据由3793名教师和130名校长提供（来自130所学校，每所学校至少有7位教师回复），调查的问题包括校长更替频率及其对于学校文化、课程、教学和学生成绩的影响。

149 学校文化用7个题项进行测量，使用六点量表，每一题都以“您在多大程度上同意或不同意下面的陈述？”的题干开始。

- 教学时间极少被打断。
- 我们学校的大部分教师共享着相似的关于教与学的价值、信念和态度。

- 学生在我们学校感到安全。
- 我们学校对所有学生都有着明确的学习期待。
- 我们学校的学生达到或超过明确要求的期待。
- 我们提供机会让学生讨论褊狭对于他们的生活影响。
- 我们对学生的评价反映我们的课程标准。

课堂条件用 5 个题项进行测量，使用与学校文化调查同样的题干，相关陈述如下。

- 我编写了足够的课程资料作为授课的基础。
- 我的教学策略有助于学生构建他们自己的知识。
- 我在课堂上保持着教学的快节奏。
- 我感觉能得心应手地处理课堂中的学生行为。
- 我们的学校/学区为大多数学生提供了严谨的核心课程。

我们将调查问题的回复情况与所有 130 所学校的学生成绩结果关联起来。①

为了考察一些分布式领导模式在缓解校长快速更替负面影响方面的可能性，以及如果可以，新上任校长在最小化更替负面影响方面可以做什么，我们从 4 所学校收集了访谈数据。这 4 所学校在我们更大研究项目第一轮实地考察的 40 所学校中，有着最高的校长更替率。

---

① 为测量各个学校的学生成绩，我们从州网站上收集了数据。这些数据是过去四年（2003—2006 年）中全校不同年级学生在州语言和数学测试中的结果。出于本研究的目的，一所学校学生成绩的水平用语言和数学测试中达到或超过要求水平学生的百分比来反映。为了提高分数的稳定性，我们将不同年级和学科的百分比做平均处理，得出每一年、每一所学校的一个成绩值。我们对这些学校学生成绩的测量只覆盖了四年，对于校长更替的测量却涉及过去十年。这样处理的前提是，在此期间，校长更替有一种累积性的影响，可能会导致最近四年学校成绩整体水平低。

校长更替：频率及对学校、课堂和学生的影响

表10.1报告了平均数、标准差和本章所用量表的信度（Cronbach's
150 alpha）。正如表格第一行所示，过去十年中，学校校长的平均数量是3.08，每位校长平均任职时长为3.2年。测量出来的标准差相对较大（1.74），一些学校经历过很少的校长更替，还有一些学校则经历了相当多的校长更替。

表10.1　调查结果摘要

变量	平均值	标准差	信度
校长更替	3.08	1.74	
学校文化	4.43	0.49	0.91
课堂条件	4.87	0.28	0.76
社会经济地位（学生享受免费或低价午餐的比例）	46.84	0.27	
学生成绩（达到要求水平的比例）	67.20	23.40	

（N=130所学校）

本章中所有变量之间的相关系数如表10.2所示。校长更替与学校条件和课堂条件的关系是负向的。学校变量与学生成绩有高水平的相关。学校变量与过去十年校长更替的数量有中等但显著的相关。校长更替与学校文化、课堂条件中等程度地负相关，与学生成绩有弱负相关关系。

表10.2　变量间的关系

	社会经济地位	校长更替	学校文化	课堂条件	学生成绩
社会经济地位	1.00	0.03	−0.34**	−0.21*	−0.44**
校长更替	0.03	1.00	−0.24**	−0.20*	−0.11
学校文化	−0.34**	−0.24**	1.00	0.74**	0.47**
课堂条件	−0.21*	−0.20*	0.74**	1.00	0.26**
学生成绩	−0.44**	−0.11	0.47**	0.26**	1.00

（N=130所学校）

** 在0.01水平上显著相关（双尾检验）

* 在0.05水平上显著相关（双尾检验）

社会经济地位与学校变量和学生成绩显著地负相关。令人意外的是，在这些学校中，社会经济地位和校长更替的关系不显著，这与其他校长更替研究的发现有所不同。

图 10.1 描述了路径模型（path model）分析[①]的结果，我们用该模型 151
更为准确地探索这些变量之间的关系。

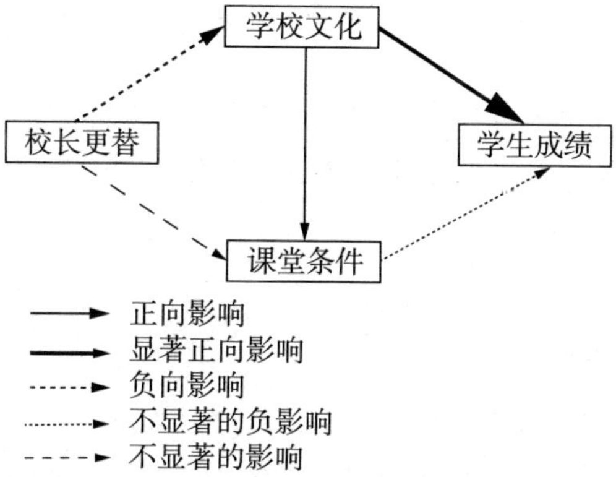

图 10.1　校长更替影响学生成绩的中介效应检验

作为整体的模型与数据拟合良好，解释了 24%的学生成绩差异。校长更替对于学生成绩的整体影响小，但显著且是负向的（-0.11）。然而，这种影响是间接的，通过学校文化产生影响。校长更替对学校文化有显著的、中等程度的负向影响（-0.24），学校文化对学生成绩有中等强度、显著的正向影响（0.61）。校长更替对课堂条件的影响不显著，课堂条件对学生成绩的影响虽然不显著，但是负向的。

接着，我们考察了增加学校社会经济地位作为自变量（与校长更替一起）后，研究结果会发生什么变化。尽管社会经济地位与校长更替没有相关性，但这一扩展分析提升了整体模型的总体解释力。校长更替对学生成绩，仍有着轻微但显著的间接影响。

总之，我们的量化分析结果显示，校长更替对于学生成绩有负面影

① 从拟合指数看（RMSEA =0.00，RMR =0.01，AGFI=1.00，NFI=1.00），该模型与数据有很好的拟合度。

152 响。这些影响更多地以学校层面条件，而不是课堂层面条件为中介。校长更替对课堂变量较弱的影响可能意味着，教师的课堂教学实践以某种方式缓冲了校长领导变化的直接影响。我们推测，不管周围的学校文化如何，教师在教室里可能会始终感到安全。虽然这缓冲了校长更替的消极影响，但它也可能限制校长改进努力的积极影响。

实例中的领导分布与领导者更替

考虑到校长更替对于学生成绩的显著影响主要以学校文化为中介，我们用四个案例研究，进一步细致地考察这种影响机制，了解分布式领导模式在这种关系中发挥的作用。

- **卡伯特森小学**

卡伯特森是一所城市小学，学生人数刚过 600 人，几乎所有学生都能在 3—5 年级阅读、科学和数学的标准化测试方面达到州要求。在我们研究的时候，这所学校在过去三年中，经历了三任校长。现任校长是从一个学区实习职位提拔上来的。高频度的校长更替，已经成为学区的一个挑战。部分原因在于州层面颁布了一个涉及新退休选项的退休政策，该政策颁布当年，学区有 20%的校长退休。为了应对校长更替的挑战，学区领导者建立了许多支持机制，以帮助新校长适应新工作。这些机制包括月度会议和一个由退休校长参与的辅导项目。

卡伯特森小学的校长更替，对于学生表现没有明显的正向或负向影响。从 2003 年到 2006 年，所有年级和学科成绩达到或超过州要求水平学生的比例，始终高于 90%。

早在三年前，校长就明确地鼓励教师承担学校中的领导角色。这也与支持设置和实施正式的教师领导者职位的学区政策相一致。校长看到，这种学校领导分布既是有计划的，也与学校目标相一致。到我们研究的时候，学校领导已经在很大程度上是分布式的，教师领导者能够让新上任的校长融入学校文化。因为学校不太担心学生成绩，所以在教与学方面没有重大变革的压力。相应地，新校长没有觉得被逼着进行快速的或彻底的革新。

经过两任校长，一种计划整合型领导分布模式已经使教师们各安其 153
位。尽管校长在变，但教师能够合作共事，共享工作的领导责任，维持学生的学习。现任校长似乎与这种领导分布方式协调得很好。

- **莫利纳小学**

莫利纳小学是一所城市社区中的小规模学校。在我们研究的时候，该学区 31%的学生享受免费或低价午餐，学校有 35%的非白人人口（大多为西班牙裔）。不同年级、不同学科的学生成绩都参差不齐：3 年级强，4 年级弱；阅读强，写作弱。不过，在本研究数据采集涉及的三个年份中，总体的成绩水平已有所提升。

在我们研究的时候，州层面的校长退休政策处于不断变化之中。这种情形鼓励那些正面临不确定未来的校长“见好就收”。在我们研究之前的五年中，整个学区退休校长人数很多，莫利纳小学也没能幸免于这阵退休潮。在那段时期，学校经历了四任校长。学区办公室人员认为，提前退休会是一个持续存在的问题，也是学区在培训与替换学区和学校领导者能力上的一个重要压力。提前退休的压力——任何一年中，学区校长总数中高达 20%的人会有变化——使得学区采取了相应举措处理校长更替问题。作为学区读写行动（District Literacy Initiative）的一个结果，学区中出现了一种结构上的变化：在每所学校设置了教师领导者读写教练。莫利纳小学有五名这样的教练，下一年还计划增加一个读写教练职位。

在莫利纳小学，文化与情感上的混乱是显而易见的，因为校长更替伴随着哲学和领导方式上的根本性变化。莫利纳小学五年中的四位校长有着不同的个性，且没有充足的时间与学校成员建立信任与密切关系。鉴于校长每年更替一次，在学校中任职时间久，与教师、家长和学生熟悉的成员可以承担某种领导角色。因此，这个案例为我们的预期提供了一些证据，即更广的领导分布会缓解校长快速更替的一些负面影响。不过，学校生活不只受单一变量影响。就莫利纳小学而言，高比例的教师更替加剧了校长快速更替的影响，抑制了更多教师领导所具有的潜在稳定效应。

莫利纳的领导分布模式，最好被描述为自发整合型分布。没有有计划地共享领导的努力，也没有领导演变与学校目标保持一致的感觉。尽管学区设立正式教师领导者职位的行动使得教师尽最大努力为学校提供领导，但频繁的校长更替与教师更替的合并影响，导致学校在改进过程中不能维持住任何势头。

- **布莱克小学**

布莱克小学是一所内城学区的小规模学校。在我们研究时，其很大部分学生是黑人，且社区中较大比例的群体生活在贫困线以下。学生成绩不高，3 年级和 4 年级沟通艺术与 3 年级数学的测试成绩达到或超过州平均水平，但 4 年级和 5 年级数学与 5 年级沟通艺术的成绩低于州平均成绩。不过，在过去三年中，学校在读写方面达到州标准学生的数量稳步上升。

过去七年中有三位校长被任命到布莱克小学。过去两年中，学区也有了大量的新任高级管理者：一位新学监，三位学区层面的新主任，三位学校层面的新管理者，总计涉及七所学校。

布莱克小学的故事与一位具有超凡魅力的校长有很大关系。这位校长的专业学习共同体（professional learning community，PLC）愿景，塑造了学校的认同、结构与文化。虽然我们研究时在任的校长没有提出 PLC 概念，但她也选择继续将之作为学校共享愿景的核心。因此，PLC 为前任校长到现任校长的过渡，提供了文化与结构连续性的基础。

因为拥有一个明确的、有计划的学校文化和教学的焦点，布莱克小学的校长更替没有导致文化上的混乱或教师的疏离。这种全校性的焦点之所以能在快速的校长更替中存留下来，一部分原因在于学校构建的合作结构被教师接受，一部分原因在于新校长的哲学和实践支持了既有的学校文化。因此，布莱克提供了一个计划整合型领导分布模式的案例。尽管存在学校领导的变化，但布莱克学校的教师们发展并维持了一个共享的学校愿景。的确，新校长对于既有愿景的支持，是进一步发展一种积极学校文化的关键要素。

- **罗德中学**

罗德中学位于一个低收入社区。在我们研究的时候，该社区有 13% 的人口处于贫困线以下，罗德中学有 60% 的学生享受免费或低价午餐。在过去四年中，罗德中学有四位不同的校长相继任职，同时学校的学生和教师 155
具有高流动性。四位校长中的第一位校长非常相信校本管理，培育了一种教师学会依靠自我领导把事情做好的文化。这是一种自治的教师文化。每一位学校成员被鼓励对自己的课堂实践承担责任，但没有太多其他的责任。合作不受鼓励。然而，学生成绩在此前的三年一直挺高。

虽然罗德中学的许多教师对他们的自治文化，及其在校长频繁更替情况下保存自己工作成果方面的作用表示满意，但在我们研究时在任的校长看来，自治文化也给管理者发挥影响力设置了专业上的壁垒与障碍。这位新校长着手改变学校文化，但没有废除太多既存的决策结构。考虑到频繁的校长更替引起的不稳定性，她努力实现自己和教师之间权威的平衡。她也开始构建一种对教学实践和数据驱动决策的集体性关注。

学校似乎处于从传统教师自治形式，转向有计划领导分布模式的态势中。新校长的领导方式更具指令性，而不是合作性。但她的意图却是创建一个更具合作性的文化。当教师学会合作共事，他们将在学校中发挥更多的领导作用。

概括地看，四所学校在我们研究期间都经历了高频率的校长更替——从在连续三四年的时间里每年换一位新校长，到过去七年中每两年换一位新校长。四所学校都有分布领导的尝试，但因为学校之间的文化各有区别，每所学校领导分布的方式也有所不同。虽然除校长快速更替外，四所学校没有什么共同之处，但两所学校找到了有效应对领导变换的方式，而另外两所学校没有。

由于校长和学区领导者致力于协同工作与计划整合型领导分布，卡伯特森小学采取了一种深思熟虑的领导分布方式。布莱克小学建立了一个强大的专业共同体，也形成了能够应付领导更换的计划整合型领导分布模式。在这两个案例中，学校领导在许多教师之间分布。即使校长频繁变换，两所学校中形成的支持性文化也蒸蒸日上。

另外两所学校在领导分布方面则不太成功。在莫利纳小学，学区通过
156 促进教师领导应对校长频繁更替的尝试，因教师的频繁更替而失败。在罗德中学，前任校长促进个体教师高度自治的努力相当成功，但这使得现任校长促进合作与更多的领导分布时，经历了相当大的困难。在强大的个体孤立文化中，教师之间依旧缺乏联系。

三、结论

本章的证据包括与学生成绩关联的大规模调查数据和对四所案例学校教师与管理者的访谈。基于问卷调查的证据，我们了解到，校长频繁更替是学校中的普遍现象，平均约三年就出现一次校长更替。对调查证据的分析也显示，快速更替对学校文化和学生成绩有负面影响。然而，四所学校的质性证据表明，学校内部的计划整合型领导分布模式有着缓和校长快速更替负面后果的可能；同时，校长在其学校的领导分布中有重要影响。

既有学校文化的影响，是促进领导分布面临的重要挑战。自治的教师文化，便是领导分布的强大阻力源。所以，一些学校较之其他学校，能够在避免学生成绩下滑的情况下，更好地管理快速的校长更替。然而，在大多数与校长快速更替有关的条件下，学生成绩似乎不太可能提高。

四、对政策与实践的启示

本部分的研究对政策和实践有三个方面的启示：

1. 学区应该尽可能确保大多数校长至少在他们的学校任职四年，最好是五年到七年。

2. 在校长快速更替的情况下，学区要鼓励新任校长理解与尊重学校成员此前从事的学校改进工作。如果新校长将承续与优化这些工作作为自己的职责，他们很可能经历一个更为顺利的过渡。那些到被视为有“改薄”（turn around）必要学校任职的校长，显然不在本建议的范围之内。

3. 在经历过快速校长更替的学校，不能让新任校长独自承担推动分布式领导的责任。学区需要直接地鼓励与支持计划整合型领导分布，为那些实施共享领导职能的教职员工提供培训和支持。

五、反思问题

1. 在你所熟悉的学校中，通常是什么原因造成校长快速更替？这些原因中有一些是可以改变的吗？如何改变？

2. 新任校长如何确保“进入”学校阶段的顺利？

3. 在减少校长快速更替的负面影响方面，学区领导者能够做什么？

第 11 章　数据使用：一项从学区到学校的探索

斯蒂芬·E. 安德森　肯尼思·利思伍德　卡伦·S. 路易斯

158 **本章有证据支撑的主张**

- 学区对数据使用（data use）的重视程度及其具体实践，对校长和教师的领导行为有重要影响。
- 通过设定期待，在学区决策中示范数据使用以及为学校提供直接支持等行为，学区领导者发挥自己的影响。
- 学校中的数据使用是一项在多种情境中（如学校改进团队、年级团队会议），由校长和教师共同参与的集体活动。当教师而不是校长成为主要的数据使用者时，更可能促进数据使用。
- 数据使用程度高的学校的领导者，有着明确的将数据分析与改进学生学习的目标关联起来的目的。他们为此加强内部能力建设，使用数据不是为了识别问题，而是为了解决问题。
- 校长和教师拥有并使用大量有关个体学生情况和学生人口学特征的证据。他们较少使用学校条件和课堂条件的证据，而这些证据是改进学生成绩所需要的。
- 在小学，数据使用的强度与学生成绩显著相关。

以前，管理者和教师从事学校改进时可能不关注学生成绩数据，但在 159
过去 25 年中，情况已经发生了很大的变化。在美国，这种转变通常被认为与 1983 年罗纳德·里根（Ronald W. Reagan）总统的全面促进教育卓越委员会（National Commission on Excellence in Education）有关。该委员会基于数据认为，美国学生的表现日益陷入一种“平庸之潮”（rising tide of mediocrity）。如今，参加任何一个会议，阅读任何一本杂志，你都会见到强调基于数据决策的主张。当然，劝说管理者和教师更多地以证据为基础，并不是简单地让他们更多地“利用”数据。正如威尔森（Mark Wilson）指出的：“取自标准化测试的评估信息，只是在一间普通教室里搜集的所有评估信息中的沧海一粟。”（Wilson，2004，p. 2）相反，这是要劝告管理者和教师，使用比现在通常所用的更多不同类型的证据：正式且系统地搜集学生表现及其影响因素的证据。韦曼（Jeffrey C. Wayman）、杰莫森（Jo B. Jimerson）和卓（Vincent Cho）曾警告，使用正式数据指导教学方面的决策时，应将其与更多的非正式证据结合起来，数据只是进行专业判断的基础，不能替代专业判断本身（Wayman，Jimerson，and Cho，2010）。本章中，我们也谨记这一警告。

本章的分析受这样一种广泛存在的需求所激发：教育者越来越多地利用系统搜集的决策数据，但有关数据使用性质与结果的研究却很有限。我们具体关注四个问题：

- 学区数据使用方式上的差异，影响校长和教师的数据使用吗？
- 与那些证据驱动的决策已经成为优先考虑的学校相比，一般学校中的数据类型和数据使用模式是什么样的？
- 哪些组织条件影响校长和教师在学校改进与教学决策中的数据使用？
- 学区和校长的数据使用与学生成绩是否有关联？

一、我们从前期研究中了解到什么？

几乎所有问责制驱动的大规模改革的努力都假定，学区和学校人员给予系统搜集数据更多的注意，是改进学生表现的关键杠杆。支持这一假设的实际证据却是薄弱的、不明确的（Linn，2003）。正如其他研究者注意到的，很多研究聚焦在学区或学校人员的数据使用上，聚焦在影响数据使用的条件上，而没有直接测量数据使用（及不同的数据使用模式）对于教学和学生结果的影响（Honig and Coburn，2008；Wayman，Jimerson，and Cho，2010；Wohlstetter，Datnow，and Park，2008）。学校系统和学校人员草率记录的数据使用情况，使我们难以建立对学区和学校层面数据使用频率、质量和影响的信心，以及对影响数据使用性质和价值之条件的信心。

160

我们理解“对于数据指导的决策（data-informed decision making）当前该持有什么样的期待”这一问题时，面临另一种局限：研究所关注的学区和学校样本太小。这些样本或是有很好的声誉，或是积极的数据使用者，或是进行过由外部组织开发并支持的特定数据使用系统实施情况的研究（Copland，2003；Boudette and Steele，2007；Love，2009）。这些研究为我们提供了一些洞见，让我们了解到实践中充分使用数据进行决策的情况，也了解到影响学校和学区层面数据使用的因素。然而，这不代表相关的情况会在大多数学校和学区发生。对一般学校和学区数据使用情况的研究，呈现出更令人深省的挑战图景。这些挑战涉及将有效数据使用整合到学校系统、学校管理者和教师的日常工作中（Anderson，Leithwood，and Strauss，2010；Ikemoto and Marsh，2007；Massell and Goertz，2002；Wayman，Cho，Jimerson，and Snodgrass Rangel，2010）。

学区层面的数据使用及对数据使用的支持

有关学区层面的数据使用实践及这些实践所产生的学校改进活动与结果方面差异的研究，在范围和深度上非常不同。大量的研究述评和案例研究，考察了与学区效能和改进有关的学区政策与策略。它们都将学区领导者为设定改进目标与计划、监控进步而开展的数据系统搜集与使用工作，作为有助于提升学区效能的策略性因素之一（Anderson，2006；Cawelti and Protheroe，2001；Leithwood，2010；Murphy and Hallinger，1988；Snipes，Doolittle，and Herlihy，2002；Togneri and Anderson，2003；Zavadsky，2009）。以前的研究未分析学区的数据使用实践与学区其他改进活动的相互作用，也未探索不同策略对于学校领导或教与学的相对影响，本研究克服了这些缺陷。

另一种研究专门关注数据证据在学校董事会和学区中心办公室进行有关学生学习的决策时的作用及使用情况。譬如，柯本（Cynthia E. Coburn）和她同事的研究打消了这样的愿景：学区决策是一个数据“驱动”的高度理性化过程（Coburn，Touré，and Yamashita，2009）。该研究反映了数据使用中的微观政治特征，即学区行动者如何寻找与利用证据，以支持过去对于特定目标和行动的信念与承诺。然而，这些专注学区层面的研究，在学区数据使用活动对于学校领导、教学实践和学生学习过程及结果的影响方面，没有提供多少洞见。

沃尔斯泰特（Priscilla Wohlstetter）等人考察了四个学校系统（两个 161
学区，两个教育管理组织）的中心办公室人员为发展和支持学区和学校层面的数据驱动决策而开展的工作，这四个学校系统在使用表现数据进行决策方面有着良好的声誉（Wohlstetter，Datnow，and Park，2008）。他们的研究结果强调，中心办公室人员可以采用许多方法，使数据使用成为学校持续改进活动的一个维度，并为数据使用构建坚实的基础与良好的文化。这些方法诸如：

- 为学生表现改进确立有意义并与系统层面的课程及问责要求相一致的目标。
- 形成明确的使用数据决策的规范与期待。
- 构建有助于中心办公室和学校沟通表现与改进计划信息的结构。
- 加大对学校和学区人员数据使用能力发展的投入。

我们在下一部分呈现的研究结果，在很大程度上支持该研究的发现，但我们的结论来自数量更大且未精心挑选过的学区和学校样本。此外，与以前的研究不同的是，我们将学区的工作与教和学联系起来。

学校层面的数据使用及影响数据使用的条件

我们特别感兴趣的是，基于更广泛的学校样本考察数据使用情况及影响数据使用的条件。这些样本学校在教学决策和学校改进中使用数据的水平各不相同。我们的研究不局限于那些密集使用数据的学校，也不局限于那些特别的数据使用过程或工具。

尽管英格拉姆（Debra Ingram）等人和韦曼等人的研究表达了对于加强学校和学区教育数据使用的信念和承诺，但他们提供的不同规模的一般学校在数据使用方面的景象相当严酷（Ingram，Louis，and Schroeder，2004；Wayman，Jimerson，and Cho，2010）。这两项研究都提醒我们注意，在校长和教师建设性地使用标准化考试和其他形式系统收集的数据方面，存在着多种实践障碍，诸如：

- 缺乏与数据使用相关联的教和学的共享愿景。
- 那些学生表现良好的地区感知不到需求。
- 教师有效地领导与支持数据使用的能力（知识、技能）不够。
- 时间不充足与结构不完善，妨碍着教师之间在数据使用方面的合作。
- 不充分的专业发展。

162 我们的发现与分析取自一个更广泛的一般学校样本。它确证了这些研究者强调的许多因素，也凸显了一些与密集使用数据的学校情况不同的关键差异。

我们的学校层面分析，以池本（Gina Schuyler Ikemoto）和马什（Julie A. Marsh）的数据使用模式和条件框架为基础（Ikemoto and Marsh，

2007）。我们用其作为本章进一步的质性访谈数据分析的透镜。

数据使用与学生学习

有关数据使用对学生学习影响的证据仍很有限。那些研究学校和学区数据使用活动的研究者，通常也承认这一点（Linn，2003；Wayman，Cho，Jimerson，and Snodgrass Rangel，2010；Wohlstetter，Datnow，and Park，2008）。最引人注目的研究，聚焦教师使用学生学习的形成性证据或即时证据提高自己的教学。布莱克（Paul Black）和威廉（Dylan Wiliam）基于对 250 多份研究的评述（Black and Wiliam，2004）得出一个观点。这个观点用波帕姆（W. James Popham）的话说是，形成性评价“能够根本转变教师教学的方式”（Popham，2008，p. vii）。大规模的州和学区测试项目对于学生成绩影响的证据，充其量是喜忧参半的。譬如，科瑞兹（Daniel Koretz）主张，基于评价的问责制形成影响的证据，既不多，又让人沮丧（Koretz，2005）。另一方面，卡努伊（Martin Carnoy）和勒布（Susanna Loeb）通过比较低问责制州与高问责制州发现，高问责制州八年级学生的数学成绩明显更好，在学生保留率或中学完成率方面则无差异（Carnoy and Loeb，2002）。关于有效的和改进中的学校与学区的研究，常常将数据指导的决策——学生进步与结果的数据是关注重点——作为这种情境下的领导特征之一（Anderson，2006；Sammon，1999）。

学校和学区层面系统化的数据使用与学生成绩积极结果之间的相关性，为这样的主张提供了逻辑支持：在更大范围而非个体学生层面，数据使用是改进学生学习的关键因素。然而，数据使用政策和实践与学生成绩的质量及提高之间的因果联系，仍是不确定、不清楚的。我们的分析不能填补这一空白。不过，我们对校长和教师调查数据的量化分析，探究了与数据使用有关的学区和学校变量与样本学校学生成绩之间可能的关联。

二、本章的新证据

我们的证据来自校长和教师的调查数据，以及第二轮实地考察搜集的
163 校长访谈数据。证据也包括案例研究，它们以我们对实地考察的 6 所小学和中学的管理者与部分教师的访谈及对所有 36 个实地考察学区管理者的访谈为基础。6 所学校是根据问卷回复情况确定的，问卷调查显示，它们在决策中使用数据的程度更高。

下面分四个部分报告我们的研究结果。第一部分运用问卷调查的证据，探析了学区层面的数据使用与支持。第二部分运用访谈和案例证据，考察了同样的问题。接下来的部分，呈现了关于学校数据使用模式的研究结果及影响数据使用的组织条件。这部分中，我们运用了访谈与案例研究的证据。最后，我们报告了学区和学校层面的数据使用与学生成绩关系的分析结果。

学区层面的数据使用与支持：问卷调查的发现

教师和校长的数据使用不是孤立的活动，而是发生在其他重要活动的情境中。这些活动诸如：就明确的改进目标达成共识；为运用数据及实现改进目标，提升学校专业人员的能力。在我们的第二次校长和教师调查结果中，对此做了清晰的说明。校长调查包括各种与学区政策条件和行动有关的题项。正如第 9 章分析学区对于校长效能感的影响时所报告的，这些条件和行动在关于有效学区特征的前期研究中已经加以明确（Anderson，2006）。对第二次校长调查的探索性因素分析显示，与几个学区条件相关的题项，可以被归入更为宽泛的类别。这让我们明确了两个可能直接影响校长和教师领导，以及间接影响学生成绩的学区因素。我们将其中的一个因素称为“学区对目标与数据的使用”，另一个因素称为“学区重视专业发展”（包括校长和教师）。我们检验了这两个因素与第二轮教师调查中两个学校领导指标——教师对校长教学领导行为和学校专业共同体的评分——的关系。

图 11.1 呈现了我们调查中所测量的各项变量之间统计关系的分析结果。[①] 这项分析只覆盖了我们研究中的 68 所小学。

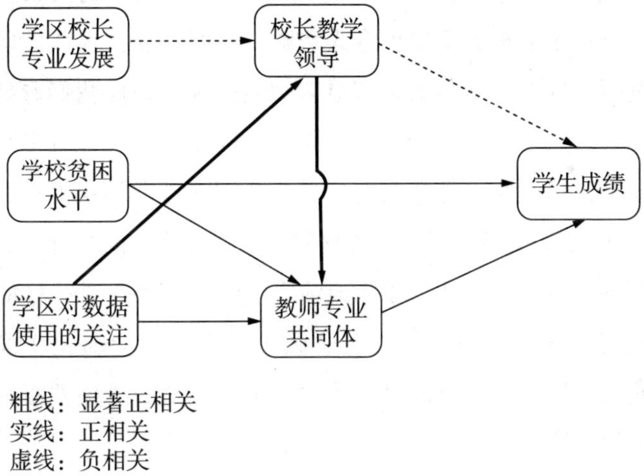

图 11.1　学区的数据使用方式如何影响学生成绩

该图显示了几个重要的结论。首先，学区在数据指导下确立的改进目标，与教师所报告的校长教学领导的深度直接正向关联，也与表现为学校专业共同体强健程度的教师领导直接正向关联。（有关学校教学领导和专业共同体的重要性，更为深入的分析请见第 3 章。） 164

其次，学区专业发展项目对于学校领导（校长教学领导和教师专业共同体）的影响可以忽略不计——甚或是负面的，除非这些项目与学区目标和数据使用相结合。仅仅依靠专业发展，看起来不会提升校长自身领导及鼓励教师领导的能力。就此，我们的质性证据给出了一个可能的原因。在许多案例学区，校长的专业发展活动与学区改进目标和数据使用的重点，缺乏较好的一致性。

图 11.1 概括的证据也呼应了第 3 章的发现：学校教师共同体质量是校长教学领导行为影响教与学的中介变量。为了对学生学习产生预期的积

① 该分析使用了 SPSS 统计软件包中的 AMOS 结构方程模型程序。各项数据与模型之间拟合度的测量都表明，模型是比较稳健的。

165 极影响，教学领导必须辅以教师专业共同体建设工作。所以，当学区的专业发展和数据使用工作，聚焦于共享教学领导、数据使用、教师和校长对于学习的共同责任时，才会与学生成绩形成间接却强烈的关联。

本分析有一个方面很重要但令人费解。我们发现，在我们研究的学校中，学生贫困程度对于学生成绩有显著的强影响。即使我们看到，为了缩小贫困学生与富裕学生之间的成绩差距，学区和学校领导者辛勤努力，推出了各种举措，但差距依然存在。不过，当把来自小学和中学的证据分开考虑时（图 11.1 只包括小学），会发现一个令人惊讶的差异。虽然学区行动、校长领导、专业共同体、学生成绩之间的基本关系是一样的，但小学学生贫困程度和学生成绩之间的关联微不足道，中学却关联很强。易言之，学区使用数据进行学校改进决策，似乎对小学的成绩差距有影响，对中学的成绩没有影响。

尽管对于这样的结果无法做出简单的解释，但反思我们在前面的第 5 章和第 6 章中有关小学与中学教学领导行为的观察是有用的。虽然，中学老师可能与小学老师一样，显示出对于校长的喜欢与信任，但他们更少地认为校长对他们的教学策略有影响，也更少地经历专业共同体。如果我们将两方面的发现结合起来，便会假设：我们所研究的学区能够更好地为小学领导者组织一个支持系统，以促进数据驱动的改进，但不能为更为复杂、学科特征更强的中学提供这样的支持系统。当然，为指导校长和教师教学决策而进行的数据收集和分析，只是校长教学领导行为的一个维度。我们也更为准确地检测到，学区领导者参与和支持数据使用的程度与校长的数据使用实践有直接关系。表 11.1 来自我们最初的校长调查结果，可见，校长报告的学区层面的数据使用与他们在学校层面的数据使用实践直接相关。虽然人们不一定能从这种分析中推断出因果关系，但校长报告的自己的数据使用与他们学区的数据使用之间的所有关系，中等但显著地相
166 关。总之，在学区领导者展示出对于校长的支持，并运用学生表现数据进行教学决策的情境中，校长更可能跟着做。

表 11.1　校长数据使用和学区数据使用的关系

校长有关学区题项的回答	校长有关学校题项的回答		
	我自己的决策经常依靠研究证据	我自己的决策经常依靠系统收集的我们学校的评价数据	我使用学生成绩数据帮助做出学校中的大多数决策
我们学区有能力对学生和学校的表现开展可靠的评估	0.331	0.271	0.195
我们学区的决策中使用学生和学校表现的数据	0.402	0.384	0.317
我们学区协助学校运用学生和学校表现数据制订改进计划	0.344	0.416	0.317
学区运用学生成绩数据确定教师专业发展需求和资源	0.426	0.397	0.355

注：所有相关性都具有统计学上的显著性（$p<0.01$）。

总之，我们的调查结果显示，在州/联邦问责要求和压力下行动的学区办公室领导者，确实是学区和学校层面教学决策中数据使用及支持数据使用的关键人物；校长和教师的数据使用明显地受学区行动的影响。这些结果也被我们在学区和学校层面的访谈所证实。

学区层面的数据使用与支持：访谈和案例研究的结果 167

州和联邦的问责系统要求学区和学校人员关注那些学习上难以达到或不能达到规定的学业标准与目标的学生的所有证据。在大多数受访的学区领导者看来，尽管不是所有学区都能在使用数据方面得到州教育部门的良好支持，但这是一种积极的转变。我们访谈的校长中，没有多少人能独立深度地、熟练地投入数据使用。学区是学校数据使用的主要支持源头，学区领导者在引导校长和教师运用数据决策方面发挥关键作用。在这方面，他们采取了这些行动：

- 设定学校改进活动中对使用数据的期待，并对数据使用活动进行监控。
- 在学区决策及与学校合作共事中示范数据使用。
- 动用辅助工具和资源促进数据使用。(如学校数据报告、嵌入课程的教师评估工具、时间和数据使用团队。)
- 提供将数据使用有意义地融入学生学习和学校改进所需的专业知识。

设定期待并监控

学区领导者促进校长和教师数据使用的一个显而易见的途径，是以各种方式明确地坚持数据使用。校长们在访谈中提到，学区会要求校长将学校改进目标和进步报告与学生表现数据关联起来，要求教师用一些数据来证明自己的优秀实践，而不仅仅依靠非正式观察和专业意见。简单的监控通常就足够了：要求经费支出决策经过实据论证，要求专业发展能基于数据确定明显要加以关注的领域等。这些监控方式与正式的监控计划一样重要。

在那些数据使用深度嵌入日常实践的学校和学区，学区管理者都谈到这一点：在数据指导下，与校长个别地讨论学校的学年目标和进步情况。

示范

学区领导者也可以通过示范如何使用学生和学校表现相关数据促进数据使用——在决定系统改进目标和举措，以及定义与回应特定学校需求时，明确该使用何种数据。譬如，一个学区的中心办公室将提升高中毕业
168 率作为学区系统的工作重点。在做出这一决策时，学区研究了不能按时毕业学生的学业记录，把他们的研究结果与校长共享，并针对导致失败的因素为校长和教职员设定期待的行动。在另一个学区，学监推动了一项学区主导的调查，了解3—5年级学生达到规定阅读水平人数比例下降的原因。

开发支持工具

一些学区中心办公室的管理人员，通过为学校人员提供有助于数据搜集和解释的工具，促进与支持数据使用。最低程度上，这包括州和学区出于问责需求，而搜集、呈现并可能初步整理的各种学生表现与特征的数据报告。此外，一些学区也开发了对学生进步情况做形成性评估的地方性工具（如持续评估的学科基准测试［subject benchmark test］、与州或学区课程标准一致的评分标准［scoring rubric］）。在工作更为细致的学区，学区职员开发了相关程序和表格，帮助校长和教师将评估数据与具体的课程标准、教学策略信息和那些旨在消除学生成绩差距的项目联系起来。然而，不同学区办公室领导者所创设、使用与支持的学校数据使用工具，在性质和范围上存在差异，且与学区规模或富裕程度没有明确的相关性。易言之，支持学校数据分析的辅助工具的开发，是学区政策选择的问题。

工具和资源不止细则或评估。我们观察到一些学区创设了全区性的组织结构和工作常规，尤其是学校之间共享信息的机会，以此提升与促进学生学习改进中的数据使用。譬如，学区管理者和校长经常会在月度校长会议中留出时间，与学区督学、专业人员共同商量数据的分享与解释。虽然没有广泛的证据，但一些校长提到，学区最近的相关举措中——建立以学生学习为重点的专业学习共同体（教师团队）及确定学校作息时间——都涉及对学生成绩数据的使用。

发展校本能力

正如我们前面的调查分析中指出的，很大程度上，专业发展与学区对数据使用的关注相关联时，似乎才是有效的。当学区培养了学校人员解释 169
数据并将数据融入学校改进和学生学习决策中的专业能力时，会出现更多基于数据的学习领导（leadership for learning）。受访者提到了他们学区提升学校数据使用能力的几个方面——特别是提供学区或外部专家（如地区教育服务中心职员、大学人员），帮助整理与解释州测试的数据，或为教师与校长提供解释和使用数据方面的专业发展。

学区规模是如何提供此种支持的一个影响因素。大的学区可能有专职的评估和评价专家。小一点的学区更可能依赖那些在评估方面发展了额外专长的学区管理者或课程职员。它们也更可能从地区教育服务中心寻求课程与评估专家的帮助。

最成功的学区，并不指望数据使用能力会在一夜之间普及。一些学区致力于发展学校人员使用数据的能力，以便他们能够利用学生评估和其他表现数据，为学校改进计划和项目的集体决策提供信息，在不必求助于外部专家的情况下满足学生需求。在几个学区，我们观察到一种能力建设的推进层次。随着时间的推移，它们从最初强调发展校长的数据使用专长，转向培训教学团队中教师的数据使用。

总体而言，正如我们在本章引言部分所提到的，我们有关学区层面对学校数据使用的领导和支持的研究结果，与其他关于学校改进中学区角色研究的证据，以及与专门关注学区层面领导与支持数据驱动决策研究的证据（Datnow，Park，and Wohlstetter，2007；Togneri and Anderson，2003；Wayman，Jimerson，and Cho，2010）相一致。

学校层面的数据使用

我们采用池本和马什的框架（Ikemoto and Marsh，2007），分析与报告学校层面数据使用的研究结果。这一框架关注谁参与数据使用、数据的来源和数据分析的复杂性（如范围、频率和深度）。关于影响数据使用条件的研究结果，不仅有池本和马什发现的条件，也有其他研究此问题的人发现的条件。

谁参与数据使用？

表 11.2 基于第一次校长和教师调查获得的证据，它概括了校长数据使用程度及其支持教师使用数据相关题项的回复平均值和标准差（从“强烈不同意”到“强烈同意”的六点量表）。总体上，校长认为，自己使用数据和鼓励使用数据的程度较高。较小的标准差显示校长们在这一认识上有相当大的一致性。如表 11.2 所示，教师们对于校长鼓励他们使用数据的情况的看法有较大差异（相较于校长调查的标准差在 0.90 左右，教师

调查的标准差在1.40左右）。

表11.2 校长的数据使用程度

题项	N	平均值	标准差
校长调查（量表信度=0.866）			
我的决策经常依靠研究证据	237	4.86	0.962
我的决策经常依靠系统收集的我们学校的评价数据	236	4.97	0.958
我使用学生成绩数据帮助做出学校中的大多数决策	237	5.14	0.914
我鼓励教师在他们的决策中利用数据	237	5.32	0.802
教师调查（量表信度=0.941）			
校长（们）鼓励你在工作中使用数据	4039	4.34	1.427
校长（们）鼓励在针对个体学生需求做计划时使用数据	4038	4.40	1.410

注：虽然我们的大多数分析仅仅依赖于正职校长的报告，但本表中包含了助理校长的报告。我们假设，助理校长在很多情况下被授权承担支持数据使用的责任。

在第二次教师调查中，我们询问了校长教学领导行动的频率。正如表6.2（第6章）所示，教师所报告的学校管理者鼓励教师为个体学生需求制订计划时使用数据的频率存在广泛差异。在那些教师对校长教学领导行为评分高的学校（前20%，25所学校），教师报告的数据是校长平均一年鼓励四次（3.97次）。而在教师对校长教学领导行为评分低的学校（后20%，25所学校），教师报告的数据是校长平均一年鼓励两到三次（2.37次）。

总之，针对校长和教师的调查数据显示，尽管教师所经历的校长对数据使用的鼓励和支持各不相同，但校长确实在使用数据，并对教职员进行适度的鼓励。 171

为进一步了解校长及其教职员的数据使用情况，我们转向校长访谈和案例研究的结果。有关有效数据使用的规范性研究文献，强调数据收集、分析和解释中的团队或群体参与。三分之二的受访校长提供了在此过程中与他人合作的证据。围绕数据的合作，发生在年级团队会议、学科会议、专业学习共同体（经常与年级、学科团队重合）、为追踪高危学生需求而召集的委员会、学校领导或改进团队，以及全体职工活动——如数据退修会（data retreat）和教职员大会——中。这一结果与本章前面报告的证据相一致，证明了校长教学领导行为、教师专业共同体和学区数据使用期待之间的显著关系。

我们的分析没有系统地探究所有实地考察学校具体决策情境中的数据使用者与数据使用的情况（例如学校改进目标设定和进步监控、确定需要特殊项目干预的学生——如辅导项目或提升项目之类的决策情境）。不过，校长和教师提到这些决策和行动情境的频率很高，足够使我们提炼那些情境中参与数据使用的一些关键模式与差异。

这样的推断可能会夸大校长的作用：校长在那些情境中的参与，必定意味着他们亲自搜集和解释数据。事实上，校长通常承担数据使用“促进者”（enabler）的角色，而不是直接的数据使用者。在此情况下，教师领导者或普通任课教师通常是“一线”（street-level）的数据使用者。校长可能允许教师获得相关数据，提供有助于搜集或解释数据的工具与时间，寻求外部专业支持或努力培养校内人员的专长，以及通过要求教师为学校改进或学生干预方面的建议提供依据而明确他们的责任，但校长自己不会直接参与数据分析和使用的过程。

一些学校的校长采用了池本和马什的探究导向的数据使用（inquiry-oriented data use）模式（Ikemoto and Marsh，2007），但没有发展成为一种教师参与其中的集体性活动。譬如，一所学校的校长自己调查了为什么许多3年级入校的西班牙裔学生，没有按预期到6年级时过渡到英语中等班。她将调查结果和工作计划交给了教职员。另一所学校的校长从其他地方寻找州测试结果的比较数据，以帮助理解为什么学校成绩滑落到低于州示范等级（exemplary rating），他根据自己的分析结果采取了行动。

172 然而，校长采取措施进行了更复杂的数据分析，并不意味着其学校就一定是我们结合校长和教师调查测量出的数据使用程度高的学校。我们的质性证据显示，更为复杂的数据使用模式——指导教学决策和学校改进——最可能出现在那些校长和教职员共同追求数据使用的学校。这一结果与前面第 2 章至第 4 章中，我们有关领导分布和专业共同体的讨论有所呼应。

什么是数据使用中有用的专长？规范性研究文献中提到了数据搜集与分析的能力（如统计专业知识），以及对数据涉及的学科领域（如识字阅读、数学问题解决）知识的了解。我们实地考察的学校中有三分之二的校长报告，他们和教师在学校改进和教学项目相关决策数据的搜集和解释方面，受益于专家的协助。我们的访谈证据发现，学校数据使用中的专门才能有五个可能的来源：中心办公室人员（学监、课程或评估专家）、州支持的地区教育中心专家、校长、经培训而成为评估和数据专家的关键教师和普通任课教师。

专门才能的来源各不相同。它不只是获得技术诀窍，也取决于学校在使用数据为学校决策提供信息方面经验的深度。在数据使用程度低的情境中，有一种依赖外部专家的倾向，或者依赖校长或关键教师（如咨询顾问或读写教练）作为本校数据专家。在数据使用程度高的学校，指导和支持数据使用的专家分布得更为广泛。校长和教师报告说，学校不断努力提升教师在集体教学决策中的数据分析能力，在此过程中有其他专家的支持，但不依赖于专家。这方面的工作通常是专业学习共同体建设举措的关注重点，也得到学区干预措施的协助，诸如课程教学评估方面的培训、全校性的数据分析活动、教师团队辅导（年级或学科团队、专业学习共同体）和数据软件的购买及软件使用的培训。

数据来源

相当大比例的校长报告了几种不同的数据来源——几乎所有案例都使用的州强制评估（26 位校长），以及学区开展的评估（18 位校长）和教师或校长开发的学生学习评估（15 位校长）。校长们也谈到了一种不太普遍被使用的数据来源：由教师开发并系统性地使用、与州/学区课程期待要求相一致的诊断性和形成性学生学习评估。毫不奇怪，鉴于联邦政府要 173
求报告，校长们经常提到学生人口学特征数据的可用性。这些数据诸如种族、语言背景、社会经济地位，以及其他官方指定的学生特征指标，如流动率、出勤率、第一条款（Title I）① 资格、特殊教育需求和英语水平。然而，学校和学区人员都很少报告，他们会使用这些背景信息解释学生和学校表现数据。

虽然校长和教师经常使用数据指导教学决策和改进目标，但他们利用的正式搜集的数据范围很有限。我们研究中的学校受访者，很少谈及搜集和使用其他类型的信息，这些信息可能指引他们理解学生（个人或群体）表现的挑战以及他们的应对决定。譬如，我们实地考察的学校中，很少有校长提及教师表现和专业支持需求方面的数据，无论是通过教师考核过程还是通过走查（walk-through）课堂而非正式获得的数据。相似地，校长也很少提及系统搜集与使用父母支持学生学习相关信息的尝试，这些信息可能有助于形成关于学生学习差距与目标的集体理解和计划。同样，在学校如何使用证据方面，只有少数教师和校长提到使用公开出版的研究成果的信息。数据使用程度高的学校的校长提醒我们，除非教师知道如何对所确定的需求和问题做出恰当回应，否则他们拥有的解释学生数据方面的专门知识用处有限（也可参见 Datnow，Park，and Wohlstetter，2007）。一些数据使用程度高的学校的校长强调，为了在回应对学生数据的考察结果时做出好的决策，确保教师获得适当的专业知识（研究）是重要的。这通过多种机制实现，倾向于将研究与其他的知识来源混合起来，诸如学区或外部顾问提供的培训、教师读书会（book study），以及教学策略（包括那些教师自己创造的策略）效果的分享与讨论。

数据使用程度高和低的学校，都可以获得大量外部搜集的学生表现数据。我们的结果也表明，校长和教师既没有系统搜集也未使用太多学校或课堂条件的证据。为了改进学生学习状况，这些条件可能都需要改变。换句话说，当前学校的数据使用和数据分析，更多地注重发现学生学习的问题，而不是寻找原因与可能的解决方案。

① 指《不让一个孩子掉队法》中的第一条款。——译者注

分析的性质与复杂性 174

不同学校确定发展问题时，使用数据的范围、频率和复杂性存在很大差异。譬如，大多数学校的校长将州测试结果作为设定改进目标的一个因素。然而，校长和教师能够积极使用这些数据监控学校改进计划结果的学校为数有限。在利用数据确定未达到规定标准的学生亚群体改进目标，以及将这些目标与具体考试课程的要求联系起来的方式上，不同学校之间存在差异。考试结果分析的水平和详细程度，受学区或州层面专家协助程度的影响。这表明，很少有学校具备独立完成这项工作的能力。

在数据使用程度高的情境中，学区通过研发与州和学区课程期待相一致的地方基准评估（local benchmark assessment），为教师和校长的形成性评估实践提供了重要支持。当科任教师定期运用这些基准评估对学生表现进行持续评估时，学生培养方案的调整就会更加频繁。地方性的考试为个体和集体的教师决策提供了基础。较之那些由外部开发、不能确保与州标准保持一致的补充性评估（supplemental assessment），地方性的考试更可能为学生在州考试中的表现做出贡献。总之，学区行动简化了将诊断性和形成性评估与课程标准联系起来的过程，增加了数据在学校层面发挥良好作用的可能性。

在那些大多数学生只达到最低限度州标准的学校中，使用考试数据在制订学校改进计划方面不那么突出。当然也有例外。在一所 95% 以上的学生达到或超过州标准的郊区小学，校长请求学区评估专家帮助教职员确定年度目标。他们将目标设定为：增加达到州考试最高等级（测试中只有两到三题不会做）学生的人数。在大多数考试成绩好的学区，并未明显地采用考试数据驱动的响应模式。

大多数学校使用诊断性评估工具确定学困生，并制订补救计划。但在数据使用程度高的学校中，学校人员更可能在整个学年里都使用形成性评估，并定期调整为学习吃力的学生提供的额外帮助。在学区和学校领导者将数据使用与特定干预措施关联起来的情境中，教师在日常教学决策中将学生表现数据纳入考量的情况更为明显。

校长、学区管理者和部分教师描述了这样一些情况的可能性：对不同

175 群体的学生学习表现进行更为复杂的分析；考察学生特征、培养方案和学生表现的相关性；研究个体或群体学生表现的纵向发展数据。然而，他们只能提供很少的实际例子，来说明这种分析在理解与回应学生需求方面的可能性。这也许是因为他们最近才采用这种分析方法。在数据使用程度高的学校，教师们会搜集与分析额外的数据，以便更好地理解引发问题的原因，并对缓解这些问题的干预措施的实施效果进行监控。譬如，在一所小学，校长和教师将学生说明文写作作为学校改进的一个目标。为了对学区制定的学年初和学年末评估加以补充，校长动员教师制定了学年中段的写作要求。她请求学区咨询顾问为教师提供在职培训，不仅就使用与解释评估数据（学区根据标准的写作要求进行的评估）进行培训，而且就新的写作目标下的教学方法进行培训。为改进学生写作，教师团队必须按要求研究学生的进步和教师干预措施的效果，包括通过访谈学生了解他们对教学策略的反响。校长和学区的促进作用，在这个案例中体现得都很明显。

不过，数据使用程度高的学校的数据使用模式，与其他案例研究的结果是一致的。我们的案例和前期的研究都指出了这些因素：

- 学区和校长领导强调数据使用。
- 使用不同数据来源服务各种改进目标的重要性。
- 为优化教学、追踪进步而关注整个学年中对学生学习的形成性评价。
- 教师和校长能够获得与对课程和学习的期待相一致的数据使用工具。
- 数据使用活动的集体性。
- 具备专长的本地教育工作者对于数据使用过程的引导。

什么影响着学校中的数据使用？

对于校长的调查和访谈，以及对数据使用程度高的学校和学区的案例访谈，提供了关于学校数据使用影响因素的证据。访谈结果提供了一种视角，让我们了解校长在多大程度上意识到并关注那些有助于学校数据使用的条件，以及他们认为学区正在为促进数据使用做什么（正如我们在讨论学区数据使用和支持时所报告的）。

表 11.3 概括了实地考察时，就关注学校数据使用条件的程度，对校 176
长进行访谈的结果。左起第一列呈现了池本和马什（Ikemoto and Marsh，2007）研究所指出的影响学校数据使用的条件。第二列显示了提及相应条件的校长人数。第三列报告了提及并描述过在相应条件上采取行动的校长人数。

表 11.3　校长对于影响数据使用的条件的关注

影响数据使用的条件	提及（人）	提及并描述行动（人）
1. 数据的可获得性与及时性	16	—
2. 感知到的数据质量	8	—
3. 职员考虑数据的能力及相关支持	15	5
4. 解释证据并依据证据行动的时间保障	6	4
5. 分析和解释数据方面的外部伙伴关系	—	—
6. 数据搜集与解释的工具	4	2
7. 组织文化对于数据使用的支持	14	3
8. 学区和州政策对于数据使用的支持	17	6

这些结果表明，我们的研究样本中有许多普通学校的校长意识到了池本和马什（Ikemoto and Marsh，2007）指出的影响学校人员数据使用的关键条件，特别是数据的可获得性与及时性、学校人员使用数据的能力以及数据使用的外部支持（学区、州）。数据质量、解释与处理数据的时间、数据搜集与解释工具等也被校长们提及，但频率不是很高。

然而，意识未必转化为行动。提及自己正在采取行动以影响表 11.3 中的一个或几个条件的校长，数量要少很多，在各项条件的分布上也不均衡。这种情况也让我们推测，一部分校长觉得在组织条件和技术条件——它们影响学校教职员在决策时有效运用数据的潜力——上采取行动更得心
应手一些。从受访校长对于学区在数据使用上的相关组织规范、支持和政 177
策的密集评论中可以看出，学区和州工作重点与期待所形成的情境影响是

显而易见的。

数据使用和学生成绩

虽然在某些条件下，数据使用可能提高学生成绩，但数据使用与成绩关联的路径是间接的。图 11.1 明确地支持这样的主张：学区目标及其数据使用影响校长和教师的共享教学领导工作。学区领导者通过影响校长和教师的行动发挥作用。

图 11.1 显示的结果令我们印象深刻，它指出了学区支持数据驱动决策的努力对小学生的成绩有更强影响，学区领导的工作举措显著降低了学校贫困水平的影响。我们的额外分析考察了校长对于数据使用的重视程度（见表 11.2）以及学区的压力和支持。结果证实，相比于中学，学区的数据使用举措对小学的数据使用有更大的影响。

该分析同时建议，校长促进数据使用的努力，不如学区政策和举措重要。① 校长对于学校数据使用的影响不强，这可能是缺乏数据使用专门知识的结果。访谈中，校长们也报告了这一点。地方上有数据使用方面专长的人，通常集中在学区层面。

三、结论

当前的教育政策鼓励学区、学校领导者及教师更多地在数据指导下进行决策（Herman and Haertel，2005）。这是本章分析的背景。对于数据使用的鼓励，基于这样的假设：对学生正式考试结果以及系统搜集的组织条件方面证据的更多关注，会产生更为有效的学校和课堂实践，进而提升学生学习（McDonnell，2005）。（尽管这是当前许多政策——尤其是 2001 年《不让一个孩子掉队法》——的主要特征，但实际上并没有太多的经验研究证明这一基本假设，而且既有研究报告的证据也不一致［Carnoy and Loeb，2002；McDonnell，2005］。）我们也不太了解，学校和学区领导者以

① 参见第 9 章。

循证决策之名所做的事情，或者那些促进与阻碍他们在决策中使用数据的条件（Coburn，Touré，and Yamashita，2009；Ikemoto and Marsh，2007；Spillane，Diamond，Burch，Hallett，Jita，and Zolmmers，2002）。本章意在更好地理解学区和学校层面的数据使用实践，与一般学校——相对于数据使用程度高的学校——校长和教师数据使用实践之间的关系。我们也旨在更好地理解影响学校数据使用的组织条件，并考察数据使用是否与学生学业表现有任何可辨别的关系。以下结论性的评论，选择了一些我们认为值得教育政策制定者、实践者和研究者等关注的主题。 178

首先，我们对学区领导者在学校数据使用方面的强大影响作用印象深刻。他们通过设定数据使用的基调、方向和期待，示范数据使用，以及解决那些给校长和教师使用数据造成挑战的一些重要技术条件与组织条件发挥作用。的确，前期研究中发现的许多影响数据使用的组织条件——诸如可获得性、及时性、数据质量以及充分利用数据的时间与人力资源（Ikemoto and Marsh，2007），更容易受学区层面而不是学校层面的影响。其原因在于数据使用的技术复杂性、资源要求与政策限制。简而言之，通过搜集数据指导学校发挥学生学习改进决策的潜力，在很大程度上依赖于学区层面的领导与支持。

其次，我们在本章开始时过于狭隘地聚焦于校长的数据使用，但我们很快意识到，需要聚焦于学校层面数据使用的领导，其方向主要来自学区办公室。在数据使用程度高的学校，存在着校长和教师共同参与的集体性活动。这些学校的校长精通数据，但不总是把自己作为专家。他们根据需要，采取策略性的行动，发展专家或获得专家支持。总之，校长在确立数据使用的目的和期待、结构性机会（同事合作与时间保障）、培训与支持、获取专门知识、采取后续行动等方面发挥领导作用，但很少参与设定明确的期待与提供直接支持。在那些学区和校长没有将数据使用作为工作重点，没有调动专门知识或创造工作条件以促进教学决策上的数据使用的情境中，教师们也不会自行使用数据。当我们越来越敏感于强调州、学区和学校将相对狭窄的数据用于决策时，我们也越来越担心，当前理解的“数据驱动”概念存在着低估学校改进实际面临挑战的危险。“决策”这个词语意味着，学校改进的挑战是要在一套已知解决方案中，选择一个有助于理解改进问题的方案。使用“问题解决”而不是“决策”这个词语，可
179 以更准确地描述大多数教育领导者及其教师同事所面临的改进挑战。我们的结果表明，可供大多数校长及其教职员获得并使用的系统搜集的数据，在问题解决方面潜在地发挥重要但有限的作用。大多数情况下，这些数据描述了学生学习的现状，并揭示了学生的一些背景。但问题解决（和学校改进）是有关如何缩小当前状况与更为理想或优选状况之差距的（Frederiksen，1984）。学校教职员如何更好地理解当前状态的根本原因？他们在哪里可以找到缩小差距的知识？特别是，如果有的话，何种类型的系统搜集的证据，能够显著地提高学校教职员改进工作的质量？

最后，我们担心，过度聚焦于系统搜集的数据，可能会提高“单环路学习”（在不改变假设的情况下，优化当前的理解与实践）的程度，但显著地妨碍“双环路学习”（挑战当前理解与实践所立基的假设）（Argyris and Schön，1974）。

这种担忧也反映在信息密集型组织和知识密集型（或专长密集型）公司或组织之间的区别上。前者处理大量的证据，其中大部分通常并未实际用于决策；后者通常只处理少量的此类信息，而是依赖有关如何完成工作的高水平专业知识（Starbuck，1996）。专业组织通常都是知识密集型组织。

本研究的证据或许可以被解释为，许多学校习惯于像知识密集型组织那样行动（无论学校中的人员是否真正拥有所需的专业水平）。这对研究和政策提出了一个有趣的问题：相比于花同样的资源提升教学及相关的专业水平，为学校提供更多信息所花费的资源对于学校教育质量的益处是什么？两种方式齐头并进是可能的。这似乎是当前大多数改革举措所遵循的路径。但这意味着，要在两个选项之间划分资源，从而减少任何一个选项可用的资源。在两种改进选项能够实现平衡之前，我们需要在倡导使用数据进行学校决策的结果方面，获得比现在更多、更好的证据。

四、对政策与实践的启示

本章所讨论的证据，对政策与实践至少有四个方面的启示：

1. 学区应该确保为校长提供的专业发展机会与学区的数据使用政策关联起来。为支持教师使用数据改进学生学习，有必要为校长提供额外的 180 发展机会，使他们掌握更多的专门才能。

2. 当学区用自己设计并与州标准和州测试相关联的评估作为对州测试的补充，且用它们来提供更频繁、更及时的反馈时，学区工作似乎是最有效的。

3. 数据使用程度高的学校将数据使用作为一项集体活动。它们不仅使用数据发现问题，还基于数据发展策略性干预措施。

4. 行政管理上应高度关注中学数据使用模式的开发。

五、反思问题

1. 小学和中学之间的何种差异能够说明它们在数据使用程度及其对学生影响方面的明显区别？

2. 可以采取哪些措施支持初中和高中的数据使用？

3. 就数据使用而言，在协调学区、外部专家和教师领导者工作方面，校长应扮演怎样的积极角色？

4. 考虑一个一般学校管理者的工作量，作为一项工作重点，数据使用的重要性到底有多大？为什么？

第12章　学区领导力差异：考察学校改进的地方性挑战的新视角

斯蒂芬·E. 安德森　卡伦·S. 路易斯

181 **本章有证据支撑的主张**

学区的教学政策和实践足够有力时，教师可能间接地有所感觉，正如他们可以感觉到更为有力也更为直接的校长领导行为。高表现学区（higher-performing district）往往由采取如下行动的学区职员领导：

- 传达对教师和校长改进教与学质量能力的坚定信念，以及对学区能够提供教师和校长能力发展（高集体效能感）所需组织条件的坚定信念。
- 在专业实践（课程、教学、领导）的核心期待上形成共识。
- 根据不同学校落实核心期待的遵循程度（compliance）与能力情况，为它们提供差异化支持，并保持学校自主革新的灵活性。
- 为学校领导实践设定明确的期待，并根据这些期待建立选聘、培训与支持校长和教师领导者的领导发展系统。
- 182 聚焦改进学生学习与项目实施方面的挑战，为教师和校长参与校际沟通提供有组织的机会。

- 为应对学生学习与项目实施方面挑战的本地探究（local inquiry），制定相关策略及规范，并做出示范。
- 在学区的工作重点、专业实践的期待、各学校目标与需求的共识等方面，协调学区各组织单元（如督导、课程和教学、员工发展、人力资源）对学校改进的支持。

第 9 章中，我们考察了学区领导者的行动和学区政策条件。它们影响着校长改进学校教与学质量的个体效能感和集体效能感。我们对集体效能感的测量，评估了校长对学区人员改进学校总体能力的信心；而对个人能力的测量，更具体地聚焦于校长对影响学校教和学质量之自身能力的信心。有意思的是，我们发现，学区行动与学区特征对校长集体效能感的影响，要比对他们个体效能感的影响更强。我们还发现，校长的集体效能感对学生成绩有更大的影响，个体效能感则截然不同。看起来，校长更少地将学生学习归因于他们的个体领导，更多地依靠他们学校和学区同人的共同努力。

我们也观察到，尽管在统计学上，广泛的学区特征（政策、领导行动）影响着校长的效能感和他们的教学领导行为（为教师所感知的），但这些特征以一种协同的方式高度相关并相互作用，而不是作为独立的影响来源。譬如，当聚焦于明确的、数据指导的、学校系统层面的改进目标时，学区专业发展工作对学校领导者有更大的影响。如果不能与明确的改进方向保持一致，学区怀着良好意图给予领导发展和实践的支持，可能毫无效果。

在第 10 章和第 11 章中，我们探析了一些学区策略（诸如设定目标与使用数据）较之其他策略（诸如提供给校长的教学领导专业发展），如何更直接、更有力地影响校长领导。然而，学区影响校长领导的间接路径， 183
仍是学区领导者的一个重要的策略性考虑。正如第 3 章所报告的，我们发现，校长教学领导行为对于教师教学实践（和学生成绩）的影响，与学校中共享领导与专业共同体的质量强相关。竭力改进校长教学领导效能的学区领导者，应该采取行动加强教师专业共同体建设，并努力直接地发展校长的能力和信心。

最后，本章通过考察校长对学区行动如何影响他们应对教学领导挑战之能力的解释，将扩展前面三章的研究结果。我们将运用访谈和调查数据，探讨学区行动和政策的相互作用，如何提升或妨碍学校内部的领导。在此过程中，我们将关注领导支持与实践的哪些向度能够发挥作用，以及它们之间的关键关系与相互作用，并为充实这些主张提供具体例证。本章扩展了以前有关学区压力和支持及其对学校领导、教学和学习影响结果的分析。我们的初始假设是：(1) 成功的学区积极地关注并支持教与学改进的努力；(2) 学区在采用何种政策和行动以体现这种关注方面，并不完全相同。我们的分析支持了这两个假设。我们的研究结果也表明，学区之间在努力改进教与学上的差异，不能仅仅通过询问管理者和专家对于工作重点的说明来判断。所有学区领导者都认为自己是关注教学的，但我们发现，学区之间在处理这一关注的技能与理解上存在很大差异。

为了描述与分析学区间的差异，有必要考察与课程和教学相关的真实实践，以及这些实践与其他学区行动和影响的相互作用。本章的分析基于以下两方面的数据：

- 校长和教师调查数据：测量学区关注教学的情况及其与校长教学领导的关系。
- 访谈结果：学区领导者和校长所认为的学区支持改进的关注重点（如学生表现、课程实施、校长领导和教师质量）。

一、以前的证据

整个20世纪，北美地区的学区更关心的是学校财务、管理以及对学区和政府政策执行情况的监督，而不是对课程、教学和学习的领导与技术

支持。学区的教学法领导（pedagogical leadership）和支持职能，主要是响 184
应州和联邦政府自 20 世纪 60 年代以来旨在提高教育质量的干预措施而出现的。在问责政策的背景下，学区活动对于教学的领导和支持变得越来越重要。问责政策要求学校和学区按照外部规定的标准，对学生和学校表现公开负责。然而，关于学区层面的政策和行动是否真的对教与学的质量有很大影响，国内外一直存在着争论。

一类研究显示，虽然学区可能在公共教育系统的治理和管理方面，发挥有益的中介职能，但它们对教与学的性质和质量几乎没有影响（Floden et al.，1988；Tymms et al.，2008）。这方面的研究通常涉及对大规模调查和数据库的分析，它们包含各种各样的学区情境（譬如，城市和农村、低收入和高收入社区、学生数和学校数很少或很多、学生社会经济地位和种族语言特征较单一或很多样化）。例如，对英格兰各学区影响学生学习情况的细致量化分析发现，在控制学校人口和背景差异后，学区对于学生成绩的影响，只占学区之间成绩差异的 1%左右（Tymms et al.，2008）。通常，当研究者选择“普通”学区时（不是基于以前的效能证据专门选择的），他们也会得出相似的令人灰心的结果（例如，Corcoran，Fuhrman，and Belcher 2001）。

然而，北美地区还有第二类有关学区效能的研究。这类研究一直强调，存在一些特别的学区，它们的学生预期成绩超出服务于相似类型、相似背景学生的其他学区。这类研究至少可以追溯到 20 世纪 80 年代对加利福尼亚州（Murphy and Hallinger，1988）和田纳西州（Rosenholtz，1989）有效教学学区的调查研究。20 世纪 90 年代中期以来，已有几项广泛传播的关于有效学区、改进学区（improving school district）的单一案例和多案例研究（譬如，参见 Cawelti and Protheroe，2001；Elmore and Burney，1997；Sharratt and Fullan，2009；Snipes，Doolittle，and Herlihy，2002；Snyder，2002；Supovitz，2006；Togneri and Anderson，2003）。一个显而易见的启示是，如果一些学区能够对学生学习产生显著的积极影响，那么，其他学区应该也可以。

最近有关学校改进活动中学区作用的研究，聚焦于确定哪些学区层面

的具体政策、行动和条件，有助于教师教学和学生表现的改进。正如第 8
185 章和第 9 章已经详细说明的，这类研究结果汇聚起来，形成了一套共同的与学区整体改进和效能提升有关的政策、行动与条件。这些研究结果与那些更专门地关注学监和其他高级管理者的调查研究相一致（Murphy and Hallinger，1988；Waters and Marzano，2006）。尽管研究结果是一致的，但也有评论者警告，不要基于少部分高表现学区的异常样本研究，对学区政策和策略做出因果推断。因为，这些研究缺乏必要的方法控制，无法令人信服地断定，是什么使这些学区做得比其他学区更成功（例如，Leithwood，2010）。进一步看，虽然这些研究提供了学区正在做什么及其对学生学习影响的证据，但大多数研究并没有实际说明学区层面的行动如何影响校长和教师的工作，进而影响学生的学习。在本章和前面的章节中，我们在理解学区对学校领导和教师工作——它们影响着教和学的质量——的影响问题时，探讨过这方面的研究空白。

20 世纪 70 年代和 80 年代的许多研究表明，不同学区教育变革的方向与方式存在差异。伯曼（Paul Berman）和麦克劳克林（Milbrey W. McLaughlin）将学区区分为官僚主义的、机会主义的或问题解决导向的。不出所料，他们发现，在那些问题解决导向的学区，校长和教师能更为有效地实施与发展新的项目和实践（Berman and McLaughlin，1977）。罗森霍尔茨（Susan J. Rosenholtz，1989）在其关于教师工作状况与变革的调查中，也区分了“停滞”（stuck）与“前行”（moving）两类学区。在那些高度关注教和学改进的学区，有效学校更多。

基于一项对城市中学改革举措的调查和案例研究，路易斯确定了四种学区层面学校改进的方式：革新的实施（innovation implementation）（统一的过程与结果）、演进式规划（evolutionary planning）（统一的过程，可变的结果）、基于目标的问责（goal-based accountability）（可变的过程，统一的结果）和专业投入（professional investment）（可变的过程与结果）。路易斯也强调了学校与学区关系的重要性，这种关系表现为科层控制（规则与规制）与组织联结（如共享目标、共同体、合作规划与协调）的程度（Louis，1989）。这种自上而下改进与自下而上改进之间比较的问题，有着很长的历史。马塞尔（Diane Massell）和格尔茨（Margaret Goertz）将自上而下和自下而上的变革与改进策略看作是可相互替代的——据说是成功的。这意味着，没有在任何情境中都灵验的最佳方法（Massell and Goertz，2002）。其他研究也指出，自上而下与自下而上方式不需要被看作相互替代的，而是可以结合使用（Elmore and Burney，1998）。我们重新回到讨论的主题——在对成绩有着集中期待的情境中，学区在支持改进方面的差异。

富兰最近一篇关于学区在系统改进中所扮演角色的评论指出，各学区用以影响改进的政策和策略在表面上越来越相像（Fullan，2010）。这使得 186
仅凭通用式的策略，如设定明确的改进目标、基于数据的决策、嵌入工作的专业发展、提升教学领导与构建专业共同体等，难以区分学区有效性的高低。学区能否取得成功，更少地取决于策略与政策，而是取决于实施这些策略和政策的能力与持续性，以及能够产生本地专门知识与实现有效实践可持续性的组织学习。

迄今为止，对学区作用的兴趣，聚焦于学区效能的总体差异，以及旨在改进和维持教与学质量的系统性政策和策略。关于学区层面的行动者是否以及如何根据其管辖范围内个体学校的需要提供区别性支持，几乎没有什么探究与讨论（Childress Elmore，Grossman，and Johnson，2007）。历史上，学区已经根据不同类型的学校（如小学、初中和高中）以及立法规定的特定学生和项目（诸如第一条款、英语学习者［ELL］）所应遵守的要求，为学校提供不同的支持。后一类支持的依据，是对学校所服务的特定类别学生所面临挑战的认识。当代的问责政策创造了一种附加的期望，即学区要根据州测试项目及其他问责措施，给予学校差异化支持，并特别关注那些有大量学生未达到要求水平的学校。这种期望如何恰当地在学校发挥作用，还没有得到系统研究。一方面，学区可能仅仅要求那些未达到年度充足进步（Adequate Yearly Progress）目标的学校实施专门的干预措施。另一方面，根据不同学校的改进需求，学区领导者可能正在开发与实施他们自己的策略性应对方案，以配合《不让一个孩子掉队法》和州要求的干预措施。我们实地考察的 18 个学区的质性结果，为理解我们样本中不同学区之间的差异化支持提供了一些新的见解。

二、新证据

本章关注与学区中心办公室领导和支持教与学改进相关的三个问题：

1. 校长如何评估学区管理者对于教与学改进的重视程度？
2. 学区对于教与学的重视是否对校长的教学领导行为有影响？
187 3. 对于不同学校实施地方改进工作上表现与进步的差异，学区领导者是如何理解与应对的？

我们使用校长和教师调查的数据，回答第一个问题。通过对第二次校长调查中与学区有关的题项进行因素分析，我们得出一个包含六个题项的题组，用此来测量校长所感知的学区对于教和学改进的重视与支持（譬如，传达重点教学领域的标准，积极监控教学质量）。我们对六个题项的回复情况做了描述性分析，并为此开发了综合六个题项的“学区对于教学的重视”量表。六个题项和量表并非包括学区改进活动的所有内容①，其中的一些要素已经在其他章中被单独分析过（诸如学区专业发展、学区数据使用和目标设定）。然而，“学区对于教学的重视”的题项和量表效果很好，能够测量校长们感受到的学区重视和支持教与学改进上的差异。为了考察学区教学改进政策和实践在学校层面的反映，我们运用了第二次调查中教师对于校长教学领导的评价。“校长教学行动量表”（详见第 3 章和第 6 章）评估了校长教学领导行为的频率，分为从“从不”到“十次或更多次”五个等级。② 这些行动包括：与教师一起讨论教学问题；观察教师的课堂教学；为帮助教师改进教学提供或分配资源。

---

① 有关学区改进工作领导的多维视角请参见第 6 章和第 7 章。

② 我们也调查了学区关注教学与校长自评的为教师提供教学支持方面的专业知识之间的关系。不过，我们认为，对于学区作用更为有力的检测，需要寻求那些经历过这些作用并在领导方面有所进步的校长的思考。

为了回答第三个问题，我们分析了实地考察时与学区办公室领导者和校长访谈的证据。所有三轮实地考察的访谈，都获得了学区改进重点和策略方面的信息。我们以开放的方式，探讨了哪些影响学校成功的因素引起了学区办公室领导者的注意，以及他们为此正在做什么。这项分析能够使我们确定，不同学区领导者在定义和回应改进需求方面存在哪些差异。该分析也揭示了不同学区如何为区内不同学校提供支持。

下面的内容概括了我们的研究结果。

校长对学区重视教学情况的评价

第二次校长调查中，有六个问题涉及校长对学区管理者重视教和学情况的评价。图 12.1 显示，校长总体上认为，他们的学区明确地关注教和学。然而，他们的回复也表明了一些差异。譬如，对于学区明确地传达教学改进标准的能力，校长们给出了最高评分：学区明确传达重点教学领域的预期标准这一项，在六点量表中得到了 4.99 的平均分。学区领导者有 188
详细的全区教学改进计划的评分也很好（平均分为 4.80）。

校长对学区领导者在支持卓越教学上是积极、有效的一项的总体评 189
价，要稍微弱一点（平均分为 4.67）。不过，当对具体行动进行评价时，差异更大。学区领导者明确教学质量改进步骤的能力得了 4.51 的平均分，而学区领导者沟通重点教学领域最佳实践的频率平均分是 3.59，落在五点调查量表的“偶尔”与“经常”之间。这些结果表明，虽然在将改进教学作为提升学生学习的重点方面，各学区之间有很高程度的一致性，但它们在为支持这一工作重点而采取的行动上仍有相当大的差异。

校长对于六个问题的回答，在学段（小学、初中、高中）、学校规模和学生人口学特征（非白人学生比例和享受免费或低价午餐学生的比例）方面没有显著差异。[①] 此外，校长与助理校长的填答结果之间，也不存在显著差异。

① 基于方差分析。

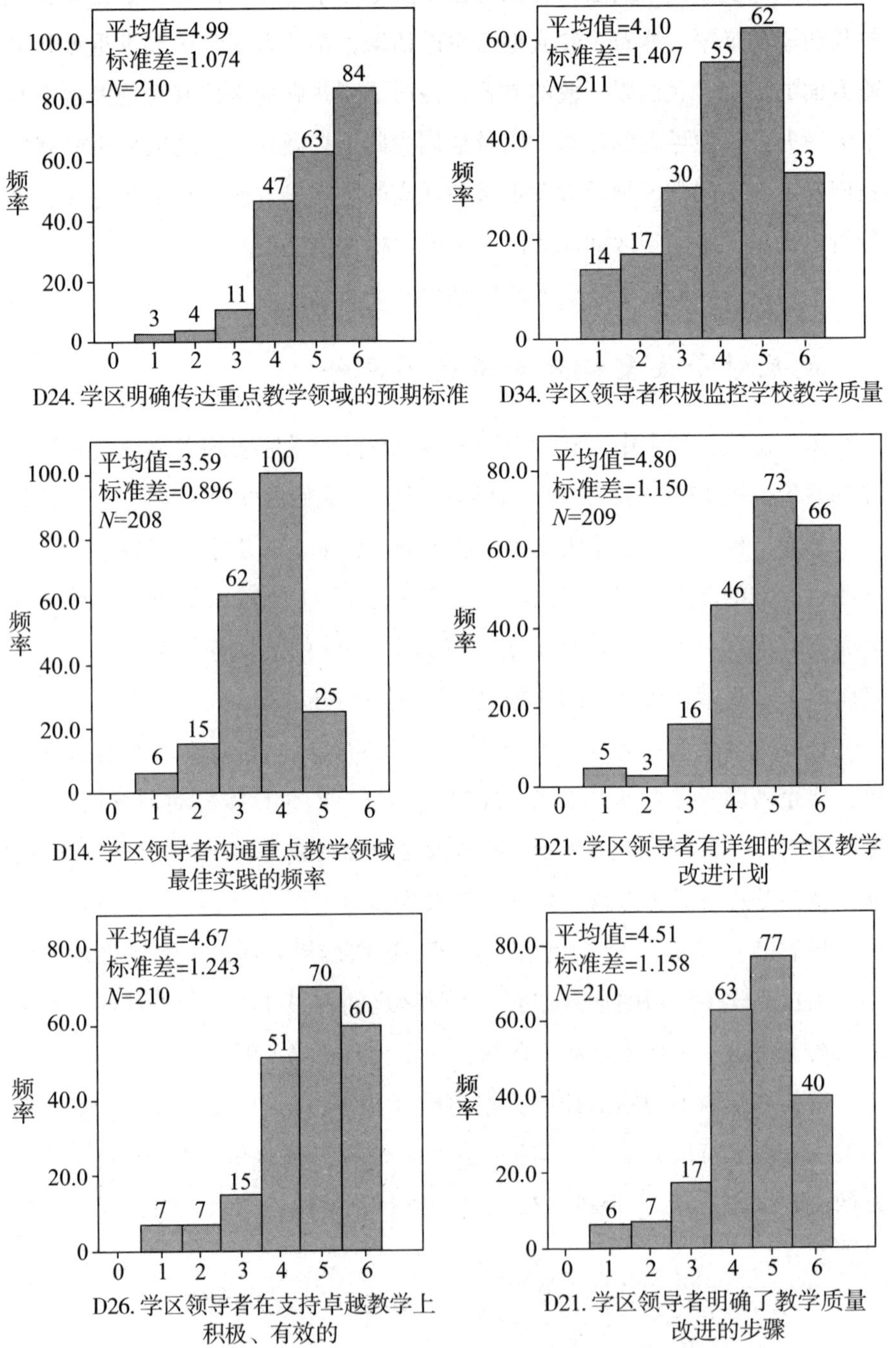

图 12.1　校长对于学区改进教和学行动的感知

总之，虽然校长认为所在学区重视教学改进，但在能否受到明确指引 189
与支持以推动学校变革的各具体问题上，他们的回答有所不同。这些差异
表明：一方面，一些学区的“愿景”与教学改进的策略性计划之间可能存
在差距；另一方面，学区对教学改进的具体支持的实施方式，是在学校层
面展开的。正如我们在第 9 章校长专业发展的案例中所看到的，一套高标
准与对这些标准的切实支持之间的差距，可能是决定校长在其学校情境中
能做出何种反应的关键。

不过，我们注意到，与明确什么样的教学实践变革最有可能产生符 190
合预期的学生学习结果相比，就存在的某个问题（如 30%的 6 年级学生
在说明文写作方面表现不好）搜集证据和形成解决问题的一般性策略
（如进一步开发教师提升学生写作能力的教学方法清单）的共识，可能更
为容易。

学区对于教学的重视与校长的教学领导

我们假设，提升学校层面的领导，是学区促进变革最有希望的方式之一。当前的研究表明，学区不仅必须有基于数据、与学区改进目标（正如第 9 章的调查研究建议的专业发展和第 10 章的调查研究建议的数据使用）相一致的连贯的领导发展项目，而且必须始终如一地将教学改进作为主要目标及提升学生表现的主要手段。

研究结果非常值得注意。它表明聚焦教学的学区政策与实践是非常有影响力的，它们作为校长强有力的、聚焦式领导背后的动力，能够被教师注意到。尽管本节中不会探求学区实践和学生学习之间的关系，但我们已经确定，校长的教学领导对教师课堂教学实践有影响（特别当与强有力的教师专业共同体相结合时）。这种影响又进一步影响学生的学习。这或许是我们在学区的行动选择和工作重点与学生课堂经验之间的间接联系方面，最为有力的研究发现。在学校改进中学区所承担的角色的相关研究文献中，作为少数实证地论证学区实践对于教学领导影响的研究之一，本研究的发现值得关注。大多数研究通过推断得出结论，而不是通过测量实际影响。

补充分析证明，学校特征（规模与学段）和学生特征（少数族群比例和享受免费或低价午餐学生的比例）对校长教学领导行为有很大影响。

学区领导者如何处理学校表现上的差异及实施地方改进工作

191 本章及之前几章考察了特定的学区改进方向和策略，对于学校领导、教学和学习的影响，如目标设定、数据使用、专业发展及沟通、采取重视教学改进的行动。这里呈现的结果，提供了一种不同的考察学区改进活动的视角。我们询问中心办公室的领导者，什么是他们促进学校改进的关键杠杆，以及这些关键杠杆是否因学区政治、地理和人口情境的差异而有所不同。

我们的结果主要关注那些由学区发起的重要学校改进活动，它们都是学区管理者和教职员最常提到的。

- 学生在标准和指标上的表现；
- 学区在课程与教学改进方面提供的支持和施加的压力；
- 学校在落实学区期待方面（课程、教学）的进步；
- 校长在改进学校方面的领导才能；
- 解释学生表现与项目实施差异的学校因素（如教学专长、课程实施、学习差距、人事、领导、物质资源）。

我们分析了实地考察的学区中心办公室的访谈数据，并特别注意在学生考试成绩方面表现好和不好学区的差异。在可能的情况下，我们认为，是地方性因素导致了这些差异，尽管我们也警惕着不要从相对小的学区样本中得出过于一般化的结果。

学生在标准和指标上的表现

不足为怪的是，学区管理者对各自管理的学校在州水平标准和年度充足进步（AYP）目标方面的表现高度敏感。在高表现学区，关于制定地方教学重点和学习标准的重要性，中心办公室职员证实了我们的调查发现。访谈表明，高表现学区的领导者都将学区目标描述为与州目标看齐并超过州目标。在城市和大型郊区，学区目标有时以宽泛的目的加以表述，比如，为所有人做好升入大学的准备。受访者认为，更常见的现象是，学区对于学生学习的期待要比州要求的更严格（仍是相容的）。当学区领导者支持在所有课程领域（不仅仅是外部要求考试的科目）开发学区自己的课程内容与表现期待时，这一点会更加明显。譬如，在我们研究的两个学区中，学区人员也讲述了实施数年的全区性课程开发项目的故事。这些 192
项目最终形成了课程框架与教学资料，它们同时满足州与地方的学习目标。

我们在一些小的农村学区的研究也有类似结果，尽管这些学区中心办公室的人员更少。一个只有两名全职专业工作人员的农村学区，自愿参加了州层面的去中心课程与问责系统的试验项目。在课程主任的带领下，任课教师们开发了一个与州课程期待相一致的学区课程。在这些规模小却很活跃的情境中，学区和学校人员热情地讨论课程的实施，他们积极地谈论作为课程质量证据的学生学习成绩。相比之下，在其他学区，当地教育者主要讨论为了满足州层面期待而实施的州要求课程和外部开发项目。成功的基准就是在州规定测试中的表现。他们没有表现出为学生学习争取更远大目标的感觉。

总之，在那些管理者认为本地的标准贯彻并超过外部标准和问责要求的学区，州测试成绩会高于平均成绩，管理者也往往强调将自己的基准作为学校改进的重点。但在学生州测试成绩不太好的情境中，学区人员更可能将自己看作由外部标准和评估驱动的，更可能认为学区欠缺决定本地改进重点与需求的能力，尽管情况不总是如此——有如我们在下一章中将看到的。与那些表现更弱一些的学区相比，高表现学区的管理者也更可能对州问责指标的有效性持肯定态度。

我们案例研究样本中的大多数学校，没有因为未达到州和联邦学生成绩改进要求而受到处罚。不过，各学区感到不受潜在处罚影响的程度不尽相同。[①] 高表现学区的领导者除了为那些努力达到标准的学生和学校规定具体目标之外，更会为那些已经达到最低标准的学生和学校设定持续改进的目标。我们的样本中，有几个高表现学区（包括城市、郊区和农村学区）的领导者和学校人员，阐述了最近持续进行的支持教师实施差异化教学的努力。比如，在一个中西部的农村学区，学监支持了一个聚焦差异化教学的跨年度革新举措。每年夏天，都有教师团队被送到外部举办的专业
193 发展项目中学习，而且学区希望他们来年能领导校本在职培训活动。该学区及其他学区提出的清晰原则是，要帮助教师明确，既要关注州层面强调缩小低分数与高分数学生成绩差距的要求，也不能忽视培养“高能力学习者”的需求。在这些情境中，地方目标和相关举措往往是为了满足当地社区的期望制定的——这一观点，在那些很少或没有学校低于州标准的学区最常听到。

学区支持与压力

高表现学区的领导者，不指望表现不好的学校仅仅通过联邦和州政策所要求的投入（譬如，择校、辅导、规定的需求评估与学校改进规划、课程审查、外部顾问的建议）就能得到改善。他们采用额外的、学区层面的干预策略。例如，在一个高表现的中西部城市学区，在我们研究的最后一年，两所学校因为不能达到年度充足进步目标（这是第一次有两所学校被定为不达标状态），成为学区干预的重点。除了利用来自州层面的额外资助，参加州为每一所被定为未达到年度充足进步目标的学校提供的强制性工作坊外，学区领导者（负责课程工作的学监、学区课程部主任、学区学校改进部主任）会自己开展调查，了解学生表现不好的原因，并根据每一所学校的需求跟进支持。

相反，在南部某州，一个规模比较小、高度贫困学区中的一所中学，也没有达到年度充足进步目标（过去，该学区所有学校都在州测试中取得

---

① 截至 2006—2007 学年，样本中有一个学区被定为有待改进，其他的几个学区有若干所学校或是被定为有待改进，或是被定为可能有待改进。

了足够高但不是很高的成绩）。根据州的要求，学区请来了一位外部改进顾问。对于这位顾问的作用，学校教职员几乎没有什么正面的评价。除了一般性的支持及依靠学校人员自寻办法外，学区领导者没有提到任何处理这种情况的举措。在一个大规模的、高度贫困的、低表现的城市学区，也有人就州层面对表现不佳学校的干预措施的有效性，提出了相似的批评。在那里，学区没有制定任何系统的干预措施来缓解问题。

高表现学区的领导者往往前瞻性地监控学校学业表现与社区情境的发展趋势（如人口趋势）。这样做，是为了发现未来几年内可能无法达到年度充足进步目标的学校，并且针对那些学校和学生进行干预。在一个大规 194
模的高表现郊区学区（学区的大多数学校有 90%或更多的学生达到或超过州标准），学区领导者考察了几所小学的人口结构变化。在这几所学校，来自周边城市低收入家庭的人口持续增长。学区领导者开始担心，如果不采取什么行动以支持教师和校长有效回应新学生的需求，学校的成绩可能会下降。因此，他们为这些学校重新分配了资源。在这个学区和其他高表现学区，学区人员谈到了他们所面临的财政与人力资源的挑战。在《不让一个孩子掉队法》的年度充足进步条款下，需要特别干预措施的学校数量不断增加。为这些学校提供有效支持，需要财政和人力资源保障。

所有学区的管理者都指出，有必要对学生整个学年的进步情况进行诊断性和形成性评价，作为对州测试数据的补充。高表现学区的领导者引导了地方性评估工具的开发。这些工具审慎地与州和地方课程标准保持一致。教师被要求以规定的时间间隔使用这些工具，并将结果运用于教学计划（参见第 9 章的例子）。在其他地方，学校人员主要依靠州教育部门提供或认可的评估工具，或许也辅之以任课教师在自己学校中开发的评估工具。

所有学区都使用内外部专家，帮助教师执行学区的课程与教学要求。出于显而易见的原因，较之小学区，大的学区更多地利用自己的课程与教学人员。较小的学区更多地依靠由州支持的地区教育中心和本地的大学。教育中心和大学可以提供在职培训和支持，以及作为联系其他外部专家的中间人。有了学区层面的课程与教学期待，学区领导者对于学校层面实施情况的监控与回应就更加容易。事实上，许多学区的校长更关注地方标准的达成，而不是州标准的达成。部分原因在于前面提到的系统。

依靠外部协助会带来挑战。其中有费用的原因，有与地方情况可能不相适应的问题，以及不容易获得针对学校具体需求的后续协助。然而，拥有一个学区中心办公室的课程与教学组，并不能保证学区为项目实施所提供支持的一贯性与有效性。我们的证据显示，较之中等规模与大规模学区，小规模学区的教师对学区支持的评价更为积极。这说明，规模与学区资源不能解释教学改进支持的增值效应（value-added effect）。规模更大的
195 学区，可能不太注意给予教师支持的质量与作用，因为它们假设自己对员工有更多的质量控制。而较小的学区则更加关注他们“花了钱”（purchase）所获得支持的质量与作用。

另一种解释可能是，在规模更小的学区，会自然出现一些相对更容易、更稳定的沟通。那些高表现学区在与教师和校长互动中，会优先考虑与学区中心办公室各部门的沟通与协调。在规模更大的学区，全区和具体学校需求的相互回应，部分是通过部门间的协调结构与团队方式实现的。依据不同的问题，由不同的部门或团队评估与回应学校改进工作所需的具体帮助。譬如，我们样本中的一个大规模城郊学区（有超过25000名学生），在校长提出学生表现方面的一个具体问题后，为了调查该问题，学区办公室督导或专业职员、学区课程主任，会与校长和教师合作，组织一次“课程支持的现场考察”。学区团队包括助理学监、相应的课程部职员以及来自学区评估与评价组的职员。

此外，小学区和大学区中都有一些领导者，积极推动学校间的网络化沟通、共享与联合解决问题。这通过学区组织的校长会议、领导发展项目或同伴指导机制（peer-coaching arrangement）等校长们的沟通机会而实现。有时，大的学区会通过学区课程和教学专家，构建教师领导者的互联系统。学校之间的沟通，帮助学区领导者发现校际需求的差异，也有助于学校人员相互帮助找到解决方案，而不是仅仅依赖学区的帮助。

监控学校落实学区期待方面的进步

各个学区对于专业实践——特别是课程与教学——的地方性规定，在范围与具体性方面各有不同。我们不敢断言，只有高表现学区的领导者促进了更为标准化的学区课程内容与资料。因为，各地的趋势都是加强标准化。然而，与其他学区相比，高表现学区的领导者似乎在较长一段时间内，利用高度制度化的学区课程系统，投入学区课程开发。

随着课程开发的不断展开，整合与协调学区其他方面支持的努力也在增加，诸如教师发展、学校领导发展、学校改进计划和表现监控。在学区领导稳定的地方，学区支持系统更可能可持续地发展。学区不同支持维度 196
稳步地整合、优化和协同，较之课程标准本身，可能带来更好的表现。

除了注重课程和持续的专业发展外，高表现学区的领导者较之其他学区的领导者，更可能促进与支持被认为有效性高的特定教学策略的实施。对于教学实践统一性的期待，既包括学区职员称之为“最佳实践”（如合作学习、指导阅读、技术运用、差异化教学）的普遍性教学方法或具体学科教学方法，也包括更多规定了统一教学活动与资料的指定项目。除了提供或推荐教学方法外，高表现学区的领导者还指导与支持学校使用评估与报告学生学习情况的常见方法。

譬如，我们研究中一个高表现学区的所有小学新教师，都被要求参加学区举办的为期一年的有关初级和高级阅读者有效教学策略的课程。另一个高表现的城郊学区通过在线课程指南，为教师提供了附有丰富教学策略、学习活动和课程资源的教案样本。虽然学区没有正式要求教师实施这些教案，但教师们必须坚持使用一种教学设计模板。这种教学设计模板要求教师以学区课程目标为指向，将基于计算机的学习活动融入每一堂课，并让学生参与小组学习和自主学习活动。教师们报告，学区的指导对于他们的实践产生了很大影响。不过，如此具体地支持有效教学实践的学区并不多见。

在那些创建系统化教学期待的举措普遍存在的学区，许多教师似乎对两个事实比较认可：更加清晰的期待与教学工具上的支持（如课程内容及其教学顺序、教案、教学资料、评价）。这些期待和工具通常伴有全区性课程的开发及对其实施的支持。然而，教师对于标准化教学实践的接受程度取决于多个因素：学区为实施全区性课程所提供支持的质量（人员发展、资料、督导），与州或学区需求的符合度，对学生影响的证据以及教师在学区划定范围内享有的自由裁量机会。

高表现学区的领导者不仅努力建立与传达明确的课程和教学期待，而且通过督导系统与学校改进计划，对学区期待的落实情况进行监控。在大
197 多数精心安排的支持系统中，学区领导者最初会确保为学区内相关部门提供共同的培训与资源。然后，他们会利用监控系统，搜集学校实施过程中对于州和学区期待的遵循情况及其进步情况的信息。他们会提供差异化的后续支持。在有些情况下，这是为了帮助学校人员掌握与遵循学区的期待。在其他情况下，遵循学区期待不再是一个问题，而这样做是为了帮助学校人员运用项目获得更好的结果。

校长引领学校改进方面的专长

虽然大多数中心办公室的管理人员都谈到，他们学区的校长领导能力不均衡，但高表现学区的领导者对于自己通过招聘、内部领导力发展项目、人员委任及督导等工作提高学校领导质量的能力有更大的信心。

我们的研究中，少数学区的管理者将校长效能归为先天因素，而非后天能力。学校表现不佳则被视为外部因素（州政策、学校共同体特征）的结果，而不是学区和校长领导的问题。面对困境中的学校，学区领导者往往不会提供领导发展项目，或为学校提供策略性帮助。相反，他们专注于去招聘不同类型的管理者。我们样本中一个大型的低表现城市学区的管理者相信，校长本质上是天生的，而不是后天培养的。他们更多地谈论替换低表现学校校长的必要性，而不是发展校长们领导能力的前景。不足为奇，在此情况下，学区领导者没有提到任何本地化的校长专业发展项目。

高表现学区的领导者不仅相信他们有能力发展校长，而且设定了具体领导实践实施上的期待。这需要分别关注领导实践包含的具体领域（如诊断性督导方法、学校改进计划、课堂走查、学生表现数据的使用），或在

领导实践的综合框架下进行设定。① 我们的研究样本中有一个高表现城市学区，学区官员根据马扎诺的平衡领导，组织了一个为期三年的领导发展项目。此外，他们还接受了诊断性督导培训。他们为校长设计了学区在职发展项目，特别关注新的课程方案（如修订小学数学课程）或学校改进方案（如推广至所有学校的专业学习共同体）。此外，负责课程与教学的副 198
学监在每月举行的中小学校长会议上，会用一部分时间开展集体性的领导发展活动。当然，小学区（通常是农村学区）只有很少的校长，校长更替也相对不大频繁。对于职前与在职的综合性校长专业发展项目，它们没有足够的人员空间，也缺乏这方面的需求。

不过，我们在几个高表现小型学区观察到了校长（有小学校长，也有中学校长）参与由学区支持的区外联合学习的例子。譬如，在一个农村学区，我们考察该学区的三年中，由校长和助理校长组成的团队一起参加了外部的专业发展活动，主题包括实施差异化教学、开展课堂走查以及加强教师专业共同体建设。

高表现学区的领导者致力于实现学区对教学领导与管理的期待，着力发展校长共同的专业学习经验。他们没有主要依靠校长参与州资格认证项目，也并非以支持校长个体化的专业兴趣（如外部工作坊、会议和大学准备项目。也可参见第 6 章）为主。高表现学区的领导者传达对于校长领导的明确期待，并根据这些期待提供学习经验，监控校长的后续行动，在必要时提供进一步支持。这种督导不局限于正式的校长考核程序，而是依赖对学校表现和改进计划的持续监控与讨论。当有校长的领导能力被认为有欠缺时，学区领导者更可能亲自介入——提供建议与指导，而不是求助于外部专家。这种互动模式不仅源自对实践的明确期待——这是我们所研究的样本中高表现学区的一个特征，也源自学区领导者对自己帮助校长掌握这些实践之能力的信心。

---

① 譬如马扎诺、沃特斯和麦克纳尔蒂的平衡领导（Marzano, Waters, and McNulty, 2005），杜福尔、埃克和杜福尔（Dufour, Eaker, and Dufour, 2005）的专业学习共同体，以及富兰的变革文化领导（Fullan, 2001）。

与表现差异有关的学校因素

高表现学区的领导者将学生表现与学区实施举措方面的差异，理解为特定的情境造成的。相似的问题（比如考试成绩的下降、学区专业学习共同体举措的实施力度薄弱），在不同学校可能原因也不尽相同。因此，标准化的解决方案，被认为不可能应用于所有情境。

这些学区的领导者让学校教职员参与到合作性的探究中，共同理解所
199 在学校影响学生学习或教师表现的独特环境。然后，他们根据对学校具体需求的分析，为学校改进提供支持，而不是主要依赖集中决定（centrally determined）的干预措施——基于学校和学生的类别差异（如规模、社会经济地位、英语学习者、设施设备）或设定的表现底线水平做出的决定。他们投资于外部或本地创建的数据库，以指导与学生成绩和项目实施程度有关的探究和决策。[①]

三、挑战与趋势

我们为更精确地理解“学区差异”所做的努力，既令人着迷，又令人沮丧。我们的量化数据指出，强大的学区影响（特别是学区的政策和实践）与教师报告的校长教学领导之间是相关的。研究结果是特别重要的，因为它提供了一个大规模调查的实证证据，即学区层面的政策和行动确实对教师体验到的校长教学领导行为产生影响。我们的“学区对于教学的重视”量表在说明这种影响方面是有用的。但我们也不能认为，量表题项所涉及的内容，就是学区领导者在提高校长教学领导方面要做的或能做的所有事（见前面第 7 章到第 9 章关于其他学区政策和行动的分析，以及本章接下来的部分）。调查题项不仅关注学区在教学领导方面提供的专业发展项目，还结合了“设定与传达高期待、确定明确的教学改进重点、制订清晰的改进计划、为校长和教师提供支持后的跟进服务以及监控”等内容。

我们的总体结论是，在学区领导者创设条件以促进教学改进和学生学

① 有关社区支持学校数据使用的具体实例参见第 11 章。

习方面，没有简单的行动清单。相反，学区领导者在关键政策条件方面的行动高度互依，需要在多个方面稳步开展工作。大多数与教和学的真正改进相关联的学区政策与实践，都在相对较长的时期内发展形成。这一发现表明，耐心以及为了改进而持续不断努力是至关重要的。那些更为成功的学区能够专注于此（即使也存在领导变换的情况），而那些学区领导经常更替或政策缺乏一致性的学区，在这方面有着明显的欠缺。

就学区整体性地改进与维持教和学的质量，我们的研究证据指出了其
总体上——特别是那些高表现学区——面临的一些关键挑战和趋势。高表 200
现学区的领导者有着明确的让所有学生达到更高学习目标的承诺，而不只是针对那些没有达到可接受水平的学生。但他们也谈到了在学生达到或高于州标准的情况下——这往往是让家长满意的——制订明确的目标和改进计划的困难。在高表现学区，领导者的警觉及策略可能是为了保持已经取得的良好成绩。预见可能出现什么问题与问责制的关注重点是背道而驰的，后者将目标和资源聚焦在现有的不良表现及其补救措施上。有思想的学区领导者，应该同样关心良好表现的维持，以及为超越标准化测试达标水平的学生制订学习计划。这也要求公众改变他们对于不良表现的定义。

尽管一些大的城市学区出现了多样化的教育供给系统，但在美国的学区和州层面，强化课程、教学和评估的标准化，似乎是一个普遍趋势。[①]我们对高表现学区研究的证据表明，并不是标准化的课程和教学要求本身提高了学生的成绩。事实上，只有当标准化创设了领导、教学和学习质量提升的平台时，它才会带来改进。利用这个平台，学区领导者能够开发有利于高质量实施共同期待的支持系统。创建这样的支持系统，需要时间，也需要技能，并要求广泛的沟通与组织学习，以找到有效工作的方法。遗憾的是，并不是所有学区都能拥有在标准化期待的情境中，构建与此情境相称的支持系统所需的领导持续性、能力与资源。而且，在那些低表现学区，可能最缺乏持续聚焦发展重点的稳定性与内部机制。

---

① 在我们随机抽取的样本中，没有一个学区拥有很多特许学校或其他教育供给者。这还未作为一个重要的问题被提出（Boyd, Kerchner, and Blyth, 2008）。

基于高表现学区领导者的情况，我们认识到，一旦标准化的课程、教学和领导要求得到执行，并以较好的真实度和质量加以维持，下一步就需要额外的解决方案。这些解决方案，以学困生学习需求与环境的本土分析为基础。事实上，在这些学区中，我们观察到对于学校改进三个层次的支持：

- 第一层次：给予所有学校共同的支持，以发展理解和实现学区期待所必需的基本知识、技能和资源。
- 第二层次：为专业实践和学生成绩不能达到要求或达到要求较为困难的学校及其人员，提供额外投入与协助。
- 201 第三层次：对重要问题开展跨校合作探究，以及在寻求超越当前知识和期待的解决方案时提供支持。

本章呈现的研究结果表明，不能在学区领导与支持改进的方式上，对表现高与表现低学区的差异做简单区分。标准化测试的证据具有两种相互交织的作用：一是作为判断学校质量的基础，二是作为学区和学校改进目标的重点。发挥不同作用的原因是，这种方式如何与其他强调“支持”而不仅仅是“施压”的改进策略相结合。具体来说，我们看到这些要素：

- 致力于发展校长和教师的能力，以实施教和学上的靶标式改进（专业投入）。
- 致力于发现和支持与具体改进需求相关的有效实践的推广（创新实施）。
- 持续监控改进工作的过程及其对领导、教学和学习的影响，并在需要时变革实践（演进式计划）。

一些学区在“支持”与“压力”上的一致性——其有助于改进与维持优质教和学的总体效能，似乎取决于学区层面的几个关键因素。其一，就课程与课程实施的结果，学区领导者在多大程度上，能够在学区和学校人员之间，发展一种集体性的主人翁意识与责任感。当这一点做得很好时，校长和教师就会以一种与学区教和学的远大目标相一致的方式，定义自己的工作。其二，学区领导者在多大程度上能够构建并维持一个地方支持系统和工作条件，其有助于校长和教师得心应手并且富有创造性地处理学区期待和改进重点。其三，学区领导者在多大程度上能够形成一种团队合作文化，以与学校人员一起明确和应对学区面临的改进挑战。有效的学区领导者构建全区性改进系统时，更多地以有助于形成共享目标、合作性计划与协同行动的互动为中心，而不是以规则和过程为中心。影响一致性的最后一个因素是，对于地方证据（包括但不局限于考试数据）精心、系统的收集以及使用。这是为了明确改进的需求和目标，探究相关需求背后的环境，以及监控改进计划的进展。

这四个因素结合起来，促成了我们所报告的高表现学区与表现改进学 202
区中具有的强大集体效能感——一种地方教育者携手合作，能够明确并应对所面临的改进挑战的感觉。

四、对政策与实践的启示

本部分的研究结果对政策和实践有五个方面的启示：

1. 学区领导者需要就改进活动的多个维度确立明确的期待，作为日后增强学区改进工作一致性、协调性和协同性的基础。

2. 学区领导者应该将共同的支持与差异化的支持结合起来。前者是为了执行学区期待要求，后者是为了与个体学校的需求相一致。

3. 学区领导者应该认识到，有效的学校领导实践可以通过有意识的领导发展获得，包括正式的专业发展活动，也包括同人合作。

4. 学区应该努力确保学区领导的连续性。这种连续性是指将一个连贯且有效的支持系统的开发与实施整合起来，以改进并保持学生和学校表现的质量。

5. 学区领导者应该采取措施，在学生已经达到高水平成绩的学校，监控与保持学生的学习成绩，并为学生设定超越标准化测试达标水平、更为远大的学习目标。将改进工作仅仅聚焦在表现不好的学校和学生身上，并不是学区持续改进的有效策略。

五、反思问题

1. 本章所述高表现学区提供的学校领导发展机会，与你所经历的机会相比如何？

2. 对于新任命的学区领导者而言，如果想要领导学区达到本章所述的高表现特征，需要具备哪些能力？

3. 根据本章的研究发现，一个学区在提高学生成绩方面最重要的事情是什么？对学生产生如此影响的原因是什么？

第13章　案例研究：学区对于州教育领导的回应

卡伦·S. 路易斯　斯蒂芬·E. 安德森　阿曼达·托马斯

关键结果 203

- 学监和副学监将州政策视作实现地方目标的一个工具。
- 较小的学区更可能将州教育厅作为支持来源，而中等规模和大规模学区有其他更为重要的资源。
- 在具有不同声誉的较大学区——“历史上问题重重的城市学区”与“不那么靠近市中心的学区”，情况也不相同。城市核心学区往往抵制州层面的干预措施，而规模较大的非城市核心学区往往认为州的作用不那么重要。
- 学区官员对于州政策和行动者的反应，因为各州特定的政治文化而有所不同。

本章考察了美国州层面集中推行的举措，是否会影响学区对其提供学生学习方向与支持作用的认识；也考察了学区如何理解州政府在推动地方变革方面所采用的策略。我们重点关注小规模与中等规模学区，这是最近 204
有关变动的教育政策环境影响效应的研究中很少加以关注的情境。不过，我们也对样本中较大规模学区的反应，给予了一定的关注。

我们利用权力、关系网络和松散联结的框架，考察学区对于州政策制定者和管理部门的回应。我们的研究表明，在学区如何回应州标准与问责制度方面，存在着很大的差异；不过，我们分析的这些学区中，没有一个在描述自己的情况时，让人觉得它们受到州标准的困扰或胁迫。所有学区都认为，自己能够将州政策与地方重点工作结合起来。但是，学区之间也存在不同之处。这些不同之处与它们所在州更大的政治文化相符应。

因为州-学区关系——特别在农村学校——方面可对比的实证研究相对缺乏，所以我们用一组探索性的问题来引导本项调查研究：

1. 小规模学区如何解释它们与州政策制定者和州部门的关系？尤其是，学区管理者对州政府在政策制定中作用的解释，与我们所描述的框架是否相符？

2. 州与州之间的差异，有助于说明学区管理者解释学区-州关系方式上的差异吗？

一、以前的研究

许多最近的研究聚焦学区内部的组织和决策过程，阐明了学区努力实现与维持学校改进的复杂性（Anderson and Rodway-Macri，2009；Coburn and Talbert，2006；Firestone and Martinez，2007），或表明了学区办公室人员与学校合作共事的方式（Stein and Coburn，2007）。尽管有人早就注意到学区作为州政策（重新）阐释者的作用，但很少有研究关注学区在解释州政策举措方面的作用（Spillane，Reiser，and Reimer，2002）。然而，既有研究中包含许多有助于解释不同层次政策制定者关系的透镜。本章的分析中，我们考察了其中的三个方面。

科层权力：州与系统一致性

许多作者认为，州政府是上级，地方政府是下级。在不对地方无权状态做任何极端假设的情况下，我们可以说，州作为教育中合法行动者的角色，在许多关于州角色的经典文章与分析中得到了有力体现（Haskew，

1970；Lutz，1986）。在此上下级模式下（它也是州和联邦项目以及其他一些基金项目的运作假设），州政府提供资金，并监控学区使用这些资金做了什么（Timar，1994；Wong，1991）。虽然各州为地方教育提供强力结构、立法和财政基础的程度各不相同，但至少在一些教育领域，它们对地方决策的合法权威在很大程度上是毫无疑问的。而且，在过去几十年中，这种权威已大大增加（Fuhrman，1987）。

权力和影响的网络

一些州和地方活动的分析者强调，学区很少仅仅根据州合法的权力位置对州做出回应。相反，它们是政策系统的行动者。在决策过程的各个阶段，学区与其他的州行动者相竞争，以确保所采取的特定政策行动，对于包括地方教育部门在内的大多数关键团体而言是可接受的（Marshall，Mitchell，and Wirt，1986；Mazzoni，1993）。此外，对于通过后必须实施的州政策，地方教育部门和州教育部门会进行个人接触，相互协商如何做出最佳反应（Firestone and Nagle，1995；Spillane，1998）。因此，尽管州层面拥有合法权威，但这种权威的行使是明智而审慎的，而且会通过正式和非正式网络帮助地方开展有关州政策的讨论。

松散联结

教育组织是“松散联结”组织的概念，最早由卡尔·维克（Karl E. Weick，1976）提出。他用此概念解释，为什么在教育系统中某一部分制定的政策，对该系统的其他部分只能产生有限的影响。进一步看，20 世纪七八十年代的各种研究也指出了教育高度科层化的局限，以及州政策对于学生成绩相对微弱的影响（Marshall，1988）。最近，一种新的松散联结方式认为，学校都是忙于发展自己的政策与举措，只有当外部系统的要求与学校正在努力的方向相一致时，它们才会对其加以关注（Honig and Hatch，2004）。换言之，地方教育部门对于责任行动有一种自己的意识，只有当州政策能够融入地方故事时，它们才会关注。

新研究

本章中，我们的深度阐述聚焦在对两个较小学区和两个中等规模学区的关键学区人员（学监与副学监）的访谈上。两个较小的学区有六所或更少的学校，分别位于得克萨斯州和密苏里州，两个中等规模学区分别位于北卡罗来纳州和新泽西州。选择这些学区，某种程度上是因为我们此前对于它们所在州的政治文化与政策举措的考察显示，这些州在学校改进与改革上采取了与众不同的方式。这些方式与它们在一州之内解决教育问题的持续的、被广泛理解的方式具有一致性。我们也用另外八个学区的跨案例分析（cross-case analyse），检验了本章案例的研究结果。

我们选择不同规模学区的理由是基于这样的假设：它们提供了考察三
206 种理论透镜的不同环境。较小的学区往往资源有限，为了实现改进目标，必须依赖合作伙伴。相反，更大的学区往往在课程、考试、专业发展办公室等方面有人员资源，可能比州部门能够获得的还要多。大多数观察者认为，中等规模的学区在教育政策系统中是更为有力的行动者。它们有时推动州层面采取行动，而不是被动应付。此外，较小的学区往往只有几所具有相似特征的学校，而学区越大，它们在推进标准和问责制方面，越可能被迫采用非统一性的政策和实践（Elmore and Burney，1998）。虽然没有在此提供案例资料，但是我们也对大规模学区进行了分析。

虽然我们的研究结果基于对七个学区的分析，但我们将运用前面提到的得克萨斯州和密苏里州的两个小规模学区，以及北卡罗来纳州和新泽西州两个中等规模学区的例子来阐述研究结果。在我们的解释中，也利用了同一个州中其他小、中、大学区的分析。本部分所重点考察的州，有着不同的教育与政治文化传统。[1]

得克萨斯州和北卡罗来纳州

这两个州都显示出传统政治文化的特征：精英阶层的影响力、州政府

① 支持这些分类的证据已经在其他地方呈现过（参见 Louis，Febey，Gordon，and Thomas，2008）。

对于学校较强力度的管理，以及较长一段时间内不断发展的问责政策。北卡罗来纳州是校长评价最为正向的州之一。得克萨斯州在 2005 年处于中等水平，2008 年尚无可靠数据。

密苏里州和新泽西州

这两个州都显示出高度个体化的政治文化：存在许多竞争性的利益团体、游说活动，以及州层面确保一致性的适度努力。密苏里州是相对较晚开展统一测试的州，但有着较长的通用州标准（general state standard）的历史。新泽西州虽然建立州测试要稍微早一点，但主要关注的是一小部分表现不好学区（“艾伯特学区”[1]）的质量提升。密苏里州在 2005 年和 2008 年的校长评价都是积极的，新泽西州的校长评价则从平均水平下降至低于平均水平很多。

二、州政策如何影响小规模学区的领导

本部分利用两个学区的证据，考察学区在政策科层化、关系网络和松散联结上的认知。

托图加浅滩学区（得克萨斯州）

托图加浅滩学区位于得克萨斯州南部，是一个以西班牙裔为主要人口
的社区，既有长住居民，也有新近移民。就业主要集中于宾馆与餐馆的服 207
务业（旅游业是一个新兴行业）和捕虾业（在经济不景气时）。该社区的高收入居民区与低收入居民区是明确区分的，后者包括一些保障性住房公寓。学监阿尔巴·克鲁兹（Alba Cruz）博士 2003 年 7 月上任时，就对学校非常熟悉。因为在到另外一个地方担任学区层面职务之前，她曾在托图加浅滩学区担任校长。其他的学区人员包括一名新的助理学监、一名事务

① 艾伯特学区是美国新泽西州 1985 年创立的，旨在提供补救措施以确保学生接受与州宪法要求相一致的公立教育。2007 年，艾伯特学区被新泽西州学校发展局取代。——译者注

官、几名联邦与州项目官员，以及一名课程与教学部辅导者（facilitator）。四位校长中，有三位是新手校长（刚任职一两年）。

学监的首要任务是改进学生学习质量。这反映在地方指标（课程不及格率与高中毕业率）上，也反映在州测试结果（2001—2002 年州推出新的课程与测试后，学生成绩下降）上。其他的重点工作包括发展与当地就业机会相适应的职业教育，处理与学生在学率（student retention）相关的问题——如未成年怀孕、对高等教育的低期望。

对政策科层化的认知

克鲁兹博士强调的一个战略主题是，更加忠实地（authentic）遵守州和地方政策，对于实现地方改进的重点工作是至关重要的。这个观点并没有得到学校人员的普遍认同。他们指出，托图加浅滩学区在旧的州测试和排名中成绩一直很好，总是名列该地区所有学区的前 10%。为了让这些改进方向合法化，学监委托外部顾问进行了系统的课程审查。她期待，这个工作可以产生一项新的学区改进计划。

过去，该学区采取分权化的政策执行方式。学区办公室的项目部相对独立地管理其政策事项，政策执行的责任则授权给学校。学区对于州政策的定位是，遵循科层化的要求，并给予学校人员信任，以确保积极的结果。在新的州要求和更为严格的《不让一个孩子掉队法》标准下，学生测试结果开始下滑，不能达到最低标准的学生比例上升。不过，该地区其他学校不能达到最低标准学生的比例也在上升。因此，托图加浅滩学区学校的表现相对还是好的。然而，新学监开始挑战当地拘谨遵守州政策与分权化的文化。克鲁兹博士和她的助理认为，有必要以一种更加忠实、更具一贯性的方式，对待州层面课程与教学的政策要求。

学区改革的能力，受州财政政策的影响。这些政策将税收从诸如托图
208 加浅滩这样的高财产税学区（有很好的旅游业），重新分配到低财富学区。尽管当地官员对财政收入的损失表示遣责，不过因为学生群体中贫困率很高，该学区也获得了大量的补充资金。然而，最近州经费的削减，导致一个教学辅导者职位被取消，以及最近引入的一个数学项目得不到支持。不

得已，学区必须依赖校长的教学领导和地区教育中心的专业人士或独立顾问，以支持学校和学区改进举措。

关系网络

学区和学校人员反映，自己与得克萨斯州教育厅几乎没有什么直接联系，而是依靠州支持的地区教育服务中心（Regional Education Service Center，RESC）。该中心是相关州政策的重要信息来源，也是一个专业发展提供部门。RESC 所提供的专业发展内容，主要关注州层面的政策举措（如天才与潜能教育项目和课堂技术运用）。这些举措并不总是与地方改进的重点工作相关联。教育服务中心人员也为成绩数据的分析提供技术支持。

克鲁兹博士与助理学监一起，定期参加教育服务中心组织的学区管理者会议。她提到，这些会议于她而言非常重要。她和助理学监都没有谈论他们所依赖的其他重要网络，但他们提到了与近邻学区中亲密同人的个人交流，也提到了每年都参加州专业协会的年会。学区没有就地方教育改进工作与大学建立伙伴关系。

克鲁兹博士上任前的一年，学区与一家数学教学项目开发商签订了一份为期多年的合同。但几年之后，在续签合同之际，因为费用、小学对于该项目效能的担心，以及该项目不能与州数学教材很好地匹配等原因，学区与对方终止了教材与专业发展方面的合同。校长们则独立地继续使用与他们自己的改进重点相关的外部顾问。譬如，一所小学的校长为教师安排了以阅读策略为主题的在职培训。一所初中的校长聘请外部兼职专家，为她的建构主义教学法提供支持。

学监也对地方社区团体的影响做出回应，譬如托图加浅滩教育基金会。该基金会由与旅游业有关的利益相关者创建。学监扩张高中职业教育的兴趣，主要是受该基金会的激发。

克鲁兹博士及其学区同人，没有将自己看作州政策制定过程中有影响 209
力的参与者。他们更多地强调自己在有效执行州和联邦政策方向与意图方面的责任。这与以前管理上放任主义的政策执行方式截然不同。

松散联结

在克鲁兹到任之前，用松散联结描述托图加浅滩学区非常恰当。学区改进计划只是纸面上的，而不是积极引导学区改进工作的文件，学区强调的是在纸面上遵守州的政策。尽管也有项目化的举措（小学数学项目、联邦资助的旨在激发高中生升入高等教育的项目、政府投入的为青少年社会行为提供正面选择的课后教育项目）正在进行中，但就改进的需求、目标和策略而言，没有总体性的共识。最初，学区对于新的州课程和测试以及学生测试成绩下降问题的回应，主要就是为校长提供少量资助，以组织校本层面的课程编制项目。至于该项目的实施，几乎没有学区集中性的引导与意见。

在担任学监的第一年中，克鲁兹博士明确了一些学生学习改进的关键方向。首先，尽管学生在州测试和学校问责排名中的成绩，有着形式上令人满意的历史，但他们的课程不及格率高得让人无法接受（高中的课程不及格率为29%），这让她很不安，也很困惑。

其次，虽然克鲁兹表达了学生失败原因的不确定性，但地区和州学生学习评估上的差异，也让她越加相信，州测试结果不是学生学习质量的一个充分的指标。她强烈地怀疑，教师并没有对学生学习新课程提出认知水平上的挑战，他们将更多的精力放在应付测试上。再者，克鲁兹在进一步提升学生表现方面面临的一个主要障碍是，从幼儿园到12年级，全区学校与中心办公室之间垂直的课程协调与连贯性很弱。克鲁兹和她的助理意识到，假如没有额外的证据，学区和学校人员不可能支持他们的观点。因此，他们做出了一个决定，要求董事会资助一项系统的课程审查。

在任职的第一年，克鲁兹也开始采取措施，去打破制度化的学校自治和部门（unit）自治的组织文化。她说道：“当我再一次回到这里时，这个学区是非常碎片化的。所以，自从我上任的第一天，我就努力构建一种
210 团结文化。”克鲁兹的策略是，就改进方向形成更广的共识与协力，并确保州与地方在课程、教学和学生发展等目标上的一致性，加强学校和组织部门间的团队合作又是其中的关键要素。

小结

克鲁兹博士变革与改进整个学区学生表现的方式，紧紧围绕州层面对于课程、教学和学习的政策期待。她相信，学生学习的改进，要求强化对州新课程要求的遵守，学校之间在课程实施上要有更好的垂直整合（vertical alignment），学区内部要有更为有效的合作。然而，她没有超越州标准，也没有搜集额外的数据。她的焦点几乎都在理解与贯彻州举措上，在运用州层面的工作重点来激发学校层面的变革上。克鲁兹和管理团队中的其他人，都积极地搜集并分析州层面与地方层面的表现指标，但他们缺乏搜集或使用相关信息来解释这些指标的能力。这限制了他们解释学生表现问题（而不是课程一致性）的能力。

中域学区（密苏里州）

中域是一个小型城郊学区，位于一个主要大城市的南部。在过去 15 年中，学区的人口特征与学业严格（academic rigor）程度已经发生变化。曾经是一个主要为白人与富裕人口的学区，现在变成以非白人为主要人口，有超过一半的学生享受免费或低价午餐的学区。随着学生人口构成发生变化，学区的学业成绩也逐渐恶化。正如学区职员所解释的，导致这种情况的原因在于，教师相互孤立地工作，以及对新迁入人口学生的学业期望较低。学校董事会越来越感觉，需要进行全区性变革，特别是高中学校的变革。

新学监肯·莱斯利（Ken Leslie）博士于 2001 年受聘，主要任务就是要扭转这个处境不佳学区的状况。莱斯利博士的首要工作重点是改变学区教育者中流行的文化。他的第二个工作重点，是要通过提高严格程度、加强州标准与课堂教学实践的一致性，以及执行比州要求更高的数学标准来提升学生成绩。为做好这些重点工作，学区采用的策略有：更换校长；设置更为严格的，且与州标准具有一致性的课程；为学校评估学生进步提供外部支持。中域学区的潜在假设是，地方问责与标准对于（1）提高学生成绩及（2）成功达到或超过州标准，是非常关键的。

211 **对政策科层化的认知**

在最近几年中，中域学区与州的关系发生了巨大变化。肯·莱斯利到来之前，州权威的合法性地位低。州的标准和课程不能很好地得到执行，很大程度上被忽略。在教师和管理者之间，更为重要的似乎是这样的信念：学生应该感受到被认可、被支持。这种信念有效地代替了课堂中的许多学业期待与成绩要求。在现任学监的管理下，这些都大大改变了。

教师和管理者都提到，学区现在更加注意与州政策和要求的协调性，能够恰当地执行这些政策和要求。不过，学监自己解释说，这始于一种紧迫感。他提到，数据分析显示了采取急剧的和持续的改进行动的必要性。与州层面的教育指令保持步调一致，是现任学监一个明确的重点。学区积极地在课程、标准和评估计划上探索与扩展州的要求，将它们作为专业实践和学生成绩的底线。学区也会积极地寻求州层面的支持。

在这个小规模学区中，学监的愿景决定着其他人如何看待州的地位与作用。因为，在他与教师之间，没有多少层级。根据参照州课程与学习标准衡量的学生表现，学区办公室设定了学生成绩的地方目标。不同于托图加浅滩学区聚焦州层面的测试和标准，在中域学区，教学重点和各年级的学习表现期待，既基于州也基于国家的标准与问责制度。对于小学生，学区的目标是强调能否为下一个年级的学习做好准备。对于初中和高中，学区的目标强调不断提高的数学严格程度。总而言之，目标和举措都指向收入水平、种族、各年级的独特挑战、向高年级过渡等方面的学习差距。学区搜集额外数据（包括行动研究），并通过数据驱动的决策确定课程重点、标准的一致性，以及在州标准的更广泛背景下教育者的期待。

学区超越了州的要求。通过确保学区举措与州标准的整合，学区实现了政策的一致性。最近，州标准经过了修订，这是为了反映年级层面的期待并测量其进展。为了反映这种政策变革，学区也有效地改革了课程与评估。此外，为了努力实现自身的转变，并朝州要求的方向迈进，学监强调，学区还要将自己的数学标准设定得比州标准更高。莱斯利非常重视提高数学课程的要求，从面向小学的代数初步转向更好地为 8 年级学生学好代数服务。

随着学区努力提升改革能力，学区目标也变得更加透明。在学监的领导下，为建立一种新的领导文化，学区替换了大多数校长。新的领导文化基于这样的观念：要有助于学生学习能力提高，要提高学术严格度，要关注教学背景。学监解释说，学生需要的是对他们有高期待并有成功扭转薄弱学校经验的校长，学生需要的是强调学习而不仅仅是让学生感觉好的教师。 212

关系网络

中域学区的学监，不只是简单回应州层面的政策，他推动了政策的形成，现在仍然对政策有影响。有证据表明，该学区与州之间有着强大的影响网络。这一网络影响着学区的举措和政策与州举措之间的一致性。因为莱斯利博士曾在州里担任过一个有影响力的职务，他扩大了与州教育厅、其他学区学监和其他教育工作者之间的关系。他以前的职务和声誉，使得他可以影响州层面的相关讨论，并持续参与到州层面的政策讨论中。他向州工作人员直言不讳地表达了自己对州政策局限性的看法，并本着支持中域学区愿景和目标的意图，推动相关原则的确立。他也与其他学区的学监进行交流，以寻求新的发展理念。然而，他的背景似乎才是对学区政策重点有最大影响的因素，因为这一背景使他能够与州教育部门的人员保持紧密的联系，与他们相接触。

虽然外部关系网络是该学区及其转型的重要因素，但学监更为重视的是学区内部的关系网络。学监强调的一个最为重要的关系网络，是与校长的关系。他认为，校长是学校领导、学校文化以及学区目标和州政策实施的关键力量。因为校长角色很重要，所以学监每两周会举行一次校长会议，并要求校长参加学校董事会会议。

学区内外部关系网络互动的重点，并不是怀着与州政策保持一致性的目标。相反，它建立在学监对于州课程标准优势与不足的透彻理解上，及其推动中域学区朝向地方改进重点前行的努力上。这使得该学区领先于其他学区。

松散联结

前任学监的管理，强调与州政策举措的松散联结。这被认为与学区人口的变化有些微关系。现任学监就学区的战略目标，制定了一个共同的议
213 程。这包括：对学生成功寄予更高的期待，强化学业上的严格程度，报告学校和学生的表现，重视专业发展工作，以及强调与州标准和州评估保持一致。为了解决他所担心的低年级薄弱的成绩文化，学区根据各年级应达到的目标、学业严格原则，以及使学生为进入更具挑战性的劳动力市场做准备，修订了中低年级的课程，对代数基础提出了要求。此外，新的学区报告卡也注重与州标准的关联。为了消除学生进步报告方面的模糊性（或教师自由度），学区还报告了学生的阅读水平。这一变化减少了以前让没有达到相应年级水平的学生升入高一年级的做法。它使得学区三年级学生达到标准水平的比例提高了 30%。再者，课程也与州和国家标准保持一致。

学区也对教师和校长的教学，以及他们对学生的期待，设定了更为严格的要求。相应地，学区强调州标准的重要性，要求教师的教学实践要基于州标准，要使用课程指南。这些都是以往所忽略的。为此，学区（与外部咨询人员一起）开发了一种课程管理工具。该工具帮助教师将课程与新的年级水平要求、州和国家标准、评估工作、教学策略建议及相关资源更好地整合起来。

小结

本案例中，学区与州政策举措的联结，很大程度上取决于学区领导。克鲁兹和莱斯利都认识到，有必要改变当地教师文化，以及实现课堂教学实践与州标准更为有效地整合。然而，处于个体主义的州政策情境中的莱斯利，可以自由地超出州标准，设定本地的表现标准与目标。而处于“自上而下”传统更浓厚情境下的克鲁兹，仍然是照章办事。最值得注意的是，学监莱斯利将学区的努力与州课程标准结合起来，他的承诺和行动决定了学校如何“感受”州政策，也鼓励学区和学校搜集与分析本地数据，而不是仅仅依赖州所提供的东西。此外，随着学区的努力与州标准更为紧

密地联系起来（并超越州标准），成绩有所提升，来自学校董事会的支持也在增加。

三、州政策如何影响中等规模学区的领导

本部分利用两个学区的证据，说明州政策对于学区领导者改进工作的影响。

丹山学区（新泽西州）

214

丹山位于新泽西州一个宁静的角落，但与该州很多地方一样，其正处于快速发展的进程中。直到最近，它主要有乳制品业、蛋类产业，以及一些旅游业。不过，丹山越来越成为一个理想的退休之地，也处于大城市的（远途）通勤距离范围之内。虽然就学生数量看，这个学区的规模中等，但因为分布很分散，学校保留了它们的小城镇特征，以及人口上的差异性。

该地区的经济总体上越来越依赖“外来者”，而且学监估计，大约50%的年轻家庭都是新来者。由于学区覆盖范围较大，学校之间存在着相当大的差异。譬如，一些小学很富裕，几乎都是白人，而另外一些小学的贫困人口和少数族裔人口比例却比较高。

总体而言，学区在州评估中表现良好，但有几所学校多年未达到年度充足进步目标。不过，学区在该州享有很高的声誉，持续赢得当地居民的支持。其部分原因在于，学区回应本地社区的需求，努力维护小规模、分权化学校的生存能力。专业教育者和管理人员的稳定性，强化了学校的小城镇感。他们中的大多数人都在丹山长大，几乎所有人都在该地工作了25年或更长时间。

某种程度上，学区就像一个家庭。学区中的一位小学督导声称，他认识所指导的10所学校里至少75%的教师。这是一种政策的结果，而不是偶然性的。正如学监所言：“我们习惯于聘用我们自己的毕业生。原因显而易见，他们与我们有关联。你希望你的人与学区存在关联，有一种主人

翁的感觉。”

对政策科层化的认知

对于州政府在制定课程标准与问责要求方面的角色，所有管理人员都是明确接受的。不过，透过他们关于政策与变革的交流看，学区也明确地感觉到，州政府被置于对立面。正如一位副学监所言：“我们日常所看到的大多数事情，都是惩罚性的。我觉得这不会改变。……我觉得政府的本质就如新泽西州所表现出来的样子。”学区有一种强烈的感觉：州是一个遥远的存在，不了解学生学习的现实。学监指出，问题并不在《不让一个孩子掉队法》本身，而在于新泽西州对于法案的解释，即允许州政府用任何年级一小部分学生的成绩对学校进行评级。另一个问题是，学生测试方
215 面的要求不断地变化，但相关的沟通工作不到位。例如，11 年级开始时会进行州高中水平测试，但该测试中是否所有学生都要考代数Ⅱ是不确定的。那些不能通过测试的学生会怎么样，也是不确定的。一位副学监说：“他们不停地变动，……不给我们足够的答案。”另一方面，学区与州教育厅地区办公室的关系很好，他们认为办公室的人员响应及时、乐于助人。学区管理人员将对于问责制总体政策目标的批评，与对于州政策及其实施的批评区分开来。他们认为，问责制的总体政策目标可以激发革新与改进。然而，学区真正关心的问题不是围绕问责制进行的沟通，而是州政府的经费均等化政策。他们觉得，这一政策使他们陷入困境。

关系网络

丹山学区认为，自己愿意与其他学区（负责技术的管理人员谈到与其他类似职位人员建立的联系）、与区域高等教育机构（有几个人提到两所大学）以及与新泽西州普林斯顿的教育考试服务中心建立伙伴关系。学区鼓励学生修读当地社区学院的课程，这有助于在高中学校提供高等教育。

更重要的是，尽管丹山是一个中等规模的学区，但在新泽西州存在许多小学区的情境下，它有着其他学区所缺乏的重要能力。丹山学区的管理者考虑关系网络时，更多地是考虑如何为其他各方提供帮助与资源，而不

是作为接受者。

相对地，内部关系网络是非常重要的。学监至少每两周与学区所有管理人员会面一次。他们也有许多非正式的现场会议。内部关系网络——包括与学校董事会下面的分委员会的非正式会议——使得丹山学区在做出任何决策之前，新的想法都能够得到传播与讨论。（正如已提到的，州层面的强制要求除外。）一位管理者提到，学区的策略就是通过讨论形成共识。此外，学监也关注其所服务的多元化社区内的关系网络，以确保他能注意何种因素将为新方法和新政策提供支持。由于学校之间的社会经济情况存在差异，因此信息需要适应不同的视角。学监提到，许多人无法充分理解经济环境的变化及其对于教育的影响，但学校不能超前于公众观点太多。

总的来说，学区管理人员似乎与州政策和举措是脱节的，他们没有讨 216
论过，如何通过专业团体或其他团体来改变看似最为麻烦的州政策。

松散联结

学区对于日益增加的财政与问责压力以及州政府微弱支持的回应，已经变得更具企业家精神（entrepreneurial）。在过去的几年里，许多管理职位被削减，其余人的工作职责被不断重组。这主要是通过退休与工作外包实现的，而不是减少劳动力。总体而言，留在学区的人觉得工作开展得相当好。或许最为独特之处在于，他们以显著方式改变学区的经费来源，以弥补州在非常贫困的学区也强调财政均等化所带来的问题。学监提到，几年前，他们花了很多钱租下学区办公室所处的大楼。他建议买下这栋楼，并将未使用的空间利用起来，为社区和学区提供服务。学区提供的服务包括向公众开放餐厅、复印与出版中心、技术支持和空间租赁。

学区革新的方式是，专注于支持持续改进，而不是可见的改革——无论是州推动的改革，还是专业领域更受欢迎的改革。除了商业创收计划外，学区在缩减管理成本的同时，也通过在学校层面设置一个督导职位，提高学区在促进革新与教师专业发展方面的能力。因为督导被归为管理人员，他们可以承担教学指导者与评价者的职能。如此，整个学区的职员都可以承担起指导职责。譬如，学监提到，他们定期到处看看，从教师到场地管理人员，以非正式的方式促进每一个人的专业发展。

在所有方面，学区都因为超越了州政策所要求的内容而感到自豪。教师入职培训项目便是一个例子。除了州要求的配备导师之外，学区还自主研发了许多评估，并据此设计量身定制的专业发展。该项目的想法并非来自本地，而是来自一位学区管理者对于纽约市一个学区的参观考察。受自主进行的内部分析的激发，也受一项涉及两所大学的国家科学基金项目所提供资源的激发，学区构建了更为严格的高中课程。学区管理人员很清楚，在提高学生毕业要求这方面，他们的工作早于州政府的努力。

小结

丹山学区的重点在于，使外部资源（课程、软件等）适应地方需求，
217 为学区改进行动创造本地支持。在大多数情况下，这是成功的：到目前为止，学区从来没有在担保请求中被拒绝过。除满足州测试要求外，学区很少关注州的任务。虽然学区官员抱怨，新泽西州对于《不让一个孩子掉队法》要求的解释对小规模学校毫无意义，也抱怨对那些只有少数学习困难学生的学校的惩罚是不公平的，但他们对学区层面上系统回应这些问题，没有给予太多关注。相反，他们一直坚持已经采用十多年的一贯策略：在学区内增加支持与收入，逐步实施那些适应学校所服务的选区情况的变革。虽然州是学区发展中的一个参与者，但相比于内部产生的目标而言，它并不重要。

北白松县学区（北卡罗来纳州）

北白松县学校系统包含 36 所学校，大约 29000 名学生。因为靠近一个军事基地，该学区学生和教师的流动性都很高。另一方面，与该州的其他学区比较，北白松县学区的领导非同寻常地稳定。学监萨缪尔森已经在学区服务 16 年，他的前任服务了 19 年。因此，学区职员能够以一贯的方式解决问题与挑战，尤其是与教育董事会和县级地方长官合作共事。在我们研究的最后一年，萨缪尔森和其他三名学区领导者一起退休了，新学监希拉·沃特斯（Sheila Wauters）上任。领导顺利过渡，因为所有新的学区

管理人员都是从北白松县学区系统队伍中成长起来的，并且他们在担任新职位之前，就为人周知，很受欢迎。

因为教师流动率高，学区面临的最大挑战之一是达到高素质教师法规（Highly Qualified Teacher Rule）的要求。由于军人家庭的流动和全州教师队伍短缺的现实，学区每年不得不聘用 300—350 名新教师。在北白松县学区学生人数不断增加的情况下，教师短缺越发成为一个大问题。

对政策科层化的认知

学区层面的政策和举措，总是首先基于关注重点，邀请一些学校先行试点，然后才可能在全学区推广。该学区的座右铭是：在快速应用到整个学区系统之前，先慢慢地启动新举措和新改革。学监萨缪尔森说："我们不是参加比赛，然后倒退，再退出比赛。我们努力地微调与优化自己的工 218
作，以至于当人们看到它的价值时，就会选择并加入，觉得它已经成为一个适合我们并满足我们需要的东西。"

"慢慢来"的行事方式，使得该学区的教职员在处理州强制政策方面存在一些问题。这些政策要求立即被实施。学区官员称，州政府主要受州长偏好的驱动。例如，在萨缪尔森担任学监期间，州长将早期教育作为头等大事，并要求所有学区或是创设自己的早期教育项目，或是确保学区与该州提供这些服务的社区部门保持一致。最终，州长与社区部门（如"开端计划"）建立了政治伙伴关系，但不提供额外的资源。学区对于这项举措的反应是复杂的，因为它要求缩小班级规模，同时又没有提供新的资源。通常，学区对于新举措的反应是喜忧参半。因为，很多情况下，学监赞同州的目标，并将州的举措作为发展教职员的机会。学监会要求教师考虑这样一些问题："当州政府提出我们要为学生的全球竞争力做好准备时，这意味着什么？这对你的课堂意味着什么？这对我们的学校系统意味着什么？我们要做些什么？"

学区管理人员提到，他们的州立法代表听取学区的意见，但有时投票并不顺利，因为州长能够构建其他联盟以支持其重点工作。例如，所有学区都希望在几个问题上能够自主控制，基于本地情况做出决策，特别是能够自主决定校历，但立法机关就旅游业进行的投票最终决定在劳动节后开始新学年。因此，这些学区努力关注州政府的风向，包括州政府从商业领域而不是从有教育背景的人中选出州教育厅厅长（superintendent of public instruction）（很大程度上是有名无实、权力有限的职位）。

学监沃特斯说，她上任第一年时，与学区职员用了一年时间来理解州层面的关注重点。此外，她与社区成员建立了伙伴关系，并在此过程中与大学和社区学院接触。沃特斯表示，尽管州是具有影响力的，但州教育厅人员处于“不知所措”中，他们无法帮助学区，也不能为学区推进新的工作重点提供“台阶”。

关系网络

在北白松县学区，与当地社区团体联系，以及与县里的其他人员建立伙伴关系，是必不可少的。因为，该学区被划为“低收入”学区，中心办
219 公室人员不足，教师也短缺。不过，学区层面领导的稳定性，为学区与社区团体和其他人员之间重要关系的建立，做出了重要贡献。萨缪尔森经常与县长联系，尽管因交通与预算的限制，大部分联系是通过电话进行的。在他任职期间，学区经常与当地大学和社区学院建立联系，为教师提供培训。譬如，学区与数学和科学教授建立伙伴关系，开展了一个提升教师数学与科学能力的项目。让新教师快速了解州问责政策，是一项持续的挑战。学区大部分的专业发展工作都是自己开展的，他们努力为所有教师提供导师，提供职前培训与有效的在职培训。不过，为了确保教学助理（teaching assistant）能够获得资格证书，他们也必须努力与本地大学和社区学院合作。

助理学监也提到，学区努力与州保持联结，但州层面的经费支持不足，资源一直是一个问题。沃特斯与社区团体和协会的联系，甚至超过了她的前任。譬如，她参与南部学院与学校协会（Southern Association of Colleges and Schools），担任学区认证领域的州级专家。北白松县是该州第一个通过认证过程的学区系统。沃特斯在其中担任了协调员角色。她还曾在其他州、大学和社区学院的董事会与委员会担任职务。此外，她也开始

参与社区的经济增长发展团体。

松散联结

尽管由于军队人口众多，该地区有很高的流动率，但学区有很高的合格率。学区的成绩比地区和州的平均成绩都要高。几所学校有 90%或更高的州测试合格率，所有学校的合格率都在 80%以上。然而，该学区面临的最大挑战之一，是在《不让一个孩子掉队法》下实现联邦要求的学业成绩持续提升或年度充足进步率。特别是因为该学区内有近 2800 名学生被确定为特殊儿童（exceptional children）。

就像她之前的学监萨缪尔森一样，沃特斯也认为，州层面所提供的指导或资源是不足的，不能帮助他们实施州政府所要求的新的工作重点。譬如，她找到州领导者，与其讨论将州层面的评估和问责方法与州的新工作重点更好地整合起来的重要性。她提到，许多地方学区联合起来向州政府游说，将这些系统要求更好地整合起来，而且她花了大量时间与各种利益相关者讨论确立多重地方质量标准的必要性。她也向校长们明确表示，她 220
将使用多重指标评估他们的绩效，而不是做单项选择。

由于她自己及其他学监的努力，州政府已开始将新的工作重点与评估和问责工作整合起来。此外，州政府开发了一个新的学校管理者评估工具，该工具专门与 21 世纪能力要点及目标上的标准和期待保持一致。州政府也在运用一个类似的教师评估工具。

小结

北白松县学区在满足《不让一个孩子掉队法》的一些要求上遇到了问题。因为他们的教师和学生中，有很大一部分来自军人家庭，这些家庭具有很高的流动性。这是他们的主要问题。他们提到，州层面没有提供什么帮助。因此，学区与当地社区学院、大学以及其他社区团队积极建立伙伴关系，以满足州和联邦的要求。北白松县学区的职员反映，他们花了大量时间与学校和社区合作，以更好地理解各项任务要求，并使这些任务要求适应当地情境。通过在一些志愿学校试验新的任务举措，学区尽可能地坚持自己的地方性观念（local philosophy），基于试验学校的情况，进一步优化各种政策，然后再在整个学区系统实施。尽管在州政策情境下，与另一个中等规模学区——丹山学区——一样，（过去的与现任的）学监仍然扮演着更为主动的角色，但北白松县学区关注积极地影响当地公众的观点及对州政策的理解。

四、学区领导案例研究结果的总结

运用我们前文提到的框架，对四个学区进行比较的结果如表 13. 1 所示。在对这些案例研究进行总结时，我们既利用了四个学区的情况，也利用了本章没有详细提及的其他学区的情况。

媒体中有关标准和问责运动的争论，经常强调最近州和联邦立法的规范性（prescriptive）特征。在实施这些立法要求时，学区以及校长和教师都有一种被推入束缚之中的感觉。因为，他们努力遵守的政策，在本地情境中并不总是合理的。我们的研究通过了解四个中等或小规模学区工作人员的看法，对该问题进行了实证分析。学区规模是我们调查中的一个重要特征。因为，我们假设，规模更小的学区由于资源有限，可能更难以调动
222 资源以满足来自学区外部的新期待。州政策环境也是非常重要的。因为，各州在如何快速回应以及以什么样的方式回应公众对提高标准的需求上，存在很大差异。

科层权力：州政府有系统性影响吗？

总体上，证据显示，州问责制和标准政策——包括州对于《不让一个孩子掉队法》要求的解释——对地方学区的行为和改进计划有轻微的影响。这并不意味着学区无视州政策。相反，它意味着州的政策与要求被整合到学区管理者想要做的事情中，而不是作为一个固定的模板被执行。一些学区抱怨资源不足、支持不够，但总的来说，他们赞同州政策的意图（如果执行这些政策不缺乏财政支持的话）。

表 13.1　小规模学区与中等规模学区样本的特征

	总在校人数（人）	学校数量（所）	背景	人口分布（少数族裔学生比例，享受免费或低价午餐学生比例）	语言考试成绩*	数学考试成绩*
托图加浅滩学区，得克萨斯州	1653	4	小镇	87.13% 88.39%	小学：相近 初中：低于 高中：高于	小学：低于 初中：低于 高中：低于
中域学区，密苏里州	2349	8	中等城市的小城郊	72.9% 62.4%	小学：低于 初中：低于 高中：低于	小学：低于 初中：低于 高中：低于
丹山学区，新泽西州	16000	18	大城市周边地区的四个小镇	12.7% 13.0%	小学：高于 初中：高于 高中：相近	小学：相近 初中：相近 高中：相近
北白松县学区，北卡罗来纳州	23000	36	位于县城的大型军事基地	36.2% 41.0%	小学：低于 初中：高于 高中：低于	小学：相近 初中：相近 高中：相近

* 2005 年相比于州总体成绩的学区成绩。

虽然小规模学区与中等规模学区对于州标准和问责制的反应有所不同，但很少有学区在描述自己的处境时，暗示自己被标准化运动围困，或是成为标准化运动的牺牲品，即使它们不同意某个具体的州政策。我们详细讨论的四个学区中，三个学区有着高比例的贫困人口或少数族裔人口，然而，它们都对标准化运动表示欢迎，因为这有助于它们定义并实现重要的（本地）教育目标。在描述自己与州的关系时，他们认为目前的关系是必须要接受的。他们承认州政策的合法性（即使他们不喜欢联邦规定［federal mandate］这个概念，并抱怨州层面不充足的经费支持），也通常能够利用政策扩大自己对本地情境中教育改进的影响力。

尽管有三个州（得克萨斯州、密苏里州和新泽西州）拥有资金充足的地区服务部门，它们的职能是支持专业发展与提升学区办公室的能力，但是没有一个学区将州政府部门看作重要的支持来源。四个学区的行动证明了学区与州之间的松散联结关系。他们自己提出改进工作的计划，这些计划又与州的标准与问责工作相联系。两个学区（托图加浅滩学区和北白松县学区）认为，州政府的角色就是定义它们要努力做什么，但即使在这两个学区，学区领导者也认为，自己并不是简单地表面上遵守州层面的要求。尽管学区开展的相关工作在州工作重点和举措之内，但没有一个学区提到，在它们实现地方性需求和目标的过程中，州教育部门或地区服务部门提供过什么重要的专业引导和支持。

几乎没有什么证据支持这样的假设：州政策绕过学区对校长行为产生
223 直接影响。尽管校长对州层面影响的肯定评价，可以预测他们的教学领导行为，但校长对地方标准和政策作用的认知，压倒性地超过州层面的影响。

地方领导影响力的关系网络

除了那些以前在州层面担任过关键职务的人之外，小规模学区和中等规模学区的高级工作人员，有着有限的政治性专业网络关系。然而，那位在州层面担任过要职的学监和北白松县学区的学监都认为，自己影响着州层面的政策制定。我们的研究样本中的大多数学监所建立的专业关系网络，主要集中于学区内部和附近的学区。他们通常更为关注应对政策要求，而不是关注在开始时影响这些政策。有证据表明，他们积极参与到政策游说中，努力影响州政策，但仅仅是作为联盟的一分子。总体而言，学区将自己视为州政策制定过程中有力行动者的相关证据比较少。很少有学监认为州学监联合会是重要的影响力来源，学监联合会也很少被州政策制定者视作重要的影响来源。

松散联结

学区高级职员认为，他们的工作与州是松散联结的。学区参与政策制定过程，以及与州教育厅共事的意识，因州政策文化而异。

- 在更为传统的州，学区认为自己要忠实地遵循州层面的政策。这要求它们超越规定要求和期待，使法律规定适应地方情况。托图加浅滩学区和北白松县学区的案例，为此结论提供了经验证据。在这两个传统的州，规定要求和州层面对于任务实施的有限支持并存，但这两个州为学区制定地方政策提供了框架。学区领导者利用州政策形成、明确与推动当地的改进工作。
- 在更具个体主义的州，学区认为州政策对于它们的改进工作是不太重要的。它们认为，自己的本地工作与州政策制定是松散联结的。它们也不关心被制裁的问题。与更为传统的州一样，它们也没有将自己视作州的依赖者。但它们觉得，应该由学区来设计与实施有效的学校改进政策。它们都表达了对设计与实施自己的政策举措负责的观念（同时遵守州政策的各项要求）。
- 虽然本章中没有提供相关的案例数据，但在具有明确或适度 224
的道德关注政策文化的州（俄勒冈州和内布拉斯加州），两个规模较小的学区都将自己视为州的合作伙伴。这两个学区的管理者都相信，州政府部门有人可以帮助他们寻找资源，甚至可以为他们提供资源，或直接提供，或通过州的地区服务机构提供。他们也描述了利用州所创造的机会，参与制定州改进政策的方式。

根据我们之前对州层面政策行动者与利益相关方的访谈分析，我们得出的结论是，就“教育政策和改进如何实现”，学区行动者们共享着许多同样的假设，他们根据州制定与实施政策的传统方式，调整自己的回应。尽管我们不敢说，州政策文化决定着规模较小的学区如何回应州政策，但我们的数据支持这样的观点：学区如何回应日益统一化的标准和考试政策，显著地受到州政策文化的影响。我们假设，在更为传统的州，小规模学区和中等规模学区可能将自己视为顺从的行动者；在更具个体主义的州，它们将自己视作州标准的自由解释者；在关注道德的州，它们可能会将州视为教育改进的合作伙伴。

更大规模的学区如何呢？

正如本章开始部分所指出的，我们的研究样本聚焦于更少被研究的小规模学区。不过，尽管不太深入，我们也确实分析了较大规模学区的情况。有如预期的那样，我们发现，无论处于什么样的州，研究样本中最大的学区都认为，它们对自己的未来负责，并将内部资源的开发视为教育改进与质量提升最为重要的因素。然而，在我们所分析的大规模学区之间，也存在明显的差异：

- 我们的研究样本中有三个规模很大的半城区学区，位于主城区之外。它们不是处于正在走下坡路的城市核心，而是为不断扩张的，往往也日益多样化的人口提供服务。它们通常认为，自己摆脱了州政策。因为，它们相信，自己本地化制定的战略性改进计划遥遥领先。服从是既定的，但它没有推动或塑造它们的工作重点。在这方面，它们更像丹山和中域学区，但在财政上和学区办公室运转上拥有更多的资源。

- 另一方面，四个位于中心城区的学区是“抵制者”。它们抱怨州政策是不公平的，对它们所服务的学校和学生不利。在一个案例中，学区甚至起诉州政府，要求其停止执行标准与问责程序中的某些内容。 225

要进一步辨析其中的一些差异，还须开展更为深入的分析。然而，总体而言，我们的研究表明，用更为精细的透镜，进一步深入考察学区对于标准和问责运动的回应是重要的；避免将国家和州发言人的公开回应，与学区管理者更为实用主义的回应等同起来是重要的，学区管理者的首要目的是制定本地政策，以改进学生的生活与成绩。

五、对政策与实践的启示

1. 就如何在州标准和问责政策与地方社区实际情况的框架中，为学区确定与实施本地教育改进的重点事项提供支持，州政策制定者的决策要更具战略性。

2. 州政策制定者和教育部门应设法传播地方学区为忠实地遵守与超越州政策期待而提出或采用的创造性举措，并根据地方需求与重点事项扩展他们的期待。

3. 州政策制定者和教育部门需要积极响应学区的担心，即在实施具有良好意图的政府政策的过程中，会带来不可预见的不平等问题。

4. 学区当局，特别是学监，应该在州规定的最低标准之外，考虑如何最好地制定质量表现基准。这些基准应该以国家和州规定的测试为基础。

5. 学区当局应该构建更加稳固的关系网络，参与州政策的制定与调整。这些关系网络应当与能力和人口概况各异的学区的不同需求和工作重点相一致。

6. 学区领导者之所以能够定义与追求本地目标和工作重点，是因为他们能够形成对州政策的地方性理解，以及这些政策对于地方教育服务的影响。他们应该致力于这项工作。

226 六、反思问题

1. 你所在的情境中，学区管理者如何对州政策做出反应和解释?

2. 你所在的情境中，学区管理者在多大程度上以一种科层化的视角看待州政策举措?他们认为州政策对学区教育改进有积极潜力，还是将州教育部门视为一个敌对方?

3. 你所在的情境中，学区管理者如何利用关系网络增加影响州政策的机会，或为地方行动创造更大的自由度?这些关系网络在为地方行动创造更多机会方面，是否切实有效?

4. 你所在的情境中，学校管理者是否至少在有些情况下可以避免州政策的影响?如果可以，其结果如何?

结　　论

在最初开展研究时，我们相信，我们的学习领导（leadership for learning） 227
研究是有史以来最宏大的教育领导探究。[①] 我们还没有见过任何一个同样聚焦于学习的研究，在研究范围上如此广泛：涵盖如此大的课堂、学校、学区样本，研究的时间跨度如此之长，并有充足的资金作为保障。回顾我们已经完成的工作——本书已经对其大部分内容进行了总结，我们相信，自己的研究结果可以通过三种雄心勃勃的方式，为该领域做出贡献：一是利用本研究的范围和规模上的优势，为其他研究者所提出的理论和主张提供稳健的支撑；二是推翻有缺陷但往往很流行的领导主张；三是提供本领域中，即便不是唯一，也至少是相对新颖的概念和证据。

本书的目标是，为我们从横跨整个美国、为期五年的教育领导研究中学到了什么，提供一个有选择的、很大程度上也是非技术性的说明。正如本书的两个主要部分所表明的那样，我们的重点在学校层面的领导与学区层面的领导。[②] 结论部分，我们重新回顾在第 1 章中提出的最初目标有哪些已经实现。接下来的几节里，我们将讨论这些目标是如何实现的，以及我们的研究结果能够为教育领导这个研究和实践领域做出什么贡献。

---

① 其他的大型研究如澳大利亚“为了组织学习与学生成绩的领导”（Leadership for Organisational Learning and Student Outcomes，简称 LOLSO）研究项目，或是受到地理上的限制，或是局限于一种类型的学校（Silins and Mulford, 2002a, 2002b）。

② 在我们的研究中，州和州领导的作用也是一个显著的关注重点。但本书中对此问题的分析是有限的。可参见我们的最终报告（Louis, Leithwood, Wahlstrom, and Anderson, 2010）和其他出版物（Louis, Dretzke, and Wahlstrom, 2010）。

228

一、我们的发现：领导影响

本研究旨在揭示领导在促进学生学习中所发挥的作用。正如我们始终承认的，我们并不是唯一研究这个问题的学者。我们的研究证实了早期研究（但通常也是较小规模的研究）的结论，即领导与学生学习相关。但更重要的是，通过考察学校和学区层面对学生学习产生重要影响的具体领导实践，本书拓展了知识的边界。在澄清成功的领导者影响教与学质量的路径方面，我们的证据还有一些距离。

我们的研究表明，有些具体领导实践与那些旨在提高学生学习的学区和学校管理者有关。其中的许多实践，并不是我们的研究所特有的。正如我们在第 5 章提到的，具有积极影响的领导者重视四类实践：设定方向、发展人员、重构组织与改进教学。几乎所有被校长和教师认为对教学有所帮助的领导实践，都是这些核心实践的具体实施。因为与已知的结论相重合，我们的大型研究——包含各种类型学校的全国随机样本——确认了这些核心领导领域。

本书的创新之处是，我们考察了多个层面领导活动之间的互动——学区内部、学区与学校之间、学校之间以及学校和课堂内部。我们的研究证明，领导对于质量的影响，不能简单地将美国教育系统这个特别复杂情境中的情况推而广之。好的教学当然是学生成绩的核心，但促进好的教学，又需要研究如何以一种响应学校所面临特定情况的方式实现领导的整合。

二、我们的发现：超越英雄式领导并走向情境领导

我们对于领导影响效果的考察，既肯定以往的研究，又采用了与普遍流行方式不同的视角。无论在教育还是其他领域，以往的研究都将主要注意力放在领导者的角色和行动上。大多数公众心目中的教育领导形象，来
229 自媒体中对英雄式或特例式领导者的报道。这些人在具有特殊挑战的情境中发现自己，并克服这些挑战，完成非凡的壮举。我们只需重温一些好莱

坞大片——《为人师表》（Stand and Deliver）或《春风化雨》（Mr. Holland's Opus），就可以明白全国对于那些“迎难而上”并获得成功之人的关注。然而，我们致力于研究人们的工作情境如何影响他们的领导力。因为，学校很多，英雄却为数很少。

尤其是在美国，我们有一种迈因德尔（James R. Meindl）、艾利希（Sanford B. Ehrlich）和杜克里奇（Janet M. Dukerich）所言的浪漫主义领导观。这种观点几乎将组织的每一次成功或失败，都归因于那些拥有职位权力之人的行动（Meindl，Ehrlich，and Dukerich，1985）。它就像深嵌在《华尔街日报》中一样，也反映在各州一窝蜂地成立“改薄领导学院”（turnaround leadership academy）以解决人们眼中的学校质量问题的行动上。这种全神贯注于教育领导领域中代理者的观点，没有认识到公立学校教育机构的庞大规模，也没有认识到招聘那些愿意领导学校教育机构之人的困难。如果我们只能依赖英雄式或特例式领导者，那么，“提高标准”与（尤其是）“缩小差距”这些已经变得迫在眉睫的任务，是无法大规模地实现的。即使有才能也有决心的个体努力在困难环境中有所作为，这些人也还是太少了，至少短期内是这样的。①

相反，我们关注情境中的领导，考察领导实施的具体环境以及成功的领导者或多或少使用的广泛策略与具体实践。我们的研究样本包括范围广泛的学校和学区，它们的学生成绩存在很大差异。这也使得我们的研究区别于最近的一些研究，这些研究聚焦于成功的学校和学区。我们认为，既要考察成绩卓著的，也要考察表现中等的，甚至还要考察那些苏珊·罗森霍尔兹（Susan Rosenholtz，1989）所谓“停滞”的学校和学区。这使得我们可以在情境中对领导进行更为现实的描述。

通过用工作结构和环境解释人们的行为，我们的很多证据说明了个体与情境的互动。尽管整本书都关注这种互动，但它是第 6 章（该章探析了小学与中学领导实践的差异及其影响）和第 13 章（该章探析了学区规模

① 我们评论了由教育紧要（Educaiton Matters）公司开发的两部公共电视剧。其中的一部讲述了一位遴选出来的校长扭转薄弱学校的故事；另一部讲述了米歇尔·李（Michelle Rhee）在短时间内改变华盛顿特区的故事。这些都存档在 http://leamingmatters. tv/。

和人口特征对于学监的影响）的主要内容。这些以及其他的研究发现表明，我们不应该将重点放在开发有助于提高学生学习的能力或实践清单上，而应该更多地关注领导者如何在他们“发现自己”的情境中成为工作上的专家。

我们研究的一个比较新颖的结果是，努力将学区的促进作用与学校领
230 导甚至教师实践联系起来，并且我们详细地考察了学区如何利用现有资源回应情境的需要。我们的数据清楚地显示，不能用一把尺子去测量所有学校，而大多数学区——更不用说州——试图使用非常相似的工具或干预措施推动学校变革，偶尔承认学校需要根据地方情境做一些“调整”。本书第二部分的几个章节详细呈现了我们所研究的最成功的学区如何发展细致入微且高度个性化的学校改进方法。

三、我们的发现：提升变革的意愿与能力

如果学校中的人缺乏做出艰难变革的意愿和能力，学校是不会进步的(Miles and Louis，1990)。我们研究的另一个比较新颖的结果是，证明了一个对领导者影响学校改进和学生学习有重要贡献的因素：学校领导者集体效能感。领导者效能感一直是非学校部门领导研究的重点，但在教育领导研究中很少受到关注。尽管个体效能感在学校中具有积极影响，但集体效能感似乎是学区影响学校和学生最为有力的因素之一——很大程度上是因为它促进了对学生学习改进目标的高度认同，而且内在地衡量了校长认为自己是否有能力实现这种目标的信念。

我们有关学区领导如何促进学校层面领导的证据，回应了我们的研究目标——描述州、学区、学校和课堂层面的个体与群体，以何种方式成功地帮助其他人获得改进学生学习所需的意愿和能力。我们的研究证明，学区对学生学习有影响。因为，学区能够创设似乎可以提升学校领导者信念——他们可以一起把工作做好——的工作情境。

然而，发展集体效能感本身并不是目的。相反，它是学区在更具针对性的领域发展意愿与能力的前提条件。就此目标，我们找到的最具说服力

的一个证据是，成功的学区在促进学校开展数据指导的决策与问题解决方面所开展的工作。我们之所以认为这一证据特别有说服力，是因为它清楚地表明，尽管在各学区普遍流行的劝导学校基于数据开展工作的做法收效甚微，但这仍然是鼓励学校使用数据的默认策略。的确，我们经常看到，学区在成功促进学校用数据指导实践上的一些做法，可以用来将其他类型 231
的有价值的改革引入学校。譬如，这些成功的学区言出必行，它们监控学校的进步并反馈了解到的情况，为学校人员提供发展新的数据解读能力的机会，为有需求的学校引介外部专家。如果学区不是只举行一次性的研讨会，而是致力于构建社会网络化的领导能力，使校长们能够集体性地确定问题及其解决方案，那么，大多数学区的改革举措会在学校中取得更好的效果。我们甚至可以倡导，构建全区性的管理者专业学习共同体（Katz, Earl, and Ben Jaafar, 2009）。

更具体地说，我们有关成功学区领导的证据包括了学校层面教学领导能力的发展。不过，我们的证据也清楚地表明，除非学区利用政策建立一个压力与支持充分平衡的系统，鼓励并奖励学校领导者发挥他们的新能力，否则，这些领导发展的机会及通过其形成的能力很少会影响到学校和学生。这并不是建议在学区办公室与学校之间建立日益“紧密的联系”，而是表明学区注重建设全区性合作与变革文化何等紧要。在这种文化中，数据使用、对教学的更多重视以及问责制，更有可能在没有严格制裁的情况下蓬勃发展。

在学校层面，我们也发现，领导主要是在形成一个强大的学习者共同体（通常称为专业共同体）时对学生产生影响。变革教学实践所需的意愿和能力，当然可以通过一对一的专业发展来激发，但对于校长和其他学校领导者而言，创设共享实践与激发探索动机的情境更为有效。需要指出的是，我们的研究并没有明确认可一些学校中专业共同体建设的通常做法，如将教师分配到各种委员会，让教师对给定的数据进行分析，要求教师在特定时间内提出改进方案。在我们的研究中，专业学习共同体意味着一种更为有机的教师之间信任关系的结构。在信任关系中，知识是共享的，有关课堂实践的“大问题”得到讨论，问题与解决方案的确定需要将学生评估的信息与教师和管理人员拿出来分享的专业知识结合起来。① 这些内容作为发展教师教学领导的工具也是非常重要的，比校长所实施的教学领导要重要得多。

232

四、我们的发现：增加领导容量

教育领导研究文献中一个被广泛接受但没有很好地得到理解的观念，是围绕英雄式领导的问题展开的，即让更多人“从事”（doing）领导工作。本书中至少有三分之一的章节从完全不同的视角、观点和理论出发，阐述了集体领导、共享领导和分布式领导。尽管过去十年中，关于这些观念的研究有了飞跃式的增长，但很少有研究涉及大多数实践者关心的首要标准：它们是否能促进学生学习？令人惊讶的是，在缺乏证据来回答这一问题的情况下，这一领域的研究议题仍然存在。不过，我们的证据非常明确地给出了一个尽管复杂但肯定的答案。所以，这是为其他研究者的理论与主张提供有力支撑的一个例子。

由于考察了让更多人参与领导的不同方式，我们做了很多研究上的补充。特别是，我们有关集体领导的分析清晰地指出了两个重要发现：首先，我们发现，增加没有正式管理权力的人所行使的影响力与领导，并不会减少那些担任职责之人的影响力。换句话说，权力分享并不妨碍正式的权力和责任。其次，我们发现，与那些通常被排除在共享领导和分布式领导研究之外的人——家长、社区成员和学生——分享权力，是区分学校和学区在其他领域拥有更多或更少有效领导的关键因素。简单地说，分享权力可以增加参与度和努力程度，而不会挑战教育者的专业知识。

我们的质性分析也表明，在许多学区和学校，共享领导是一项艰难的工作，与通常的习惯背道而驰。在学区如何帮助学校“利用家庭和社区的能量改进学校”的证据中，我们呈现了一个相对新颖的共享领导的方式。

---

① 对于“专业学习共同体运动”的批评请参见路易斯（Louis，2009）、霍尔德与索默斯（Hord and Sommers，2008）的研究。

迄今为止，家长在子女教育中极其重要的作用以及学校如何发挥家长富有影响的作用已经被概念化，并作为家庭-学校问题加以研究。我们的证据指出了学区的重要作用——提高学生成绩的路径，不仅仅为那些已经提高了学生成绩的学校所独有，除了学校因素外，学区也能发挥作用。

“重要的是教室里发生了什么”，这句话仍然常被提起。由此出发的政策建议，往往强调在教师工资和专业发展上投入更多资金。“校长是学校改进的关键”，是另一种常见的主张。在此主张下，往往推崇前文所讨论 233
的英雄式领导。我们的研究证据推翻了这些主张及其他几种流行的观点。譬如，一份从成本与收益（收益是指州测试中的成绩）角度研究美国所有学区“生产率”的报告指出，“没有生产率的学区”在课堂之外花了大量的经费。这意味着，学区在提高学生学习的战斗中并不是很重要（Boser, 2011）。这是被我们的数据最令人信服地驳斥的观点之一。我们的研究已经毫无疑问地表明，当学区实施我们努力阐述的实践和政策时，它将是推动学校改进的一股重要力量。我们的证据，虽然数据上不显著，但同样重要地表明，学区也可以成为绕在学校脖子上的一只锚。易言之，学区是使得学校“前进”或者“停滞”的力量。它们很少是中性的。

这些证据以及本书中提到的其他研究发现，只是探究学区在学校改进和学生学习方面所具有的广泛而独特作用的一个开始。我们是为了明确，那些已经走上正确方向的学校，只是解决方案的一个部分。而且，这些学校能够走上正确方向，不是通过一些政策制定者非常欢迎的强制性实践。所谓“抵抗”的教育者对于那些被解释为抵抗的行动，往往有非常理性的理由。成功的学区倾听这些理由，并从中学习。

虽然我们只有一章的内容集中讨论政府领导在促进变革与改进中的作用，但研究发现也驳斥了许多共同的迷思。第一个迷思是，由于强制性的标准不能很好地回应地方需求与问题，“问责运动”已经阻碍了地方变革的努力。显而易见，有时确实如此。但本研究中的领导者对于州领导的看法更为微妙，且总体上是积极的。大多数人将州视为盟友，将问责和标准视为可加以调整的条件，这些条件使他们能够召集地方力量以进行变革。对大部分学区来说，州的卷入意味着资源和支持，而不是束缚。鉴于研究涉及9个州且它们代表了学校改进的各种方式和举措，我们认为，本研究的证据可以表明，州逐渐成为学校领导研究的一个部分，它们是本研究中显示出积极作用的集体领导模式中的行动者。

五、结语

有必要再回到指导我们研究的最初框架（见图14.1）上。我们希望
234 能够评估该模型中的每一个要素对于学生学习的相对影响。某种程度上，我们已经成功了：图中的每一个方框，在本书中至少会有一章对其加以探讨，而且每个方框都被证明是必须考虑的因素。每一项研究都有其局限。我们有能力在一个很广的范围内触及所有关键行动者发挥的作用，考虑他们如何影响不同情境中的教师、教学和学生。这种优势也是一种不足。我们不能得出那些决定学生学习的领导实践、学校特征以及学校所处情境的简单列表。不过，我们能够指出一些明确的重点事项与结论。

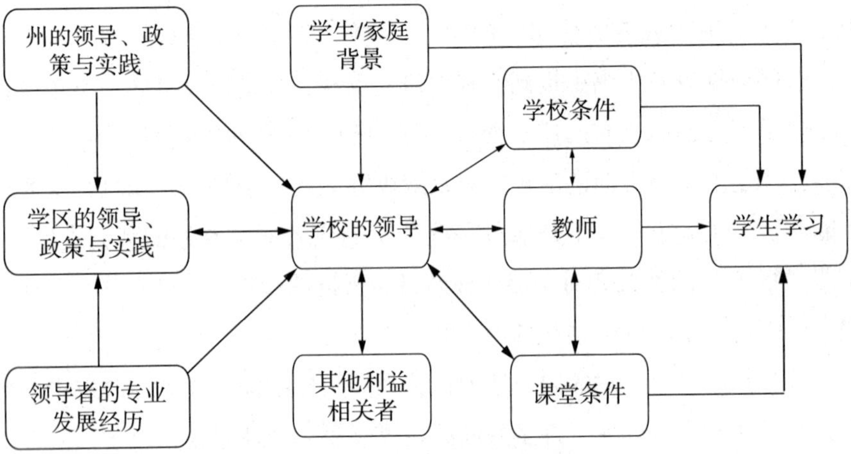

图14.1　整合性教育领导观念的来源

六、当领导采取如下做法时能影响学生学习

1. 聚焦工作关系、改进教学以及间接地提升学生成绩。

2. 要求正式领导者、教师和其他利益相关者共享权力与影响力。

3. 通过支持正式领导者、教师和其他利益相关者之间的稳固关系来 235
提升能力，从而强化对学生学习的共同承诺。

4. 构建包含学校所有成员的专业共同体，即一种能够使教育者合作改进他们的实践，并将工作重点放在学生学习上的特殊学习环境。

5. 能够适应地方情境的具体需求，包括同一学区中不同学校在能力、结构和需求等方面的显著差异。

6. 利用外部压力推动变革与改进，而不是与之对抗。

附录 A　量表各变量的信度

变量	α 系数	题项示例	237
聚焦教学	0.77	· 我的教学策略有助于学生构建他们自己的知识。 · 教学时间极少被打断。 · 我们班的大多数学生能够以与其年龄相符的方式，对自己的学习负责。 · 我重视发展自己所教核心科目的深层知识。 · 我的课堂保持着快速的教学节奏。	
共享领导	0.78	· 部门负责人/年级团队领导者在学校经费支出上能发挥影响力。 · 教师在全校性决策中发挥有效的作用。 · 教师对专业发展和成长计划有重要影响。 · 校长能够确保学校改进决策中的广泛参与。	238
教学领导	0.82	· 我们学校的管理者明确界定了教学实践的标准。 · 本学年中，您所在学校管理者与您讨论教学问题的次数？ · 本学年中，您所在学校管理者观察您课堂教学的次数？ · 本学年中，您所在学校管理者参加教师计划会议的次数？ · 本学年中，您所在学校管理者就课堂行为或课堂管理为您提供改进建议的次数？ · 本学年中，您所在学校管理者为您提供改进教学具体意见的次数？	

续表

变量	α 系数	题项示例
信任	0.90	· 当教师碰到困难时，我们的校长会给予支持。 · 我们的校长确保所有学生都能有高质量的教师。 · 如果我们的校长承诺做什么，他/她就会坚持做到。 · 总体上，我相信我们校长的动机和意图是好的。 · 我可以自由地与校长讨论工作上的问题，而不用担心以后他因此对付我。
239 专业共同体	0.85	· 我们学校的大多数教师共享着相似的关于教与学的价值、信念和态度。 · 我们学校对所有学生都有着明确的学习期待。 · 我们的学生评估实践，反映了我们的课程标准。 · 教师支持校长执行学校规则。 · 学校中有多少教师觉得有责任帮助彼此提高教学水平？ · 学校中有多少教师对他们自己课堂之外的学校改进负责？ · 学校中有多少教师帮助维持整个学校的纪律，而不只是他们自己课堂的纪律？ · 本学年中，您邀请别人帮助您教课的次数？ · 本学年中，同事观察您上课的次数？ · 本学年中，您同事给您提供有意义的表现反馈的次数？ · 本学年中，您到其他教师课堂中观察他们教学的次数？ · 本学年中，您与同事交换课程资料方面建议的次数？ · 本学年中，您与同事交流对学校目标看法的次数？ · 本学年中，您与同事交流对新课程开发看法的次数？ · 本学年中，您与同事交流课堂行为管理看法的次数？ · 本学年中，您就帮助学生最好地学习的问题与同事交流的次数？

（N= 138 所学校）

附录B　第7章的补充证据

方法 241

本附录所使用的数据，来自第一轮校长和教师调查，以及州测试中学生的数学成绩。此外，为了找出第7章中的几个片段，我们分析了三年来与学区和学校人员及社区利益相关者进行访谈的数据。调查的问题涉及校长和教师对家长与社区参与学校工作的看法。调查也询问了利益相关者对于学校的影响、领导团队的构成、校长和教师对于家长和社区参与学生学习改进的接受度及对实际参与情况的看法。所有的调查题项都使用六点量表（从“强烈同意”到“强烈不同意”）。对于每一项调查，我们都分别进行量表计算（均满足常规的信度标准）。然后，我们使用逐步回归方法，分别分析了校长和教师调查。校长调查所测量的因素包括如下几个：

- 校长对于社区参与的接受度。量表中的所有题项反映了我们对参与式民主结构的概念（社区成员积极参与到学校改进目标的计划与制订中）。
- 学区对社区和家长参与的支持。量表测量了在校长努力争取更大的社区和家长参与过程中，学区发挥了什么样的帮助或阻碍作用。 242
- 校长感知的家长影响。量表测量了家长参与决策的程度，以及家长对学校确定改进方向的影响程度。

我们首先考察了民选的学校理事会与非民选的学校理事会，以将那些反映与没有反映参与式民主结构的学校理事会区分开来。（虽然有些学校用“构建领导团队”指代他们的学校理事会，但为清晰起见，我们将用“学校理事会”指称所有这样的团队：是学校层面的地方性领导的一种方式，团队中的人共同参与以提供领导和不定期决策。）我们关注的是正式选举出来的学校理事会，它们是多样化的（团队中有超过三类团体的代表，也就是说，团队包括家长和社区成员）。43%的团队是民选的，民选的团队比非民选的团队更加多样化。

在第一次分析校长调查数据时，我们的结果变量包括两个：（1）学校理事会成员的多样性；（2）校长和教师对于家长和社区参与学校工作的接受度。对于教师调查的分析中，我们测量了四个变量：

- 家长–教师集体领导。在集体领导的学校，校长和教师更可能与家长和社区合作（譬如，可参见 Goldring and Sims，2005；Tschannen-Moran and Hoy，2000）。
- 学区和学校领导影响力。我们用这一变量测量了学校和学区的管理者控制决策的程度。
- 教师对家长参与的认知。基于这一变量，我们考察了教师对家长影响的认知与学生学习结果的关系。
- 教师影响。使用这一变量，我们对学校决策中家长的影响、管理者的影响和教师的影响做出了区分。

我们用学校 2005—2006 年在州数学测试中的表现，衡量学生的成绩。我们用贫困程度（享受免费或低价午餐学生的数量）和学段（小学与中学）作为所有分析的控制变量，因为几项专门考察社区参与的研究发现，贫困对家长参与学校活动有显著影响。社会经济地位也是预测学生成绩的一个显著因素（Henderson and Mapp，2002；Ho Sui-Chu and Willms，1996）。

回归表

表 B.1　与学校理事会成员多样性有关的因素

预测因素	标准化系数	t	Sig	R^2	调整后的 R^2
(常数)		3.648	0.000		
享受免费或低价午餐学生的比例	0.260	2.656	0.009	0.092	0.074
学区支持 $F=5.092$	0.227	2.324	0.022		

($N=157$)

* 显著性水平为 0.05

表 B.2　与校长对社区参与的接受度有关的因素

预测因素	标准化系数	t	Sig	R^2	调整后的 R^2
1（常数）		16.073	0.000		
享受免费或低价午餐学生的比例 $F=0.075$	0.027	0.274	0.785	0.001	−0.009
2（常数）		2.130	0.036		
享受免费或低价午餐学生的比例	0.017	0.172	0.864	0.095	0.068
学区支持	0.169	1.673	0.097		
学校理事会的多样性	0.230	2.292	0.024		
$\Delta F=5.159^{*}$					
3（常数）		1.661	0.1000		
享受免费或低价午餐学生的比例	0.025	0.224	0.808	0.096	0.059
学区支持	0.171	1.684	0.095		
学校理事会的多样性	0.231	2.289	0.024		
小学或中学 $\Delta F=0.124$	0.035	0.352	0.726		

（$N=157$）

* 显著性水平为 0.05

表 B. 3　校长调查：学校层面与 2005—2006 年学生数学成绩有关的因素 244

预测因素	标准化系数	t	Sig	R^2	调整后的 R^2
1（常数）		17. 617	0. 000		
享受费或低价午餐学生的比例 $F=19.471^{**}$	−0. 416	−4. 413	0. 000	0. 173	0. 164
2（常数）		5. 196	0. 000		
享受免费或低价午餐学生的比例	−0. 405	−4. 009	0. 000	0. 210	0. 175
学校理事会的多样性	0. 087	0. 856	0. 394		
学区支持	0. 096	0. 970	0. 335		
校长对社区参与的接受度	−0. 180	−1. 836	0. 070		
$\Delta F=1.419$					
3（常数）		5. 973	0. 000		
享受免费或低价午餐学生的比例	−0. 496	−4. 784	0. 000	0. 268	0. 227
学校理事会的多样性	0. 099	1. 004	0. 318		
学区支持	0. 078	0. 811	0. 419		
校长对社区参与的接受度	−0. 159	−1. 662	0. 100		
小学或中学 $\Delta F=7.018^{*}$	−0. 255	−2. 649	0. 010		

（$N=157$）

* 显著性水平为 0. 05

** 显著性水平为 0. 001

245

表 B.4　教师调查：学校层面与 2005—2006 年学生成绩有关的因素

预测因素	标准化系数	t	Sig	R^2	调整后的 R^2
1（常数）		117.657	0.000		
享受免费或低价午餐学生的比例 $F=860.303^{**}$	−0.458	−29.331	0.000	0.209	0.209
2（常数）		21.916	0.000		
享受免费或低价午餐学生的比例	−0.450	−28.950	0.000	0.229	0.228
家长-教师共享领导	0.097	5.468	0.000		
学区-学校领导	0.004	0.269	0.788		
教师影响	0.020	1.059	0.290		
教师对家长参与的认知	0.058	3.276	0.001		
$\Delta F=20.771^{**}$					
3（常数）		28.190	0.000		
享受免费或低价午餐学生的比例	−0.544	−34.111	0.000	0.290	0.289
家长-教师共享领导	0.054	3.159	0.002		
学区-学校领导	0.011	0.683	0.494		
教师影响	0.021	1.153	0.249		
教师对家长参与的认知	0.043	2.530	0.011		
小学或中学 $\Delta F=277.955^{**}$	−0.268	−16.672	0.000		

（$N=4491$）

* 显著性水平为 0.001

参考文献

Abrams, L. S., & Gibbs, J. T. (2002). Disrupting the logic of home-school relations: Parent involvement strategies and practices of inclusion and exclusion. *Urban Education*, *37* (3), 384-407.

Allington, R. L. (2001). *What really matters for struggling readers: Designing research-based interventions.* New York: Longmans.

Anderson, G. L. (1998). Toward authentic participation: Deconstructing the discourses of participatory reforms in education. *American Educational Research Journal*, *35* (4), 571-603.

Anderson, G. L. (1999). The politics of participatory reforms. *Theory into Practice*, *38* (4), 191-195.

Anderson, S., Leithwood, K., & Strauss, T. (2010). Leading data use in schools: Organizational conditions and practices at the school and district levels. *Leadership and Policy in Schools*, *9*, 292-329.

Anderson, S., & Rodway-Macri, J. (2009). District administrator perspectives on student learning in an era of standards and accountability: A collective frame analysis. *Canadian Journal of Education*, *32* (2), 192-221.

Anderson, S. E. (2006). The school district's role in educational change. *International Journal of Educational Change*, *15* (1), 13-37.

Andrews, R., & Soder, R. (1987). Principal leadership and student achievement. *Educational Leadership*, *44* (6), 9-11.

Argyris, C., & Schön, D. (1974). *Theory in practice: Increasing professional effectiveness.* San Francisco: Jossey-Bass.

Avolio, B. J. (1994). The alliance of total quality and the full range of leadership. In B. M. Bass & B. J. Avolio (Eds.), *Improving organizational effectiveness through transformational leadership* (pp. 121-145). Thousand Oaks, CA: Sage.

Bandura, A. (1982). Self-efficacy and mechanism in human agency. *American Psychologist*, *37* (2), 122-147.

Bandura, A. (1986). *Social foundations of thought and action.* Englewood Cliffs, NJ: Prentice Hall.

Bandura, A. (1993). Perceived self efficacy in cognitive development and functioning. *Educational Psychologist*, *28* (2), 117-148.

Bandura, A. (1996). *Self-efficacy in changing societies.* New York: Cambridge University Press.

Bandura, A. (1997a). *Self-efficacy: The exercise of control.* New York: Freeman.

Bandura, A. (1997b). Self efficacy: Toward a unifying theory of behavioural change. *Psychological Review*, *84* (2), 191–215.

Bauch, P., & Goldring, E. (2000). Teacher work context and parent involvement in urban high schools of choice. *Educational Research and Evaluation*, *6* (1), 1–23.

Beck, L., & Murphy, J. (1998). Site-based management and school success: Untangling the variables. *School Effectiveness and School Improvement*, *9* (4), 349–357.

Berman, P., & McLaughlin, M. W. (1977). *Federal programs supporting educational change: Volume Ⅶ. Factors affecting implementation and continuation.* Santa Monica, CA: RAND.

Bidwell, C., Frank, K., & Quiroz, P. (1997). Teacher types, workplace controls, and the organization of schools. *Sociology of Education*, *70* (4), 285–308.

Black, P., & Wiliam, D. (2004). The formative purpose: Assessment must first promote learning. In M. Wilson (Ed.), *Towards coherence between classroom assessment and accountability* (103*rd Yearbook of the National Society for the Study of Education*) (pp. 20–50). Chicago, IL: University of Chicago Press.

Blackmore, J. (1996). Doing 'emotional labour' in the education market place: Stories from the field of women in management. *Discourse: Studies in the Cultural Politics of Education*, *17* (3), 337–349.

Blase, J. (1987). Dimensions of effective school leadership: The teacher's perspective. *American Educational Research Journal*, *24*, 589–610.

Blase, J. (1989). The micropolitics of the school: The everyday political perspectives of teachers. *American Educational Research Journal*, *25*, 377–407.

Boesse, B. D. (1991). Planning how to transfer principals: A Manitoba experience. *Education Canada*, *31* (1), unpaginated.

Boser, U. (2011). Return on educational investment: A district-by-district evaluation of U.S. educational productivity. http://www.americanprogress.org/issues/2011/01/educational_productivity/report.html

Boudette, K., & Steele, J. (2007). *Data wise in action: Stories of schools using data to improve teaching and learning.* Cambridge, MA: Harvard Educational Pub Group.

Boyd, W. L., Kerchner, C., & Blyth, M. (2008). *The transformation of great American school districts: How big cities are reshaping public education.* Cambridge, MA: Harvard Education Press.

Brewer, J., & Hunter, A. (1989). *Multimethod research.* Newbury Park, CA: Sage.

Brookover, W. B., Schweitzer, J. H., Schneider, J. M., Beady, C. H., Flood, P. K., & Wisenbaker, J. M. (1978). Elementary school social climate and school achievement. *American Educational Research Journal*, *15*, 301–318.

Brophy, J. (1986). Teacher influences on student achievement. *American Psychologist*, *41* (10), 1069–1077.

Bruggink, P. (2001). *Principal succession and school improvement: The relationship between the frequency of principal turnover in Florida public schools from* 1990–91 *and school performance indicators in* 1998–99. Unpublished doctoral dissertation, Florida State University.

Bryk, A. S., Camburn, E., & Louis, K. S. (1999). Professional community in Chicago elementary schools: Facilitating factors and organizational consequences. *Educational Administration Quarterly*, *35* (5), 751–781.

Bryk, A. S., & Schneider, B. (2003). Trust in schools: A core resource for school reform. *Educational Leadership*, *60* (6), 40-44.

Camburn, E., Rowan, B., & Taylor, J. E. (2003). Distributed leadership in schools: The case of elementary schools adopting comprehensive school reform models. *Educational Evaluation and Policy Analysis*, *25* (4), 347-373.

Carnoy, M., & Loeb, S. (2002). Does external accountability affect student outcomes? A cross-state analysis. *Educational Evaluation and Policy Analysis*, *24* (4), 305-331.

Cawelti, G., & Protheroe, N. (2001). *High student achievement: How six school districts changed into high-performance systems.* Arlington, VA: Educational Research Service.

Chemers, M. M., Watson, C. B., & May, S. (2000). Dispositional affect and leadership effectiveness: A comparison of self-esteem, optimism, and efficacy. *Personality and Social Psychology Bulletin*, *26*, 267-277.

Chen, G., & Bliese, P. D. (2002). The role of different levels of leadership in predicting self and collective efficacy: Evidence for discontinuity. *Journal of Applied Psychology*, *87* (3), 549-556.

Childress, S., Elmore, R., Grossman, A., & Johnson, S. (2007). *Managing school districts for high performance: Cases in public education leadership.* Cambridge, MA: Harvard Education Press.

Chrispeels, J. H., Castillo, S., & Brown, J. S. (2000). School leadership teams: A process model of team development. *School Effectiveness and School Improvement*, *11* (1), 20-56.

Chrispeels, J., & Rivero, E. (2001). Engaging Latino families for student success: How parent education can reshape parents' sense of place in the education of their children. *Peabody Journal of Education*, *76* (2), 119-169.

Coburn, C. E., & Talbert, J. E. (2006). Conceptions of evidence-based practice in school districts: Mapping the terrain. *American Journal of Education*, *112* (4), 469-495.

Coburn, C. E., Touré, J., & Yamashita, M. (2009). *Evidence, interpretation, and persuasion: Instructional decision making at the district central office.* New York: Teachers College Press.

Cohen, D. K., Raudenbush, S. W., & Ball, D. L. (2003). Resources, instruction, and research. *Educational Evaluation and Policy Analysis*, *25* (2), 119-142.

Conger, C., & Kanungo, R. (1998). *Charismatic leadership in organizations.* Thousand Oaks, CA: Sage.

Copland, M. A. (2003). Leadership of inquiry: Building and sustaining capacity for school improvement. *Educational Evaluation and Policy Analysis*, 25 (4), 347-373.

Copland, M., & Knapp, M. (2006). Connecting leadership with learning: A framework for reflection, planning, and action. Alexandria, VA: Association for Supervision and Curriculum Development.

Corbett, H. D., Dawson, J., & Firestone, W. (1984). *School context and school change: Implications for effective planning.* Philadelphia, PA: Research for Better Schools.

Corcoran, T., Fuhrman, S. H., & Belcher, C. L. (2001). The district role in instructional improvement. *Phi Delta Kappan*, *83*, 78-84.

Creemers, B. P. M., & Reetzig, G. J. (1996). School level conditions affecting the effectiveness of instruction. *School Effectiveness and School Improvement*, (7), 197-228.

Crowson, R. L., & Boyd, W. L. (2001). The new role of community development in educational reform. *Peabody Journal of Education*, *76* (2), 9-29.

Daly, A. J. , & Chrispeels, J. (2008). A question of trust: Predictive conditions for adaptive and technical leadership in educational contexts. *Leadership and Policy in Schools*, *7* (1), 30-63.

Danzig, A. , Borman, K. , Jones, B. , & Wright, W. (Eds.). (2007). Professional development for learner centered leadership: Policy, research, and practice. Mahwah, NJ: Lawrence Erlbaum.

Datnow, A. , Park, V. , & Wohlstetter, P. (2007). Achieving with data: How high performing school systems use data to improve instruction for elementary schools. Report for New Schools Venture Fund. Los Angeles, CA: Center on Educational Governance, University of Southern California.

Davidson, B. M. , & Taylor, D. L. (1998, April). *The effects of principal succession in an Accelerated School.* Paper presented at the Annual Meeting of the American Educational Research Association, San Diego, CA.

Davidson, B. , & Taylor, D. L. (1999, April). *Examining principal succession and teacher leadership in school restructuring.* Paper presented at the Annual Meeting of the American Educational Research Association, Montreal, QC.

Deal, T. E. (1993). The culture of schools. In M. Sashkin & H. J. Walberg (Eds.), *Educational leadership and school culture.* Berkeley, CA: McCutchan Publishing.

DeMoulin, D. F. (1992). *Demographic characteristics associated with perceived self-efficacy levels of elementary, middle and secondary principals.* Paper presented at the annual meeting of the Mid-South Educational Research Association, Knoxville, TN.

Desimone, L. M. (2006). Consider the sources: Response differences among teachers, principals and districts on survey questions about their education policy environment. *Educational Policy*, *20* (4), 640-676.

Dimmock, C. , & Hattie, J. (1996). School principals' self-efficacy and its measurement in a context of restructuring. *School Effectiveness and School Improvement*, *7* (1), 62-75.

Dorfman, P. , & House, R. (2004). Cultural influences on organizational leadership, In R. House, P. Hanges, M. Javidan, P. Dorfman, & V. Gupta (Eds.), *Cultural leadership and organizations: The globe study of 62 societies* (pp. 51-73). Thousand Oaks, CA: Sage.

Driscoll, J. W. (1978). Trust and participation in organizational decision making as predictors of satisfaction. *Academy of Management Journal*, *21* (1), 44-56.

Driscoll, M. E. (1998). Professionalism versus community: Themes from recent school reform literature. *Peabody Journal of Education*, *73* (1), 89-127.

Dufour, R. , Eaker, R. , & Dufour R. (Eds.) (2005). *On common ground: The power of professional learning communities.* Bloomington, IN: National Education Service.

Duke, D. L. (1987). *School leadership and instructional improvement.* New York: Random House.

Elmore, R. (1995). Getting to scale with good educational practice. *Harvard Educational Review*, *66* (1), 1-26.

Elmore, R. , & Burney, D. (1997). *Investing in teacher learning: Staff development and instructional improvement in Community School District* #2. New York: National Commission on Teaching & America's Future & the Consortium for Policy Research in Education.

Elmore, R. , & Burney, D. (1998). School variation and systemic instructional improvement in Community School District # 2, New York. http://www.lrdc.pitt.edu/hplc/publications/school%20variation.pdf

Epstein, J. , & Dauber, S. (1991). School programs and teacher practices of parent involvement in inner-city elementary and middle schools. *Elementary School Journal*, *91*, 279–289.

Fan, X. (2001). Parental involvement and students' academic achievement: A growth modeling analysis. *Journal of Experimental Education*, *70* (1), 27–61.

Fenstermacher, G., & Richardson, V. (2005). On making determinations of quality in teaching. *Teachers College Record*, *107* (1), 186–213.

Feuerstein, A. (2000). School characteristics and parent involvement: Influences on participation in children's schools. *Journal of Educational Research*, *94* (1), 29–39.

Fink, D. (2010). *The succession challenge: Building and sustaining leadership capacity through succession management.* London, UK: Sage.

Fink, D., & Brayman, C. (2006). School leadership succession and the challenges of change. *Educational Administration Quarterly*, *42* (1), 62–89.

Firestone, W. (1989). Using reform: Conceptualizing district initiative. *Educational Evaluation and Policy Analysis*, *11* (2), 151–164.

Firestone, W. A., & Martinez, M. C. (2007). Districts, teacher leaders, and distributed leadership: Changing instructional practice. *Leadership and Policy in Schools*, *6* (1), 3–35.

Firestone, W. A., & Nagle, B. (1995). Differential regulation: Clever customization or unequal interference?. *Educational Evaluation and Policy Analysis*, *17* (1), 97–112.

Floden, R. E., Porter, A. C., Alford, L. E., Freeman, D. J., Irwin, S., Schmidt, W. H., & Schwille, J. R. (1988). Instructional leadership at the district level: A closer look at autonomy and control. *Educational Administration Quarterly*, *24*, 96–124.

Frederiksen, N. (1984). Implications of cognitive theory for instruction in problem solving. *Review of Educational Research*, *54* (3), 363–407.

Fredricks, J. A., Blumenfeld, P. C., & Paris, A. H. (2004). School engagement: Potential of the concept, state of the evidence. *Review of Educational Research*, *74* (1), 59–109.

Fuhrman, S. H. (1987). Education policy: A new context for governance. *Publius*, *17* (3) (The State of American Federalism, 1986), 131–143.

Fullan, M. (1991). *Leading in a culture of change.* San Francisco: Jossey-Bass.

Fullan, M. (1992). Visions that blind. *Educational Leadership*, *49* (5), 19–20.

Fullan, M. (2001). *Leading in a culture of change* (2nd ed.). San Francisco: Jossey-Bass.

Fullan, M. (2003). *The moral imperative of school leadership.* Thousand Oaks, CA: Corwin.

Fullan, M. (2010). *The moral imperative realized.* Thousand Oaks, CA: Corwin.

Gabarro, J. J. (1987). *The dynamics of taking charge.* Boston: Harvard Business School Press.

Gareis, C. R., & Tschannen-Moran, M. (2005). *Cultivating principals' sense of efficacy: Supports that matter.* Paper presented at the annual meeting of the University Council for Educational Administration, Nashville, TN.

Gezi, K. (1990). The role of leadership in inner-city schools. *Educational Research Quarterly*, *12* (4), 4–11.

Giles, C. (2006). Transformational leadership in challenging urban schools: A role for parent involvement? . *Leadership and Policy in Schools*, *5* (3), 257–288.

Glickman, C. (2002). Leadership for learning: How to help teachers succeed. Alexandria, VA: Association for Supervision and Curriculum Development.

Goddard, R. D. (2002). A theoretical and empirical analysis of the measurement of efficacy: The development of a short form. *Educational and Psychological Measurement*, *62* (1), 97–110.

Goldring, E., & Sims, P. (2005). Propelling teaching and learning: The politics of leadership academies and district-community-university partnerships. *Education Policy*, *19* (1), 223-249.

Goldstein, J. (2003). Making sense of distributed leadership: The case of peer assistance and review. *Educational Evaluation and Policy Analysis*, *25* (4), 397-422.

Gordon, M. F. (2010). *Bringing parent and community engagement back into the education reform spotlight: A comparative case study.* (Doctoral dissertation, University of Minnesota, 2010). Dissertation Abstracts International-A 71/04.

Gordon, M. F., & Louis, K. S. (2009). Linking parent and community involvement with student achievement: Comparing principal and teacher perceptions of stakeholder influence. *American Journal of Education*, *116* (1), 1-32.

Grolnick, W. S., Benjet, C., Kurowski, C. O., & Apostoleris, N. H. (1997). Predictors of parental involvement in children's schooling. *Journal of Educational Psychology*, *89* (3), 538-548.

Gronn, P. (2002). Distributed leadership. In K. Leithwood & P. Hallinger (Eds.), *Second international handbook of educational leadership and administration* (pp. 653-696). Dordrecht, NL: Kluwer.

Gronn, P. (2009). Hybrid leadership. In K. Leithwood, B. Mascall, & T. Strauss (Eds.), *Distributed leadership according to the evidence* (pp. 17-40). New York: Routledge.

Grusky, O. (1963). Managerial succession and organizational effectiveness. *The American Journal of Sociology*, *69*, 47-54.

Hall, G. (1992). Characteristics of change facilitator teams: Keys to implementation success. *Educational Research and Perspectives*, *19* (1), 95-110.

Hallinger, P. (2003). Leading educational change: Reflections on the practice of instructional and transformational leadership. *Cambridge Journal of Education*, *33* (3), 329-351.

Hallinger, P. (2005). *Instructional leadership and the school principal: A passing fancy that refuses to fade away.* College of Management, Mahidol University, Thailand.

Hallinger, P., & Heck, R. (1996a). The principal's role in school effectiveness: An assessment of methodological progress, 1980-1995. In K. Leithwood & P. Hallinger (Eds.), *International handbook of educational leadership and administration* (pp. 723-783). Dordrecht, NL: Kluwer.

Hallinger, P., & Heck, R. (1996b). Reassessing the principal's role in school effectiveness: A review of empirical research, 1980-1995. *Educational Administration Quarterly*, *32* (1), 5-44.

Hallinger, P., & Heck, R. (1998). Exploring the principal's contribution to school effectiveness: 1980-1995. *School Effectiveness and School Improvement*, *9* (2), 157-191.

Hallinger, P., & Heck, R. (1999). Next generation methods for the study of leadership and school improvement. In J. Murphy & K. Louis (Eds.), *Handbook of research on educational administration* (2nd ed., pp. 141-162). San Francisco: Jossey-Bass.

Hallinger, P., & Heck, R. (2002). What do you call people with visions? The role of vision, mission, and goals in school leadership and improvement. In K. Leithwood & P. Hallinger (Eds.), *Second international handbook of educational leadership and administration* (pp. 9-40). Dordrecht, NL: Kluwer.

Halverson, R., Grigg, J., Prichett, R., & Thomas, C. (2007). The new instructional leadership: Creating data-driven instructional systems in school. *Journal of School Leadership*, *17* (2), 59-194.

Hargreaves, A. (1992). Time and teachers' work: An analysis of the intensification thesis. *Teachers College Record*, *94*, 87-108.

Hargreaves, A. (2001). Emotional geographies of teaching. *Teachers College Record*, *103* (6), 1056-1080.

Hargreaves, A., & Fink, D. (2006). *Sustainable leadership*. San Francisco: Jossey-Bass.

Hargreaves, A., Moore, S., Fink, D., Brayman, C., & White, R. (2003). Succeeding leaders? *A study of principal rotation and succession*. Toronto, ON: Ontario Principals' Council.

Harris, A. (2009). Distributed knowledge and knowledge creation. In K. Leithwood, B. Mascall, & T. Strauss (Eds.), *Distributed leadership according to the evidence* (pp. 253-266). New York: Routledge.

Haskew, L. D. (1970). The state and educational policy. *Public Administration Review*, *30* (4), 359-365.

Heck, R. (2007). Examining the relationship between teacher quality as an organizational property of schools and students' achievement and growth rates. *Educational Administration Quarterly*, *43* (4), 399-432.

Heller, M. F., & Firestone, W. A. (1995). Who's in charge here? Sources of leadership for change in eight schools. *Elementary School Journal*, *96* (1), 65-86.

Henderson, A., & Mapp, K. L. (2002). *A new wave of evidence: The impact of school, family, and community connections on student achievement. Annual Synthesis*. Austin, TX: Southwest Educational Development Lab.

Herman, J. L., & Haertel, E. H. (Eds.) (2005). *Uses and misuses of data for educational accountability and improvement* (The 104th yearbook of the National Society for the Study of Education, Part 2). Malden, MA: Blackwell.

Hess, A. (1999). Community participation or control? From New York to Chicago. *Theory into Practice*, *38* (4), 217-224.

Hiller, N. J., Day, D. V., & Vance, R. J. (2006). Collective enactment of leadership roles and team effectiveness: A field study. *Leadership Quarterly*, *17* (4), 387-397.

Ho Sui-Chu, E., & Willms, J. D. (1996). Effects of parental involvement on eighth-grade achievement. *Sociology of Education*, *69* (2), 126-141.

Honig, M. (2006). *New directions in educational policy implementation: Confronting complexity*. Albany, NY: SUNY Press.

Honig, M. I., & Coburn, C. (2008). Evidence-based decision making in school district central offices. *Educational Policy*, *22* (4), 578-608.

Honig, M., & Hatch, T. (2004). Crafting coherence: How schools strategically manage multiple, conflicting demands. *Educational Researcher*, *33* (8), 16-30.

Hoover-Dempsey, K. V., & Sandler, H. M. (1995). Parental involvement in children's education: Why does it make a difference? *Teachers College Record*, *97*, 310-331.

Hord, S., & Sommers, W. (2008). *Leadership and professional learning communities: Possibilities, practice and performance*. Thousand Oaks, CA: Corwin.

Hoy, W. K., & Sweetland, S. R. (2001). Designing better schools: The meaning and measure of enabling school structures. *Educational Administration Quarterly*, *37* (3), 296-321.

Hutchins, E. (1996). Organizing work by adaptation. In J. R. Meindl, C. Stubbart, & J. F. Porac (Eds.), *Cognition within and between organizations* (pp. 368-404). Thousand Oaks, CA: Sage.

Ikemoto, G. S., & Marsh, J. A. (2007). Cutting through the "data-driven" mantra: Different conceptions of data-driven decision making. In P. A. Moss (Ed.), *Evidence and decision making* (pp. 105–131). Malden, MA: Blackwell.

Ingram, D., Louis, K. S., & Schroeder, R. G. (2004). Accountability policies and teacher decision making: Barriers to the use of data to improve practice. *Teachers College Record*, *106* (6), 1258–1287.

Jaques, E. (2003). Ethics for management. *Management Communications Quarterly*, *17* (1), 136–142.

Jeynes, W. H. (2003). A meta-analysis: The effects of parental involvement on minority children's academic achievement. *Education and Urban Society*, *35* (2), 202–218.

Jeynes, W. H. (2007). The relationship between parent involvement and urban secondary school achievement: A meta-analysis. *Urban Education*, *42* (1), 82–110.

Joyce, B., Calhoun, E., & Hopkins, D. (2002). *Models of learning, tools for teaching*. London, UK: Open University Press.

Katz, S., Earl, L., & Ben Jaafar, S. (2009). *Building and connecting learning communities: The power of networks for school improvement*. Thousand Oaks, CA: Corwin.

Keith, N. Z. (1999). Whose community schools? New discourses, old patterns. *Theory into Practice*, *38* (4), 225–234.

King, M. B., & Newmann, F. M. (2001). Building school capacity through professional development: Conceptual and empirical considerations. *International Journal of Educational Management*, *15* (2), 86–93.

Kirschner, P. A., Sweller, J., & Clark, R. E. (2006). Why minimal guidance during instruction does not work: An analysis of the failure of constructivist, discovery, problem-solving, experiential, and inquiry-based teaching. *Educational Psychologist*, *41* (2), 75–86.

Knapp, M. (1995). *Teaching for meaning in high poverty classrooms*. New York: Teachers College Press.

Koretz, D. (2005). Alignment, high stakes, and the inflation of test scores. In J. L. Herman & E. H. Haertel (Eds.), *Uses and misuses of data for educational accountability and improvement* (pp. 99–117). Malden, MA: Blackwell.

Kruse, S., & Louis, K. S. (in press). *Strong cultures: A principal's guide to change*. Thousand Oaks, CA: Sage.

Lambert, L., Walker, D., Zimmerman, D. P., Cooper, J. E., Lambert, M. D., Gardner, M. E., & Ford Slack, P. J (Eds.). (1995). *The constructivist leader*. New York: Teachers College Press.

Lee, J. S., & Bowen, N. K. (2006). Parent involvement, cultural capital, and the achievement gap among elementary school children. *American Education Research Journal*, *43* (2), 193–218.

Lee, V. E., Bryk, A. S., & Smith, J. B. (1993). The organization of effective secondary schools. *Review of Research in Education*, *19*, 171–267.

Leithwood, K. (2001). School leadership in the context of accountability policies. *International Journal of Leadership in Education*, *4* (3), 217–235.

Leithwood, K. (2010). Characteristics of school districts that are exceptionally effective in closing the achievement gap. *Leadership and Policy in Schools*, *9* (3), 245–291.

Leithwood, K., & Beatty, B. (2007). *Leading with teacher emotions in mind*. Thousand Oaks, CA: Corwin.

Leithwood, K., Day, C., Sammons, P., Hopkins, D., & Harris, A. (2006, March 30).

Successful school leadership what it is and how it influences pupil learning. Report to the U. K. Department for Education and Skills.

Leithwood, K. , & Duke, D. (1999). A century's quest to understand school leadership. In J. Murphy & K. S. Louis (Eds.), *Handbook of research on educational administration* (pp. 45-72). San Francisco: Jossey-Bass.

Leithwood, K. , & Jantzi, D. (1999a). The relative effects of principal and teacher sources of leadership on student engagement with school. *Educational Administration Quarterly*, 35 (Supplemental), 679-706.

Leithwood, K. , & Jantzi, D. (1999b). Transformational school leadership effects: A replication. *School Effectiveness and School Improvement*, *10* (4), 451-479.

Leithwood, K. , & Jantzi, D. (2005). A review of transformational school leadership research: 1996-2005. *Leadership and Policy in Schools*, *4* (3), 177-199.

Leithwood, K. , & Jantzi, D. (2006). Transformational school leadership for large-scale reform: Effects on students, teachers, and their classroom practices. *School Effectiveness and School Improvement*, *17* (2), 201-227.

Leithwood, K. , Jantzi, D. , Earl, L. , Watson, N. , Levin, B. , & Fullan, M. (2004). Strategic leadership for large-scale reform: The case of England's National Literacy and Numeracy Strategies. *Journal of School Leadership and Management*, *24* (1), 57-80.

Leithwood, K. , Jantzi, D. , & Steinbach, R. (1999). *Changing leadership for changing times*. Buckingham, UK: Open University Press.

Leithwood, K. , Louis, K. S. , Anderson, S. , & Wahlstrom, K. (2004). *How leadership influences student learning: A review of research for the Learning from Leadership Project*. New York: The Wallace Foundation.

Leithwood, K. , & Mascall, B. (2008). Collective leadership effects on student achievement. *Educational Administration Quarterly*, *44* (4), 529-561.

Leithwood, K. , Mascall, B. , & Strauss, T. (Eds.). (2009). *Distributed leadership according to the evidence*. New York: Routledge.

Leithwood, K. , Mascall, B. , Strauss, T. , Sacks, R. , Memon, N. , & Yashkina, A. (2007). Distributing leadership to make schools smarter: Taking the ego out of the system. *Leadership and Policy in Schools*, *6* (1), 37-67.

Leithwood, K. , & Riehl, C. (2005). What we know about successful school leadership. In W. Firestone & C. Riehl (Eds.), *A new agenda: Directions for research on educational leadership* (pp. 22-47). New York: Teachers College Press.

Leithwood, K. , Strauss, T. , & Anderson, S. E. (2009). How districts develop school leader efficacy. *Journal of School Leadership*, *17* (6), 735-770.

Linn, R. (2003). Accountability: Responsibility and reasonable expectations. *Educational Researcher*, *32* (7), 3-13.

Little, J. W. (1996). The emotional contours and career trajectories of (disappointed) reform enthusiasts. *Cambridge Journal of Education*, *26* (3), 345-359.

Locke, E. A. , & Latham, G. P. (1984). *Goal-setting: A motivational technique that works*. Englewood Cliffs, NJ: Prentice-Hall.

Louis, K. S. (1989). The role of the school district in school improvement. In M. Holmes, K. Leithwood, & D. Musella (Eds.), *Educational policy for effective schools* (pp. 145-167). Toronto, ON: OISE Press.

Louis, K. S. (2006). Changing the culture of schools: Professional community, organizational learning, and trust. *Journal of School Leadership*, *16* (4), 477-489.

Louis, K. S. (2007). Trust and improvement in schools. *Journal of Educational Change*, *8* (1), 1-24.

Louis, K. S. (2009). Leadership and change in schools: Personal reflections over the last 30 years. *Journal of Educational Change* (10th anniversary special edition), *10* (2), 129-140.

Louis, K. S., Dretzke, B., & Wahlstrom, K. (2010). How does leadership affect student achievement? Results from a national US survey. *School Effectiveness and School Improvement*, *21* (3), 315-336.

Louis, K. S., Febey, K., Gordon, M., & Thomas, E. (2008). State leadership for school improvement: An analysis of three states. *Educational Administration Quarterly*, *44* (4), 462-592.

Louis, K. S., Leithwood, K., Wahlstrom, K. L., & Anderson, S. E. (2010). *Learning from leadership: Investigating the links to school improvement*, commissioned by the Wallace Foundation and produced by the Center for Applied Research and Educational Improvement at the University of Minnesota and the Ontario Institute for Studies in Education at the University of Toronto.

Louis, K. S., & Marks, H. M. (1998). Does professional community affect the classroom? Teachers' work and student experiences in restructuring schools. *American Journal of Education*, *106* (4), 532-575.

Love, N. (Ed.). (2009). *Using data to improve learning: A collaborative inquiry approach.* Thousand Oaks, CA: Corwin Press.

Lucas, S. E. (2003). *The development and impact of principal leadership self-efficacy in middle level schools: Beginning an enquiry.* Paper presented at the annual meeting of the American Educational Research Association, Chicago, IL.

Lutz, F. W. (1986). Reforming education in the 1980s. *Peabody Journal of Education*, *63* (4, Reforming Education in the 1980s), 1-5.

MacBeath, J. (2005). Leadership as distributed: A matter of practice. *School Leadership and Management*, *25* (4), 349-366.

MacBeath, J. (2009). Distributed leadership: Paradigms, policy, and paradox. In K. Leithwood, B. Mascall, & T. Strauss (Eds.), *Distributed leadership according to the evidence.* New York: Routledge.

Macmillan, R. B. (1996). *The relationship between school culture and principal's practices at the time of succession.* University of Toronto, Toronto, ON.

Macmillan, R. B. (2000). Leadership succession, cultures of teaching and educational change. In N. Bascia & A. Hargreaves (Eds.), *The sharp edge of educational change: Teaching, leading and the realities of reform* (pp. 52-71). London, UK: Routledge/Falmer.

Macmillan, R. B., Meyer, M., & Northfield, S. (2005). Principal succession and the continuum of trust in schools. In H. Armstrong (Ed.), *Examining the practice of school administrators in Canada* (pp. 85-102). Calgary, AB: Detselig Enterprises Ltd.

Macneil, A. J., Prater, D. L., & Busch, S. (2007). The effects of school culture and climate on student achievement. *International Journal of Leadership in Education*, *12* (1), 73-84.

Malen, B. (1994). Enacting site-based management: A political utilities analysis. *Educational Evaluation and Policy Analysis*, *16* (3), 249-267.

Malen, B. (1999). The promises and perils of participation on site-based councils. *Theory into*

Practice, *38* (4), 209-216.

Malen, B., & Ogawa, R. T. (1988). Professional-patron influence on site-based governance councils: A confounding case study. *Educational Evaluation and Policy Analysis*, *10*, 251-270.

Marks, H., & Louis, K. S. (1997). Does teacher empowerment affect the classroom? The implications of teacher empowerment for instructional practice and student academic performance. *Educational Evaluation and Policy Analysis*, *19* (3), 245-275.

Marks, H., Louis, K. S., & Printy, S. (2002). The capacity for organizational learning: Implications for pedagogy and student achievement. In K. Leithwood (Ed.), *Organizational learning and school improvement*. Greenwich, CT: JAI.

Marks, H., & Printy, S. (2003). Principal leadership and school performance: An integration of transformational and instructional leadership. *Educational Leadership Quarterly*, *34* (3), 370-397.

Marshall, C. (1988). Bridging the chasm between policymakers and educators. *Theory into Practice*, *27* (2, Research, Policy, Practice: Where Are We Headed?), 98-105.

Marshall, C., Mitchell, D., & Wirt, F. (1986). The context of state-level policy formation. *Educational Evaluation and Policy Analysis*, *8* (4), 347-378.

Marzano, R. J., Waters, T., & McNulty, B. A. (2005). *School leadership that works: From research to results*. Alexandria, VA: Association for Supervision and Curriculum Development (ASCD).

Marzano, R. J., & Waters, T. (2007). School district leadership that works: The effect of the superintendent leadership on student achievement. A working paper available at http://www.mcrel.org/topics/Leadership

Massell, D., & Goertz, M. (2002). District strategies for building instructional capacity. In A. Hightower, M. S. Knapp, J. Marsh, & M. McLaughlin (Eds.), *School districts and instructional renewal*. New York: Teachers College Press.

Mawhinney, H. B. (2004). Deliberative democracy in imagined communities: How the power geometry of globalization shapes local leadership praxis. *Educational Administrative Quarterly*, *40* (2), 192-221.

Mayrowetz, D., & Smylie, M. (2004). Work redesign that works for teachers. In *Yearbook of the National Society for the Study of Education*, *103* (1), 274-302. Chicago, IL: University of Chicago Press.

Mazzoni, T. L. (1993). The changing politics of state education policy making: A 20-year Minnesota perspective. *Educational Evaluation and Policy Analysis*, *15* (4), 357-379.

McCormick, M. J. (2001). Self-efficacy and leadership effectiveness: Applying social cognitive theory to leadership. *Journal of Leadership Studies*, *8* (1), 22-33.

McDonnell, L. M. (2005). No Child Left Behind and the federal role in education: Evolution or revolution?. *Peabody Journal of Education*, *80* (2), 19-38.

McLaughlin, M., & Talbert, J. E. (2002). Reforming districts. In A. Hightower, M. Knapp, J. Marsh, & M. McLaughlin (Eds.), *School districts and instructional renewal*. New York: Teachers College Press.

MDRC (2007). Instructional leadership, teaching quality, and student achievement: *Suggestive evidence from three urban school districts*. Available at http://www.mdrc.org/publications/470/overview.html

Mediratta, K., Fruchter, N., & Lewis, A. C. (2002). *Organizing for school reform: How communities are finding their voices and reclaiming their public schools*. New York: Institute for Education and Social Policy.

Mediratta, K., Shah, S., & McAlister, S. (2008). *Organized communities, stronger schools: A preview of research findings*. New York: Annenberg Institute for Reform, Brown University.

Meindl, J. R., Ehrlrich, S. B., & Dukerich, J. M. (1985). The romance of leadership. *Administrative Science Quarterly*, *30* (1), 78–102.

Miles, M. B., & Louis, K. S. (1990). Mustering the will and the skill to change. *Educational Leadership*, *47* (8), 57–61.

Miller, R. J., & Rowan, B. (2006). Effects of organic management on student achievement. *American Educational Research Journal*, *43* (2), 219–253.

Miretzky, D. (2004). The communication requirements of democratic schools: Parent-teacher perspectives on their relationships. *Teachers College Record*, *106* (4), 814–851.

Miskel, C., & Cosgrove, D. (1984, April). *Leader succession: A model and review for school settings*. Paper presented at the annual meeting of the American Educational Research Association, New Orleans, LA.

Miskel, C., & Owens, M. (1983, April). *Principal succession and changes in school coupling and effectiveness*. Paper presented at the Annual Meeting of the American Educational Research Association, Montreal, Quebec.

Mϕoller, J. (2006). Democratic schooling in Norway: Implications for leadership in practice. *Leadership and Policy in Schools*, *5*, 53–69.

Mortimore, P. (1993). School effectiveness and the management of effective learning and teaching. *School Effectiveness and School Improvement*, *4* (4), 290–310.

Mosenthal, J., Lipson, M., Torncello, S., Russ, B., & Mekkelsen, J. (2004). Contexts and practices of six schools successful in obtaining reading achievement. *Elementary School Journal*, *104* (5), 343-367.

Murphy, J., & Hallinger, P. (1988). Characteristics of instructionally effective districts. *Journal of Educational Research*, *81* (3), 175–181.

Nanavati, M., & McCulloch. (2003). *School culture and the changing role of the secondary vice principal*. Toronto: Ontario Principals' Council.

Nelson, B., & Sassi, A. (2005). *The effective principal: Instructional leadership for high quality learning*. New York: Teachers College Press.

Newmann, F. M., & Associates. (1996). *School restructuring and authentic student achievement*. San Francisco: Jossey-Bass.

Newmann, F., Smith, B., Allensworth, E., &. Bryk, A. (2001). Instructional program coherence: What it is and why it should guide school improvement policy. Educational *Evaluation and Policy Analysis*, *23* (4), 297–321.

O'Donnell, R. J., & White, G. P. (2005). Within the account era: Principals' instructional leadership behaviors and student achievement. *NASSP Bulletin*, *89* (645), 56–71.

Ogawa, R. T. (1991). Enchantment, disenchantment, and accommodation: How a faculty made sense of the succession of its principal. *Education Administration Quarterly*, *27*, 30–60.

Ogawa, R. T. (1995). Administrator succession in school organizations. In S. B. Bacharach and B. Mundel (Eds.), *Images of schools: Structures and roles in organizational behaviour*, Thousand Oaks, CA: Corwin.

Opfer, V. D., & Denmark, V. (2001). Sorting out a sense of place: School and school board relationships in the midst of school-based decision making. *Peabody Journal of Education*, *76* (2), 101-118.

Partlow, M. (2004). *Turnover in the elementary school principalship and factors that influence it.* Unpublished doctoral dissertation, University of Dayton.

Patrikakou, E. N., & Weissberg, R. P. (1998). *Parents' perceptions of teacher outreach and parent involvement in children's education.* Philadelphia: Temple University Center for Research in Human Development and Education.

Patterson, D., & Rolheiser, C. (2004, Spring). Creating a culture of change: Ten strategies for developing an ethic of teamwork. *Journal of Staff Development* (web exclusive), *25*, 1-4.

Pearce, C. J., & Conger, C. (2003). *Shared leadership: Reframing the hows and whys of leadership.* Thousand Oaks, CA: Sage.

Perkins, N. (1993). Person-plus: A distributed view of thinking and learning. In G. Salomon (Ed.), *Distributed cognitions: Psychological and educational considerations* (pp. 88-110). Cambridge, UK: Cambridge University Press.

Pescosolido, A. T. (2003). Group efficacy and group effectiveness: The effects of group efficacy over time on group performance and development. *Small Group Research*, *34* (1), 20-42.

Pitner, N. (1988). The study of administrator effects and effectiveness. In N. Boyan (Ed.), *Handbook of research on educational administration* (pp. 99-122). New York: Longman.

Podsakoff, P., MacKenzie, S., Moorman, R., & Fetter, R. (1990). Transformational leader behaviors and their effects on followers' trust in leader satisfaction and organizational citizenship behaviors. *Leadership Quarterly*, *1* (2), 107-142.

Popham, W. J. (2008). *Transformative assessment.* Alexandria, VA: Association for Supervision and Curriculum Development.

Pounder, D. (1999). Teacher teams: Exploring the job characteristics and work-related outcomes of work group enhancement. *Educational Administration Quarterly*, *35* (3), 317-348.

Pounder, D. G., Ogawa, R. T., & Adams, E. A. (1995). Leadership as an organization-wide phenomena: Its impact on school performance. *Educational Administration Quarterly*, *31* (4), 564-588.

Rebhun, G. (1995). If it's Tuesday, it must be P. S. 101. *Executive Educator*, *17* (5), 21-23.

Reeves, D. B. (2006). *The learning leader: How to focus school improvement for better results.* Alexandria, VA: ASCD.

Reitzug, U., & Patterson, J. (1998). "I'm not going to lose you!" Empowerment through caring in an urban principal's practice with pupils. *Urban Education*, *33* (2), 150-181.

Reynolds, C., White, R., Brayman, C., & Moore, S. (2008). Women and secondary school principal rotation/succession: A study of the beliefs of decision makers in four provinces. *Canadian Journal of Education*, *31* (1), 32-54.

Riley, K., & Louis, K. (2004). *Exploring new forms of community leadership: Linking schools & communities to improve educational opportunities for young people*: University of London, National College for School Leadership.

Robinson, V. M., Lloyd, C. A., & Rowe, K. J. (2008). The impact of leadership on student outcomes: An analysis of the differential effects of leadership types. *Educational Administration Quarterly*, *44* (5), 635-674.

Rosenholtz, S. J. (1989). *Teachers' workplace: The social organization of schools.* New York: Longman.

Ross, J. A., & Gray, P. (2006). School leadership and student achievement: The mediating effects of teacher beliefs. *Canadian Journal of Education*, *29* (3), 798–822.

Rowan, B. (1990). Commitment of control: Alternative strategies for the organizational design of schools. *Review of Research in Education*, *16*, 353–389.

Rowan, B. (1996). Standards as incentives for instructional reform. In S. H. Fuhrman & J. J. O'Day (Eds.), *Rewards and reform: Creating educational incentives that work*. San Francisco: Jossey-Bass.

Sammon, P. (1999). *School effectiveness: Coming of age in the twenty-first century*. The Netherlands: Swets & Zeitlinger.

Sanders, M. G. (1998). The effects of school, family, and community support on the academic achievement of African American adolescents. *Urban Education*, *33* (3), 385–409.

Sarason, S. (1982). *The culture of the school and the problem of change*. Boston: Allyn & Bacon.

Schein, E. (1993). Defining organizational culture. In J. M. Shafritz and J. S. Ott (Eds.). *Classics of organizational theory* (pp. 369–376). New York: Harcourt College Publishers.

Scheurich, J. J. (1998). Highly successful and loving, public elementary schools populated mainly by low-SES children of color: Core beliefs and cultural characteristics. *Urban Education*, *33* (4), 451–491.

Schlechty, P. (2009). *Leading for learning: How to transform schools into learning organizations*. New York: Wiley.

Schuller, T., Baron, S., & Field, J. (2000). Social capital: A review and critique. In S. Baron, et al. (Eds.), *Social capital: Critical perspectives* (pp. 3–38). Oxford, UK: Oxford University Press.

Scribner, J. P., Sawyer, R. K., Watson, S. T., & Myers, V. L. (2007). Teacher teams and distributed leadership: A study of group discourse and collaboration. *Educational Administration Quarterly*, *43* (1), 67–100.

Senge, P. M. (1990, Fall). The leader's new work: Building learning organizations. *Sloan Management Review*, 7–23.

Sergiovanni, T. (2005). The virtues of leadership. *The Educational Forum*, *69* (2), 112–123.

Serva, M. A., Fuller, M. A., & Mayer, R. C. (2005). The reciprocal nature of trust: A longitudinal study of interacting teams. *Journal of Organizational Behavior*, *26*, 625–648.

Sharratt, L., & Fullan, M. (2009). *Realization: The change imperative for deepening district-wide reform*. Thousand Oaks, CA: Corwin.

Shaver, A. V., & Walls, R. T. (1998). Effect of Title I parent involvement on student reading and mathematics achievement. *Journal of Research and Development in Education*, *31* (2), 90–97.

Sheldon, S. B. (2003). Linking school-family-community partnerships in urban elementary schools to student achievement on state tests. *The Urban Review*, *35* (2), 149–165.

Sheldon, S. B. (2005). Testing a structural equation model of partnership program implementation and parent involvement. *Elementary School Journal*, *106* (2), 171–187.

Silins, H., & Mulford, W. R. (2002a). Leadership and school results. In K. Leithwood & P. Hallinger (Eds.), *Second international handbook of educational leadership and administration* (pp. 561–612). Dordrecht, NL: Kluwer.

Silins, H., & Mulford, W. R. (2002b). Schools as learning organizations: The case for system, teacher, and student learning. *Journal of Educational Administration*, *40* (5), 425–446.

Silins, H., & Mulford, W. R. (2004). Schools as learning organizations—effects on teacher leadership and student outcomes. *School Effectiveness and School Improvement*, *15* (3-4), 443-466.

Silins, H. C., Mulford, W. R., & Zarins, S. (2002). Organizational learning and school change. *Educational Administration Quarterly*, *38* (5), 613-642.

Slavin, R. (1987). Ability grouping and student achievement. *Review of Educational Research*, *57* (3), 293-336.

Slavin, R., & Lake, C. (2008). Effective programs in elementary mathematics: A best-evidence synthesis. *Review of Educational Research*, *78* (3), 427-515.

Smith, B. (1998). *It's about time: Opportunities to learn in Chicago's elementary schools.* Consortium on Chicago School Research. Chicago, IL.

Smith, T., Desimone, L., & Ueno, K. (2005). "Highly qualified" to do what? The relationship between NCLB teacher quality mandates and the use of reform-oriented instruction in middle school mathematics. *Educational Evaluation and Policy Analysis*, *27* (1), 75-109.

Smith, W., Guarino, A. J., Strom, P., & Reed, C. (2003). Principal self-efficacy and effective teaching and learning environments. *School Leadership and Management*, *23* (4), 505-508.

Smrekar, C., & Cohen-Vogel, L. (2001). The voices of parents: Rethinking the intersection of family and school. *Peabody Journal of Education*, *76* (2), 75-100.

Smylie, M., Conley, S., & Marks, H. (2002). Exploring new approaches to teacher leadership for school improvement. In J. Murphy (Ed.), *The educational leadership challenge: Redefining leadership for the 21st century* (pp. 162-188). Chicago, IL: University of Chicago Press.

Smylie, M. A., & Wenzel, S. A. (2003). *The Chicago Annenberg challenge: Successes, failures, and lessons for the future: Final technical report of the Chicago Annenberg research project.* Chicago, IL: Consortium on Chicago School Research.

Snipes, J., Doolittle, F., & Herlihy, C. (2002). *Foundations for success: Case studies of how urban school systems improve student achievement.* Washington, DC: MDRC.

Snyder, J. (2002). New Haven Unified School District: A teaching quality system for excellence and equity. In A. Hightower, M. S. Knapp, J. Marsh, & M. McLaughlin (Eds.), *School Districts and Instructional Renewal.* New York, NY: Teachers College Press, 94-110.

Spillane, J. P. (1998). State policy and the non-monolithic nature of the local school district: Organizational and professional considerations. *American Educational Research Journal*, *35* (1), 33-63.

Spillane, J. P. (2004). *Standards deviation: How schools misunderstand education policy.* Cambridge, MA: Harvard University Press.

Spillane, J. P. (2005). Primary school leadership practice: How the subject matters. *School Leadership & Management*, *25* (4), 383-397.

Spillane, J. P. (2006). *Distributed leadership.* San Francisco: Jossey-Bass.

Spillane, J. P., Diamond, J., Burch, P., Hallett, T., Jita, L., & Zolmmers, J. (2002). Managing in the middle: School leaders and the enactment of accountability policy. *Educational Policy*, *16* (5), 731-762.

Spillane, J. P., Halverson, R., & Diamond, J. B. (2004). Towards a theory of leadership practice: A distributed perspective. *Journal of Curriculum Studies*, *31* (1), 3-34.

Spillane, J. P., Reiser, B. J., & Reimer, T. (2002). Policy implementation and cognition: Reframing and refocusing implementation research. *Review of Educational Research*, *72* (3),

387-431.

Starbuck, W. H. (1996). Unlearning ineffective or obsolete technologies. *International Journal of Technology Management*, *11* (7), 725-737.

Stein, M. K., & Coburn, C. E. (2007). *Architectures for learning: A comparative analysis of two urban school districts*. American Educational Research Association, Chicago, IL.

Stein, M. K., & Nelson, B. S. (2003). Leadership content knowledge. *Educational Evaluation and Policy Analysis*, *25* (4), 423-448.

Stoll, L. (1999). School culture: Black hole or fertile garden for school improvement? In J. Prosser (Ed.), *School culture. British Educational Management Series*. London, UK: Sage.

Stolp, S. (1994). *Leadership for school culture. East Lansing*, MI: National Center for Research on Teacher Learning. (ERIC Document Reproduction Service No. 91).

Supovitz, J. (2006). *The case for district-based reform: Leading, building, and sustaining school improvement*. Cambridge, MA: Harvard Education Press.

Talbert, J. E., & McLaughlin, M. W. (1993). Understanding teaching in context. In D. K. Cohen, M. W. McLaughlin, & J. E. Talbert (Eds.), *Teaching for understanding: Challenges for policy and practice*. San Francisco: Jossey-Bass.

Tannenbaum, A. S. (1961). Control and effectiveness in a voluntary organization. *American Journal of Sociology*, *67* (1), 33-46.

Tarter, C. J., Bliss, J. R., & Hoy, W. K. (1989). School characteristics and faculty trust in secondary schools. *Educational Administration Quarterly*, *23* (3), 294-308.

Taylor, B., Pearson, D., Clark, K., & Walpole, S. (2000). Effective schools and accomplished teachers: Lessons about primary-grade reading instruction in low-income schools. *The Elementary School Journal*, *101* (2), 121-165.

Timar, T. B. (1994). Politics, policy, and categorical aid: New inequities in California school finance. *Educational Evaluation and Policy Analysis*, *16* (2), 143-160.

Togneri, W., & Anderson, S. E. (2003). *Beyond islands of excellence: What districts can do to improve instruction and achievement in all schools*. Washington, DC: Learning First Alliance and the Association for Supervision and Curriculum Development.

Townsend, T. (1994). Goals for effective schools: the view from the field. *School Effectiveness and School Improvement*, *5* (2), 127-148.

Townsend, T., & MacBeath, J. (Eds.). (2011). *International handbook of leadership for learning*. New York: Springer.

Tschannen-Moran, M. (2001). Collaboration and the need for trust. *Journal of Educational Administration*, *39* (4), 308-331.

Tschannen-Moran, M. (2004). *Trust matters: Leadership for successful schools*. San Francisco: Jossey-Bass.

Tschannen-Moran, M., & Hoy, W. K. (2000). A multidisciplinary analysis of the nature, meaning, and measurement of trust. *Review of Educational Research*, *70* (4), 547-593.

Tschannen-Moran, M., Woolfolk Hoy, A., & Hoy, W. K. (1998). Teacher efficacy: Its meaning and measure. *Review of Educational Research*, *68* (2), 202-248.

Tsoukas, H. (2005). *Complex knowledge*. Oxford, UK: Oxford University Press.

Tymms, P., Merrell, C., Heron, T., Jones, P., Albone, S., & Henderson, B. (2008). The importance of districts. *School Effectiveness and School Improvement*, *19* (3), 261-274.

Wagner, T., Kegan, R., Lahey, L., Lemons, R. W., Garnier, J., Helsing, D., Howell,

A., & Rasmussen, H. T. (2006). *Change leadership: A practical guide to transforming our schools*. San Francisco: Jossey-Bass.

Wahlstrom, K., & Louis, K. S. (2008). How teachers experience principal leadership: The roles of professional community, trust, efficacy, and shared responsibility. *Educational Administration Quarterly*, *44* (4), 458-495.

Wahlstrom, K. L., Louis, K. S., Leithwood, K., & Anderson, S. E. (2010). *Investigating the links to improved student learning. Executive Summary of Research Findings*. Center for Applied Research and Educational Improvement at the University of Minnesota and the Ontario Institute for Studies in Education at the University of Toronto.

Walberg, H., & Fowler, W. (1987, October). Expenditure and size efficiencies of public schooldistricts. *Educational Researcher*, 5-13.

Waters, T., & Marzano, R. J. (2006). *School district leadership that works: The effect of superintendent leadership on student achievement*. Denver, CO: Mid-continent Research for Education and Learning (McREL).

Waters, T., Marzano, R. J., & McNulty, B. (2003). *Balanced leadership: What 30 years of research tells us about the effect of leadership on pupil achievement. A working paper*. Denver, CO: Mid-continent Research for Education and Learning (McREL).

Wayman, J. C., Cho, V., Jimerson, J. B., & Snodgrass Rangel, V. W. (2010, May). *The data informed district: A systemic approach to educational data use*. Paper presented at the 2010 Annual Meeting of the American Educational Research Association, Denver, CO.

Wayman, J. C., Jimerson, J. B., & Cho, V. (2010). *District policies for the effective use of student data*. Paper presented at the 2010 convention of the University Council for Educational Administration, New Orleans, LA.

Wayne, A. J., & Youngs, P. (2003). Teacher characteristics and student achievement gains: A review. *Review of Educational Research*, *73* (1), 89-122.

Weick, K. (1976). Educational organizations as loosely coupled systems. *Administrative Science Quarterly*, *21* (1), 1-19.

Wenger, E., McDermott, R., & Snyder, W. M. (2002). *Cultivating communities of practice*. Boston: Harvard Business School Press.

Wenglinsky, H. (2002). How schools matter: The link between teacher classroom practices and student academic performance. *Education Policy Analysis Archives*, *10* (12).

Wenglinsky, H. (2004). Review: From practice to praxis: Books about the new principal preparation. *Educational Researcher*, 33 (9), 33-37.

White, R., Cooper, K., & Brayman, C. (2006). *Case study of principal rotation and succession policies: An international perspective*. Toronto, Ontario: Ontario Principals' Council.

Wiley, S. D. (2001). Contextual effects on student achievement: School leadership and professional community. *Journal of School Change*, 2 (1), 1-33.

Wilson, M. (2004). Assessment, accountability, and the classroom: A community of judgment. In M. Wilson (Ed.), *Towards coherence between classroom assessment and accountability* (103rd Yearbook of the National Society for the Study of Education) (pp. 1-19). Chicago, IL: University of Chicago Press.

Wilson, S. M., & Peterson, P. (2006). *Theories of learning and teaching: What do they mean for educators?*. Washington, DC: National Education Association.

Wiske, M. S. (Ed.). (1998). *Teaching for understanding: Linking research with practice*. San

Francisco: Jossey-Bass.

Wohlstetter, P., Datnow, A., & Park, P. (2008). Creating a system for data driven decision making: Applying the principal-agent framework. *School Effectiveness and School Improvement*, *19* (3), 239-259.

Wong, K. K. (1991). State reform in education finance: Territorial and social strategies. *Publius*, *21* (3), 125-142.

Yammarino, F., Dionne, S., Chun, J., & Dansereau, F. (2005). Leadership and levels of analysis: A state-of-the-science review. *Leadership Quarterly*, *16*, 879-919.

York-Barr, J., & Duke, K. (2004). What do we know about teacher leadership? Findings from two decades of scholarship. *Review of Educational Research*, *74* (3), 255-316.

Yukl, G. (1994). *Leadership in organizations* (3rd ed.). Englewood Cliffs, NJ: Prentice-Hall.

Yukl, G. (2002). *Leadership in organizations* (5th ed.). Upper Saddle River, NJ: Prentice-Hall.

Zaccaro, S. J., Blair, V., Peterson, C., & Zazanis, M. (1995). Collective efficacy. In J. E. Maddux (Ed.), *Self-efficacy, adaptation, and adjustment: Theory, research and application*. New York: Plenum.

Zavadsky, H. (2009). *Bringing school reform to scale: Five award-winning urban districts*. Cambridge, MA: Harvard Education Press.

Zembylas, M. (2003). Interrogating "teacher identity": Emotion, resistance, and self-formation. *Educational Theory*, *53* (1), 107-127.

索 引*

* 本索引所附页码为英文原版书页码，即本书边码。词条按汉语拼音顺序排列。

H

K

L

M

T

W

X

Y

Z

出 版 人　郑豪杰
责任编辑　翁绮睿
版式设计　杨玲玲
责任校对　贾静芳
责任印制　叶小峰

图书在版编目(CIP)数据

教育领导如何影响学生学习/(加)肯尼思·利思伍德(Kenneth Leithwood),(美)卡伦·西肖尔·路易斯(Karen Seashore Louis)著;陈学军译. —北京:教育科学出版社,2023.3(2023.9重印)

(现代教育领导与管理译丛/张新平,程晋宽主编)

书名原文:Linking Leadership to Student Learning

ISBN 978-7-5191-3343-6

Ⅰ.①教… Ⅱ.①肯… ②卡… ③陈… Ⅲ.①教育管理学—研究 Ⅳ.①G46

中国国家版本馆CIP数据核字(2023)第006954号

北京市版权局著作权合同登记　图字:01-2023-1550号

教育领导如何影响学生学习

JIAOYU LINGDAO RUHE YINGXIANG XUESHENG XUEXI

出版发行	教育科学出版社		
社　址	北京·朝阳区安慧北里安园甲9号	邮　编	100101
总编室电话	010-64981290	编辑部电话	010-64981167
出版部电话	010-64989487	市场部电话	010-64989009
传　真	010-64891796	网　址	http://www.esph.com.cn
经　销	各地新华书店		
制　作	北京金奥都图文制作中心		
印　刷	唐山玺诚印务有限公司		
开　本	720毫米×1020毫米　1/16	版　次	2023年3月第1版
印　张	19.75	印　次	2023年9月第2次印刷
字　数	282千	定　价	70.00元

图书出现印装质量问题,本社负责调换。